한국어로 내려온
New Bible

새로운
성 경

제142권

9부 | 총10부

하얀마음

하나님 말씀 중에서

1. 사랑의 하나님

- 세상을 창조하신 하나님은 모두를 사랑하신다. 인간만 특별히 더 사랑하지 않고, 우주 만물을 다 똑같이 사랑하신다. 그러니 하나님이 창조하신 천지 만물과 화친하고, 미물까지도 소중히 대하라.

- 하나님은 특정 종파나 민족만을 더 사랑하지 않으신다. 자기 자신만 구원받겠다는 욕심을 버리고, 자기 종파만 구원받는다는 편협한 교리에서 벗어나야 한다. 종파를 초월해서, 모두를 사랑하라.

- 원수까지 사랑하라 했으니, 이 세상에 사랑하지 못할 자가 누가 있겠는가? 종파가 다르다고 해서 부모 형제와 원수처럼 지내는 자는 인간의 근본을 모르는 자다. 가장 가까운 가족부터 사랑할 때 남도 진심으로 사랑할 수 있다.

- 한 사람을 원수같이 생각하던 마음에서 사랑하는 마음으로 돌리면, 자기 자신의 마음이 가장 기쁘고 행복하다. 하나님께서는 인간의 마음속에 무거움이 없이 기쁘고 행복한 삶을 살기를 바라신다.

- 이웃을 "내 몸처럼" 사랑하라 했으니, 마지막 한 장 남은 천국의 티켓도 이웃에게 양보하라. 자기 중심적인 신앙에서 벗어나서 남을 위해 살아야 한다.

- 독초도, 약초도, 이단도 사탄도 천사도 다 필요하기에 존재한다. 독초일지라도 극소량을 사용해서 생명을 살릴 수 있고, 약초라 하더라도 남용하면 생명을 잃을 수 있다.

- 세상 모든 것을 명약으로 활용하는 것은 인간의 지혜에 달렸다. 어떤 것이든 어떤 사람이든 적재적소에 꼭 필요한 명약으로 승화시키라.

- 사탄도 이단도 천사도 모두 하나님의 주관하에 존재한다. 진정한 하나님의 백성은 사탄과 마귀까지도 감화시켜서 천사로 거듭나게 한다.

2. 기도

- 하나님은 인간의 생각까지 모두를 다 알고 계신다. 우리의 소원도 이미 알고 계시기에, 소원의 기도를 할 필요가 없다. 우리가 받을 자격이 되면 내려 주신다.

- 죄를 짓고 아무리 회개를 해도 용서받지 못한다. 도둑질한 자는 용서해 달라고 기도하고, 도둑맞은 자는 도둑을 잡게 해 달라고 기도하면, 공의의 하나님은 누구의 편에 서시겠는가?

- 자기가 잘못한 것은 그 사람에게 직접 갚고 용서를 구하라. 그가 용서하면 하나님도 용서하신다. 땅에서 매면 하늘에서도 매이고, 땅에서 풀리면 하늘에서도 풀리는 이치다.

- "회당에서 기도하지 말고 골방에서 기도하라" 했다. 눈에 보이는 골방이 아니라, 골방과 같이 고요한 마음이다. 잡념을 버리고 하나님을 향해 마음을 집중하며, 사랑하고 용서하는 아름다운 생각만 나오도록 하라.

- "두드리면 열릴 것이다." 하는 것은 육의 소원을 위해 두드리라는 것이 아니라, 진리의 깨달음을 얻기 위해 두드리라는 것이다.

- 기도하는 방법: 생활 속에서 수시로 기도하는 삶을 살아야 한다.

- "저의 죄를 용서하여 주옵소서." 하는 회개의 기도를 하라.
- 범사에 "하나님! 감사합니다." 하라. 현재 가진 것에 감사하며, 과욕하지 말라. 자기 노력 이상의 것을 더 갖고자 기도하는 것은 도둑놈심보다. 공의의 하나님은 각자 노력한 만큼 주신다.
- "하나님 뜻대로 살아가겠나이다." 하며 마음의 각오를 다지라.

- 기도는 하나님의 말씀을 받아서 "행하는 것"이다. 하나님이 계심을 굳건히 믿고, 하늘을 향하여 한 점 부끄럼 없이 사는 삶 자체가 가장 위대한 기도이며, 삶이 곧 예배다.

3. 지도자

- 똑같이 사랑한다는 말을 해도, 순수하게 하는 말은 천사의 말이지만, 사기 쳐서 재산을 가로채려고 하는 말은 사탄의 말이다.

- 종교 지도자가 아무리 훌륭한 설교를 해도, 신도의 재물을 거둬서 더 큰 교회를 짓고 자기의 부귀영화를 바라며 설교하면 사탄의 가르침이 된다.

- "저희 교회는 만원사례요, 믿음은 다 같으니 이웃의 개척 교회에 가서 예배를 드리시오." 하며, 이웃 교회의 부흥을 먼저 생각하여 제 신도를 보내는 종교 지도자가 있다면 그를 따르라. 그가 하나님의 사랑을 실천하는 자다.

- "부자가 천국에 들어가는 것은 낙타가 바늘구멍을 통과하는 것보다 더 힘들다" 하였거늘, 지금의 교회에서는 부자가 되기만을 기도하고 소원하니, 이는 곧 천국을 포기하고 지옥 행 열차의 티켓을 사는 것과 같다.

- 예수는 빈손이었다. 종교 지도자가 예수보다 더 호화롭고 편안하게 살아간다면 잘못된 것이다. 부귀영화와 명예를 바라는 자는 절대로 갈 수 없는 좁고 협착한 길이 종교 지도자의 길이다.

- 종교 지도자는 유리로 비춰 봐 한 점의 부끄러움이 없이 살아야 한다. 의식주도 직접 일해서 해결하고, 예수의 가르침과 행함을 그대로 따라야 한다.

- 종말은 없다. 지금의 잘못 가는 종교 집단에게만 종말이 있다. 보이지 않는 하나님은 보이는 육의 종말은 관여하지 않으신다. 환경 파괴로 인간이 스스로 멸망을 자초하는 것이다. 종파끼리 싸우기 전에, 무너진 인성을 바로잡고 지구의 몸살을 해결하는 데 뜻을 모으는 게 급선무다.

4. 성전이란

- 이 세상 자체가 하나님께서 만드신 성전이다. 자연보다 더 아름다운 성전이 있는가? 보이는 건물이 성전이 아니라, 성스러운 마음가짐이 성전이다.

- 반석 위에 교회를 지으라 했다. 지상의 단단한 돌은 인간이 쪼갤 수 있으나, 마음속의 굳은 결의는 세상 무엇으로도 쪼갤 수 없다. 바르고 굳건한 믿음으로 성경의 가르침을 실천하는 것이 마음의 반석 위에 교회를 짓는 것이다.

- 손으로 지은 건물의 교회에 모여서 복음을 전하는 것이 아니라, 교회를 개인과 가정에 심어 주어야 한다. 무너지고 부서지는 건물을 짓지 말고, 마음속에 영원히 불변하는 참진리의 교회를 지으라.

5. 십계명

- 십계명은 인간이 죽어서 반드시 통과해야만 하는 열 개의 관문이다.

- 부모를 공경하지 아니한 자는 “네 부모를 공경하라.” 하는 제5계명의 관문이 열리지 않으니 구원받을 수 없다.
- 살인, 간음, 거짓, 우상 등의 나머지 계명도 마찬가지다.

- 십계명은 하나님의 친필이다. 모기소리만 한 하나님의 음성이라도 들어 보겠다고 여기저기 찾아 헤매지 말고, 십계명부터 암송하고 지키라.

- 십계명은 영혼을 구원하는 양식이며, 십계명을 지키는 것이 구원을 받는 길이다. 인간이기에 지키고자 노력하고 또 노력한다면 지킬 수 있다.

- 십계명을 지키고 천사처럼 아름답게 살아가는 그 마음 하나면 세상에 이루어지지 않는 것이 없다.

6. 보물

- 하나님은 재물이 아니라 우리의 마음을 받으신다. 사랑을 실천하며 천사처럼 변하는 마음이 하나님께 바치는 보물이다.

- 보이지 않는 하나님께 재물을 바치려 하지 말고, 너희를 길러 준 부모에게 용돈드리고, 찾아뵙고, 효성을 다하라. 그것이 하나님께 효도하는 것이다.

- 하늘에는 선과 악의 창고가 있다. 자기 창고에 선이 많으면 천국으로 구원을 받고, 악이 많으면 심판받아 지옥으로 간다. 그것이 바로 “선한 일을 행한 자는 생명의 부활로, 악한 일을 행한 자는 심판의 부활로” 나오는 것이다.

- “선악과를 따먹지 말라”는 것은 양심을 지키라는 것이다. 선과 악을 구분할 수 있는 양심을 최초에 인간에게 주셨다. 선한 열매는 취하고, 악한 열매는 버리며, 양심에 비추어 부끄럼 없는 삶을 살아가라.

- 가장 작은 거짓말을 하지 않고, 가장 작은 죄를 짓지 않으며, 가장 작은 선행을 하고, 가장 작은 악행을 멀리하는 것이 율법의 일점 일획도 빠뜨리지 말고 다 지키는 삶을 사는 것이다.

7. 우상

- 박물관에 있는 불상은 하나의 예술품이다. 그 조각품에 대고 제 소원을 빌 때 우상숭배가 된다. 십자가라 하여도 그 앞에서 소원을 빈다면 우상숭배하는 것이며, 하나님께 소원을 빈다면 하나님을 우상으로 전락시키는 것이다.

- 지금 기복신앙에 젖어 있는 모든 사람이 우상 앞에 절을 하고 있다. 조각품을 우상이라며 파괴하지 말고, 네 마음속에 있는 욕심의 우상을 무너트리라.

- 생수를 약초가 먹으면 약을 만들고 독사가 먹으면 독을 만든다. 같은 성경을 봐도 선한 지도자는 신도를 천사로 만드는 데 활용한다. 그러나 욕심이 가득한 지도자는 재물을 거두어들여 제가 부귀영화를 누리는 데 악용한다. 그가 바로 성경을 우상숭배의 도구로 전락시키는 거짓 선지자다.

- 성경을 한 획도 빼거나 더하지 말라는 것은, 그 가르침을 빠트리지 말고 온전히 지키라는 것이다. 성경 속에서 자기에게 유리한 구절만 보는 것은, 자기에게 불리한 구절들을 빼 버리는 것이다. 믿음이 제일이요, 행함은 구원과는 관계없다는 것은 자신에게 유리한 쪽으로 성경을 악용하는 것이다.

- 진정한 종교 지도자는 종파에 관계없이 어떤 종파든 어떤 책이든 접하고 보고 깨우쳐 견문을 넓히도록 인도한다. 참진리를 모르고 자신이 없는 자가 남을 이단이라며 배척하고, 신도들의 눈과 귀를 가린다.

8. 예수

- 예수의 재림은 없다. 예수가 다시 온다 해도, 과연 누가 그를 예수라고 믿겠는가? 예수와 같은 삶의 행함이 곧 예수의 재림이다. 각자 모두가 "재림 예수"가 되는, 차원 높은 믿음으로 가야 한다.

- 예수는 "주여 주여 하지 말고, 아버지의 뜻대로 행하라"고 했다. 예수가 전한 하나님의 뜻이 곧 "길이요, 진리요, 생명"이며, 그 가르침이 예수의 보혈처럼 소중한 것이다. 예수를 믿는 것은, 예수의 가르침을 믿고 따르는 것이다.

- 예수는 낮은 자로서 만백성을 섬기고자 했다. 만나는 모든 사람을 다 하나님이라 생각하라. 돈을 벌수록 겸손하고, 높은 지위를 얻을수록 낮아지라.

- 예수는 종파를 만들지 않았다. 인간이 만든 종교와 인간의 교리를 따르지 말고, 예수를 통해 전한 하나님의 참진리를 연구하고 따르라.

- 예수가 2천 년 전에 만백성을 위해 죽었으니, 지금 이 땅에는 예수의 가르침대로 사는 천사만 존재해야 한다. 예수가 죽어 가면서 바란 것은 만백성이 천사가 되어 예수의 자리를 채워 주는 것이지, 지금과 같이 재물을 바치면서 중언부언 제 소원만을 비는 백성들을 바란 것이 아니다.

9. 구원

- 천사가 사는 천국에는 천사만 갈 수 있으니, 천사 같은 마음을 길러야 한다.

- "천국 열쇠를 네게 주리니 땅에서 무엇이든지 매면 하늘에서도 매일 것이라" 했다. 땅에서 천사같이 사는 자가 하늘에서도 천사가 되어 천국에 들어간다. 모든 사람에게 천사같다는 말을 듣는 삶을 살아야 한다.

- 천사의 곱고 아름다운 마음은 부모를 공경하고 어른을 어른으로 대접하는 데에서 출발한다. 효도하는 자는 형제와 화목하게 지내기에 가정이 화목해지고, 이웃과 화목해지고, 국가가 화목해지고, 온 인류가 화목해진다.

- 그러므로 지상의 아름다운 소왕국은 가정에서부터 이루어야 한다.

- 선택된 14만 명만 구원받는 것이 아니라, 천사처럼 변하고자 하는 14만 명을 기초로 온 인류가 천사처럼 거듭나는 영적인 개혁이 시작되는 것이다.

- 천 년에 걸쳐서 하늘에서 이루어진 것같이 이 세상을 낙원으로 만들어, 만백성이 지상의 천국에서 살다가 죽어서 그대로 하늘의 천국으로 들어가는, 영원한 지상 낙원을 건설하는 것이 하나님의 계획이다.

- **이것이 구약과 신약에 이어 "새로운 성경"으로 역사하시는 하나님의 창조의 완성이다.**

- 지금의 믿음으로 구원받을 수 있다면 그 길을 가라. 그러나 자신이 없다면 하나님께서 직접 내리신 160권의 "새로운 성경"을 읽고 구원의 길을 보라!

하나님 머리말씀

이 새로운 성경을 읽는 너희 모두는
이 율법에 따라 행하면 영원히 구원받을 것이니라.

너희 인간이 수년, 수십 년, 평생
성서를 공부하고 기도하는 것은
하늘나라 나의 곁으로 오고 싶은 소망일진대,

몇천 년 전의 너희 인성과 생각이
지금의 너희와는 판이하게 다르니,

꺾여 가고 병들어 가는 너희를 고칠 수 있는 길은,
오늘 내가 선지자에게 내리는 새로운 성경과 같이
너희가 변화되는 것뿐이니라.

나의 예수가 태어난 것처럼
내가 아들 선지자를 선택하여
나의 새로운 성경을 온 세계에 전하고자 하니,

묵은 것은 버리고 새로운 것은 취하여,
너희 모두는
'여호와 하나님! 저의 죄를 용서하여 주옵소서.'
하는 기도문으로 기도하고, 죄를 뉘우치라.

이 새로운 성경은
수천 년간 내려온 성서를 요약한 것이니,
너희는 이 책을 정독하여 쉽게 깨달음을 얻고,
이대로 실천하여 하늘에 오르라.

대역자 머리말

■ **하나님의 율법을 지키는 선지자로 선택을 받도다.**

저는 남들처럼 그저 열심히 살아온 평범한 사람이었습니다. 그러나 50대 중반에 사업에 실패하여 많은 부채에 시달렸으며, 건강도 악화되어 눈이 잘 안 보이고, 걷기도 어렵고, 두통이 심해서 잠을 이룰 수 없는 고통의 나날을 보냈습니다. 그때 제가 선택할 수 있는 것은 육의 삶을 끝내는 길뿐이었습니다.

죽기 직전에 그동안에 죄를 지은 이들에게 용서를 빌고 인생을 끝내기로 작정하였습니다. 어려서부터 지은 죄를 빌고 빌다 보니 끝이 없었고, 죽음으로도 그 많은 죄를 용서받을 길이 없다는 생각에 하염없이 눈물이 흘렀습니다. 그 순간 '재래식 화장실의 구더기는 죄를 짓지 않는데, 나는 인간으로서 구더기만도 못한 삶을 살았구나.' 하는 생각이 들면서 괴로움에 몸부림칠 때, 갑자기 하나님의 음성이 들렸습니다.

"나는 여호와 하나님이니라. 너는 십계명을 암송하고 내가 내려 주는 메시지를 받아 책으로 만들어 만백성을 구하라." 하시며, 제 눈을 손으로 문지르게 하시고, 아픈 머리와 다리를 손으로 두드리게 하셨습니다. 그러고 나니 눈도 잘 보이고 걸을 수 있었으며 머리의 통증도 말끔히 낫게 되었습니다. 그때부터 십계명을 암송하고 나면 들려주시는 말씀을 기록하였고, 1999년 8월부터 2004년 7월까지 권당 288쪽, 총 160권을 받아서 "새로운 성경"이라는 책으로 펴내게 되었습니다.

그러한 저에게 죽기보다도 힘든 길이 시작되었습니다. 모든 교인들이 저에게 사탄이요, 이단이요, 악마요, 마지막 시대에 온 거짓 선지자라 하면서 공격하였고, 저를 짐승을 보듯이 대하는가 하면, 편협한 종교 지도자들의 선동으로 신도들이 이 책을 직접 읽어보고 평가할 기회마저 막아 버렸습니다. 그래서 하나님의 말씀을 세상에 내는 데 많은 어려움을 겪으며, 피를 토하는 심정으로 책을 전하고 있습니다.

그러나 아무리 인간의 힘으로 막으려 해도, 하나님의 뜻이 세상에 전해지는 위대한 역사는 계속될 것입니다. 책으로 전해지는 "하나님의 말씀"은 세상 끝날까지 항상 우리와 함께하실 것입니다. 사람은 죽어도, 책에 기록된 말씀은 영원히 남으니까요.

■ 따뜻한 실천

하나님께서는 어려운 사람들에게 삶의 터전을 마련해 주고, 미래를 열어 주는 것을 기뻐하십니다. 어려운 이웃이 스스로 자립할 수 있도록 이끌어 주는 것이 진정으로 이웃을 돕는 것이라고 말씀하셨습니다. 그래서 일자리가 없는 제자들에게 작은 사업장을 만들어 주는 "달란트 사업"을 하고 있습니다. 식당, 반찬 가게 등을 차려 주고, 기존의 어려운 사업장이 자립할 수 있도록 돕고 있습니다(커피숍, 미용실, 의상실 등).

하나님께서는 교회에 나와서 모든 시간과 재물을 쏟기를 원하지 않으시고, 그 시간과 재물을 교육에 투자하여 스스로 미래를 열어 가기를 원하십니다. 그래서 제때 공부하지 못한 제자들에게 학업을 이어 가도록 하였습니다. 중화요리 주방장을 하며 초등학교 검정고시부터 공부하여 2012년에 방통대를 졸업한 36세 남성, 만학도들의 2년제 중학교에 입학해서 2007년에 명지대학을 졸업한 38세 여성, 중학교 검정고시를 시작으로 숭의여자대학을 졸업한 47세 여성 등이 있습니다. 그밖에도 많은 제자들에게 나이를 초월하여 배우고 깨우쳐서 사회 속의 당당한 일원이 되도록 인도하고 있습니다.

학자금 대출로 힘겨워하는 젊은이들을 위해 "따뜻한 바람 장학회"를 발족하여(2016년 12월) 대출받은 학자금 전액을 매월 갚아 주고 있습니다. 또한, 다문화 가정을 위해 "다문화 가족 랜드"를 조성하여, 각종 시설을 무료로 활용하도록 하고 있습니다.

이러한 따뜻한 실천이 아직은 미약합니다. 그러나 책의 수입이 늘고, 저와 뜻을 같이하는 분들이 늘어나면 계속 확대할 것입니다. 지도자로서 신도의 재물을 헌금으로 거둬들여 착복하는 것이 아니라, 하나님께서 기뻐하시는 일에 사용하도록 중매 역할만 하며 살아가고자 합니다. 이런 제가 과연 사탄이고 이단인가요? 하나님께서 기뻐하시는 일이라면, 저에게 사탄이라 하든 거짓 선지자라 하든 굽히지 않고 실천해 나갈 것입니다.

끝으로, 일상의 삶 속에서 "지금 내가 하는 행동이 과연 하나님께서 기뻐하실까, 슬퍼하실까?" 생각하고, 매사에 하나님께서 기뻐하시는 길을 택하기 바랍니다. 교회에 모여서 집단적으로 예배 드리는 것이 아니라, 개인이나 가정 단위로 새로운 성경을 읽어 스스로 깨우치고 그대로 행하면 충분합니다. 그것이 마음속에 성전을 짓고, 신령과 진정으로 예배 드리는 길입니다. 그러면 천국의 문에 들어서게 됩니다.

2017. 2. 1.

하나님 말씀 대역자 김용철

차 례

십 계 명

이 책은 십계명을 암송하고 나면 내려 주시는 "하나님의 음성"을 듣고 그대로 받아쓴 기록입니다. 하나님께서 십계명을 모세에게 내려 주셨지만, 그것은 만백성에게 내려 주신 것입니다. 마찬가지로 이 책의 모든 말씀도 저에게 내려 주셨지만, 만백성 각자에게 들려주시는 말씀입니다. 여러분도 이 책을 접할 때마다 십계명을 암송하고 나서 정독해 주시기 바랍니다.

제일은, 너는 나 외에는 다른 신들을 네게 있게 말지니라.

제이는, 너를 위하여 새긴 우상을 만들지 말고, 또 위로 하늘에 있는 것이나, 아래로 땅에 있는 것이나, 땅 아래 물 속에 있는 것의 아무 형상이든지 만들지 말며, 그것들에게 절하지 말며, 그것들을 섬기지 말라.

제삼은, 너는 너의 하나님 여호와의 이름을 망령되이 일컫지 말라.

제사는, 안식일을 기억하여 거룩히 지키라.

제오는, 네 부모를 공경하라.

제육은, 살인하지 말지니라.

제칠은, 간음하지 말지니라.

제팔은, 도적질하지 말지니라.

제구는, 네 이웃에 대하여 거짓 증거하지 말지니라.

제십은, 네 이웃의 집을 탐내지 말지니라.

나 여호와가 존재함을 믿는 그 자체가 구원의 길에 들어서는 기본이요, 근본이며, 나의 새로운 성경을 가슴에 안고 정독하는 자, 반석 위에 서서 하늘에 오르는 찬란한 빛을 보게 되는 영광을 얻게 됨이니라. 진정 나를 따르고 믿는 자는 감히 사탄이나 마귀도 근접하지 못하느니라.

〈하나님 말씀〉

2004년 4월

10,637 번째 하나님 말씀

2004년 4월 19일 13시 07분

1 사랑하는 나의 아들아!
2 "네, 아버님! 말씀하옵소서."
3 이제 종교 집단의 지도자들이 그 성
서의 깊이를 모르며 밀봉된 비밀을 모
르니, 그것을 다람쥐 쳇바퀴 돌듯이
가르치고 또 가르쳐 더 내놓을 것이
없으니, 그들이 지금 하는 것이 무엇
이더냐?
4 결국은 너희들이 지옥 불에 가지 않는
백성이 되라, 그러니 회개하라, 그리
고 때가 되었다, 그러니 때가 되었으
니 재물을 바치라,
5 너희들이 두렵고 무서운 그 환란이 시
작될 것이며 그때가 올 것이니라.
6 그리되면 이 땅은 모두가 다 끝날 것
이며, 이 땅은 곧 멸하게 될 것이며,
7 그리고 회개하지 않으면 그 환란에 너
희들이 견딜 수 없으며 그 누구도 환
란 속에 벗어날 수 있는 백성이 없으
니 믿으라, 그리고 회개하라, 그리고
재물을 바치라 너희들이 그리 말하고
지금 가르치는 것이 아니더냐?
8 그러니 너희들이 그것으로써 부르짖
는 것이 몇천 년 동안 지금 흘러온 것
이요,
9 이제는 너희들이 더 재탕 재탕 할 수
없기 때문에 이것이 마지막이요, 이제
는 곧 대환란이 온다는 것으로써 나의
피조물 만백성을 공포 분위기로 끌고
가느니라.
10 그리하여 곧 들림을 받을 것이며 모
든 역사가 끝남이니, 있는 재산, 없는
재산, 다 너희들이 탕진하고 쓰고 그
저 앉아 기다리면 하늘에 들려 올려진
다는 그 허황된 짓이요, 생각할 수 없
는 짓들을 하고 있는 것이 오늘의 종
교 지도자들이 이끌어 가는 길이 아니
더냐?
11 믿기만 하라, 그러면 구원을 받는다
하는 자들이요, 그 말이 통하지 아니
하며 그와 같은 말에 질리고 질린 백
성들이요, 그 후손들이 등을 지고 떠
나니,
12 너희들이 이제는 바로 내놓는 그 슬로
건이요, 그 부르짖는 것이 무엇이더냐?
13 환란이다, 그리고 곧 이 땅은 멸하게
된다, 환란에서 벗어날 수 없다, 그를
가지고 너희들이 나의 피조물 만백성
을 지금 이렇게 구속하고 있는 것이니,
14 이와 같은 것에서 헤어나지 못한 백성
은 진리를 알 수 없으며 그를 중단하
지 않는 백성 너희들은 거듭날 수 없
음을 알라.
15 너희가 변화되고 거듭나면 이 모든 것
이 다 없어질 것이며, 너희들의 오늘
의 모든 죄를 내가 덮어 줄 것이니라.
16 그러나 너희들이 거듭나는 그와 같은
대변화를 이루지 아니하며, 너희들이
지금과 같은 그 믿음을 가지고 그 신
앙생활로 계속 가고 간다면,
17 결국 너희들이 말하는 대환란의 그 고

통을 면할 수 없으며, 대환란 속에서
너희들이 구원될 자가 없다는 것을 명
심하고 또 명심하도록 그리하지 아니
하면 아니 될 것이니라.

10,638 번째 하나님 말씀

2004년 4월 19일 13시 28분

1 사랑하는 나의 아들아!
2 "네, 아버님! 말씀하옵소서."
3 오늘의 세상에 너희들이 잘못 흘러왔
으며 잘못 알고 있는 가장 큰 것이 무
엇인 줄 알겠느냐?
4 나의 십계명의 제1계명을 너희들이
잘못 해석하고 잘못 가르치며, 그 의
미를 모르는 데서 오늘의 이와 같이
무서운 형국이요, 너희들이 무너지는
그와 같은 형상이 되었음을 알아야 될
것이니라.
5 그러니 너희들이 오늘의 무서운 형국
이 되었으며, 너희들의 그 믿음이 무
엇이더냐?
6 불상이라는 것이요, 또는 어떠한 형체
를 깎아 놓고 형태를 만들어 놓고 그
곳에 기도하고 경배하고 절하는 것,
그것만이 너희들이 우상이라 그리 생
각하고 그리 가르치고 있지 않더냐?
7 너희들이 짐승의 머리를 놓고 소원을
빌며 기도하고 경배한다는 것, 그와
같은 것을 너희들이 다 우상으로 그
리 생각하나,
8 내가 나의 아들을 통하여 나의 법전에
너희들에게 무어라 전했느냐?
9 너희 자신이 살아가면서 너희들이 수
천수만 가지에 부닥칠 때마다 그 수
천수만 가지 그 생각에서 너희 자신
을 버리지 못하며 너를 중심적으로 생
각하며, 욕심의 근원을 버리지 못하고
생각하는 것,
10 그 모두가 너희들이 무서운 우상이요,
다른 신을 모시고 있는 것이라 하였
음이니라.
11 그러니 너희들이 그들에게 절하고 경
배하고 소원하고 있다는 것, 이것이
다 너희들의 믿음이 잘못된 것이며
우상이라 내가 하지 않았더냐?
12 그러니 오늘의 믿음의 길을 가는 그
백성 너희들이 또한 어떻더냐?
13 제 소원이요, 제 뜻을 이루고자 간구
하는 마음이 나를 사랑하고 경배하는
마음보다도 더 애절함이니,
14 무엇을 이루고자, 얻고자 하는 그 모
두가 다 너희들이 우상 숭배의 근본
이요,
15 우상의 숭배의 원조가 바로 오늘의 믿
음의 길을 가는 백성 너희들이라는 것
을 알아야 될 것이니라.
16 너희들은 말하며 그리 전하지 않더냐?
17 주 예수요, 예수요, 그리고 나의 아들
예수의 이름을 부르며 구세주라 너희
들이 부르기만 하면, 그와 같은 신앙
을 가지면,
18 어떠한 잡신으로도 구원받을 수 없으
며, 오로지 나의 아들 예수의 이름으
로써만이 구원을 받을 수 있다 너희들
이 그리 말하느니라.
19 그러나 너희들은 그보다 더 중요하고
귀한 것이 있는 것을 모르느니라.
20 나의 아들 예수의 이름을 부르기만 하
면, 다른 잡신이요, 다른 것으로써 구

원을 받을 수 없다 너희들이 그리 말
하는 것은 맞으나, 너희들이 더 두렵
고 무서운 건 무엇이더냐?
21 너희들이 정녕 구원을 받는 것은 다른
잡신을 모시는 것, 받드는 것으로 구
원을 받지 못하다는 것이 아니라,
22 나의 아들 예수가 살아왔던 것, 나의
아들 예수가 역사하고자 했던 것, 그
고난의 길이요, 어렵고 힘든 길을 너
희들이 그대로 답습하며,
23 그보다 더한 너희들이 시련과 고통 속
에서 너희 자신의 마음을 비우며 만백
성을 위하여 기도하는 그와 같은 마음
으로 살아가지 아니하면 절대 너희들
이 나에게 오를 수 없으며, 너희들이
그와 같은 역사의 은혜를 얻을 수 있
는 백성이 아니라는 것을 알라.
24 예수의 사람이요, 예수를 너희들이 믿
고 찾고 부르기만 하면 너희들이 그리
구원을 받으며, 다른 신을 두지 아니
한다면 너희들이 구원을 받는다 하나,
25 이 또한 말은 그리하나, 너희들이 수
많은 다른 신을 네 가슴에 두고 사는
것이니, 그 또한 타당하지 아니하며
이루어질 수 없는 일이요,
26 다만 너희들이 나의 아들 예수가 걸어
왔던 그 삶이요, 그 길을 따라 오르고
자 하지 아니하면 아니 된다는 것을
알라.
27 그리하여 나의 법전에 기록하여 전하
고 깨우치는 것이 바로 이와 같은 참
진리요, 하늘의 뜻이요, 이치를 전하
는 것이거늘,
28 이를 보지 아니하고 너희들이 어찌하
여 하늘의 뜻을 알 수 있다 하느냐?
29 오만하고 자만한 자, 너희들이 꿈에서
깨어나라.
30 그리고 너희들이 나의 아들 예수가 재
림하여 구원한다는 그와 같은 환상에
서 깨어나라.
31 모두가 지금 내가 찾을 자, 구원할 나
의 아들딸들을 선별하고 찾는 시대가
지금 벌써 진행되었다는 것을 알라 그
리 전하라.

10,639 번째 하나님 말씀

2004년 4월 19일 13시 30분

1 사랑하는 나의 아들아!
2 "네, 아버님! 말씀하옵소서."
3 나의 뜻을 내가 조금씩 저희들에게 심
어 주었음이니라.
4 그리하여 그들이 깨우친 진리요, 그를
갖고 나의 법전이요, 새로운 성경이
세상에 나오며,
5 나의 아들 네가 만백성을 구하는 그
어렵고 험난한 길을 가며, 너를 따르
는 제자들이 그 고통의 길을 가는 것
을 돕기 위하여 내가 미리 하나씩 깨
우쳐 준 그와 같은 지혜를 가지고 있
는 백성들이 이 세상에 수없이 있음이
니라.
6 그러니 그들이 지금 어찌 되는가?
7 그들이 더 무서운 자들이 되었으며,
지금의 믿음의 길을 가는 백성들보다
한술 더 떠서 저희들이 사악한 짓을
하고 있는 것이 오늘의 그 모든 집단
들이요, 그리 변한 자가 수없이 많음
이니, 이를 어찌한단 말이더냐?
8 지금의 믿음의 길을 가는 그 종교 집

단이요, 지도자는 내 뜻을 모르며 하
늘의 뜻을 전혀 모르고 가기에 암흑의
세계에서 저희들이 허덕이는 자들이
니,
9 그 죄요, 그것으로써 저희들이 감당할
죄가 있으나,
10 나로부터 깨달음을 받으며 나로부터
지혜를 얻은 그 백성들이 그 지혜를
앞세워 지금의 나의 피조물 만백성을
인도하며 이끌어 간다는 것은 기존 종
교 집단의 아무것도 모르는 자들보다
더 무서우며 더 사악한 무리로서 지금
성장했으며, 변해 가고 있다는 것을
알라.
11 그러니 지금 나의 아들을 따르는 제자
들이요, 나의 법전을 읽고 깨우친 만
백성 너희들은 들으라.
12 사탄이요, 이단이라 말을 하면서 그들
이 세상을 덮는 그 역사를 이루는 것
은 바로 무엇인 줄 알겠느냐?
13 그들을 먼저 깨우쳐 줘 그들로 하여금
너희들이 세상에 나오기 시작할 때,
제3의 시대가 열릴 때, 나의 법전이
내려올 때, 그 모두를 보좌하며 그 앞
에서 역사할 수 있도록 내가 지혜를
준 자들이,
14 그 지혜를 가지고 인간 세상에 차원
높은 한 계단 위에서 사업하며 모두
기업으로 둔갑시켰으니,
15 그리 역사하고 지금의 믿음의 길을 가
는 원조의 신앙생활을 하는 백성들보
다 더 사악하고 더 무섭게 변화된 것
이 그들이라는 것을, 그리고 모두를
다 초월하여 악용하고 있는 것이 그들
이라는 것을 알라.
16 그 수단과 방법이 지금 헤아릴 수 없
이 세상에 퍼져 가고 있음이니, 그들
서부터 내가 같이 다스려 나갈 것이니
그리 알라, 사랑하는 나의 아들아!

10,640 번째 하나님 말씀

2004년 4월 19일 13시 33분

1 사랑하는 나의 아들아!
2 "네, 아버님! 말씀하옵소서."
3 내가 너희들에게 전하여 깨우치기를
무어라 하였느냐?
4 너희들이 어떠한 삶이요, 어떠한 환경
이요, 어떠한 믿음의 길을 가든 나 여
호와를 감히 너희들이 시험치 말라 내
가 그리 말하고 전했음이니라.
5 그러나 지금의 모든 믿음의 길을 가는
백성이요, 그 집단들 너희들이 내 뜻
이요, 내 계명대로 살아가지 아니하고
지금 가는 그 믿음을 하는 행위가 무
엇인 줄 알겠느냐?
6 나를 능멸하는 자들이요, 나를 너희들
이 수없이 시험하는 그와 같은 믿음의
길을 가고 있는 자들이라는 것을 알아
야 될 것이니라.
7 지금 너희들이 기도하고 경배하며 소
원을 빌며 살아가는 것, 그 모두가 다
무엇이더냐?
8 나를 시험하는 믿음이요, 나를 시험하
는 신앙으로써 너희들이 젖어 있다는
것을 깨우쳐야 될 것이니라.
9 내가 나의 아들을 통하여 나의 법전에
기록하는 그 모두가 너희들은 나를 시
험하는 짓만을 하고 있다는 그 뜻을
너희들이 깊이 음미해 보면, 너희들이

나를 얼마나 시험하는 것인가를 알게
될 것이니라.
10 성령을 위배하는 자, 내가 용서할 수
없으며 용서받을 수 없다는 구절을 내
가 성경에 기록한 그 뜻이 있듯이,
11 나를 시험하는 자 또한 결코 용서받지
못함이니 그리 알라.
12 나로부터 은혜를 받아 나간 백성이 나
에게 그 은혜를 갚기 위하여 모두를
다 역사해도 이루지 못할 자들이, 보
낸 이요, 너희들의 생명을 내려 준 나
여호와를 시험하는 그와 같은 삶을 사
는 것은 감히 나에게 도전하는 것이
요, 나를 능멸하는 그와 같은 죄를 범
함이니,
13 이는 성령을 훼방하는 죄보다 더 너희
들이 무서운 죄임을 알라 그리 전하라.

10,641 번째 하나님 말씀

2004년 4월 19일 13시 38분

1 사랑하는 나의 아들아!
2 "네, 아버님! 말씀하옵소서."
3 나의 아들 예수는 고기를 잡는 어부를
불러서 어찌하였더냐?
4 사람을 낚는 어부로서 너희들을 만들
것이며 그 대명을 따르라 그리 명하지
아니하였더냐?
5 그리하여 그들을 썼음이니라.
6 그러니 지금 나의 아들을 따르는 제자
들이요, 나의 법전을 만들고 역사하는
너희들은 바로 무엇이더냐?
7 창조주 나 여호와가 만백성을 구하기
위하여 만백성을 낚는 어부로서 너희
들을 내가 불러 쓰고 있음을 알아야
될 것이니라.
8 너희들은 만백성을 구하는 대명을 위
하여 오늘의 길을 감이니,
9 너희들이 어떠한 시련이요, 고통이 역
사한다 해도 그를 물러나며 주저앉아
서는 아니 됨이니라.
10 나의 아들 예수가 고기를 낚는 자를
사람을 낚는 어부로 불러 썼듯이,
11 그보다 더 지금 마지막 시대에 만백성
을 구하여 영원히 존재하는 것, 그리
고 이 지구가 멸망하며 이 지구가 부
서진다 해도 없어지지 않는 나의 이
법전이요, 새로운 성경을 만드는 것이
너희들이니,
12 너희들은 만백성을 낚는 어부로서 내
가 직접 부른 자들임을 알라.
13 너희들이 세상이 깨지며 세상이 부서
지며 종말이 온다 해도 왜 나의 법전
은 없어지지 아니하며 이 새로운 성경
이 영원히 존재하는 줄 아느냐?
14 이것은 나 여호와의 뜻이기 때문에 모
두가 너희들이 다시 나며 거듭나는
것, 그리고 부서진 지구요, 무너진 이
지구가 너희들이 다시 일어서고 역사
할 것은,
15 바로 나 여호와의 참진리요, 내 뜻이
요, 새로운 성경을 기초로 하지 아니
하면 모두가 이루어질 수 없기 때문이
니라.
16 부서진 것도, 다시 세우는 것도 여기
에 있으며, 또한 너희들이 잘못된 것
을 바로잡는 것도 여기에 있으며, 모
든 개혁은 여기에 있기 때문에,
17 이를 벗어나서는 아무것도 존재할 수
없으며 역사할 수 없기 때문임이니,

18 그 소중하고 귀한 것을 만드는 너희들
은 그를 만들어 만백성을 낚는 어부로
서 최선을 다하며 네 직분을 다해야
되며,
19 내가 불러 쓰고 내가 선택한 백성이라
는 걸 절대 잊지 말아야 될 것이니라.
20 나의 아들 예수가 고기 잡는 자를 사
람을 낚는 어부로 불러 쓴 것보다도
나 여호와가 직접 너희들을 만백성을
낚는 어부로서 불러 법전을 만들게
하며 나의 뜻을 역사하게 함이니,
21 너희들이 한 차원 높은 너희들의 책
임이요, 너희들의 직분이 있다는 것을
안다면,
22 과연 너희들이 예수를 따랐던 그 제자
들보다 얼마만큼 더 앞에 있는 삶이
요, 미래를 보는 삶이요, 한 계단 위에
있는 너희들의 삶을 살아야 되는가,
23 이것은 너희들이 평가하여 스스로 선
택해 삶의 길을 가도록 할 것이 너희
들 몫이니 그리 알라.

10,642 번째 하나님 말씀

2004년 4월 19일 13시 45분

1 사랑하는 나의 아들아!
2 "네, 아버님! 말씀하옵소서."
3 나의 법전이 세상에 내려지며 세상에
보내지는 그 의미를 너는 알겠느냐?
4 그리고 내가 이를 완벽하게 만들라 하
며, 완벽하게 너희들이 만들어 다른
생각이요, 너희들의 생각을 집어넣지
말며, 오로지 나 여호와의 뜻으로써
모두를 역사하도록 그리하는 것이 무
엇인 줄 알겠느냐?
5 "네, 아버님! 그렇사옵나이다.
6 아버님이 내리시는 지금의 마지막 시
대에 이 새로운 성경이 모든 심판의
기본이요, 근본이 되기 때문에,
7 모든 백성들을 완벽하게 구원을 하며
완벽하게 구원을 얻도록 하지 아니하
면 아니 되기 때문에,
8 아버님께서 그와 같이 완벽한 새로운
성경을 만들기를 원하시고 바라시는
것이라 저는 그리 생각되옵나이다."
9 그러니라, 사랑하는 나의 아들아!
10 완벽한 구원을 얻지 아니하면 아니 되
기 때문이니 그리 알라.
11 그리하여 너희들이 어렵고 힘든 길을
가고 있으며, 그리하여 내가 세상이
다 변화된다 해도, 세상이 다 무너진
다 해도 나의 이 법전은 바로 선다 하
지 아니하였더냐?
12 세상을 바로 세워야 될 것이며, 그 모
두의 근본이요, 기본인 것이 나의 법
전이기 때문에, 이가 제대로 이루어지
지 아니하면 모두를 역사할 수 없다는
내 뜻을 너희들은 알고 있을 것이니라.
13 그러기에 너희들이 완벽하게 만들어
완벽한 구원을 얻도록 하지 아니하면
모두가 아니 됨이니라.
14 지금의 모든 구약과 신약이 왜 이리
되었는지 알겠느냐?
15 너희들이 생각하는 것, 인간의 교리
요, 인간의 뜻을 거기에 기록하고 또
전했기에 이것이 짜깁기가 되었으며,
16 짜깁기가 된 상태이니 제 모습을 찾지
못하며 원형의 모두가 다 변질된 그와
같은 형국이기에, 완벽하게 완전히 구
원을 받는 백성이 없는 그와 같은 형

국이 되었음이니라.
17 그러니 그 속에서 몇천 년 동안 기다
린 나 여호와의 마음이 과연 어떠하겠
느냐?
18 그리하여 내가 모두가 짜깁기로써 이
루어진 모든 신앙이 오늘의 그 믿음을
이대로는 너희들이 이룰 수 없으며,
19 결국 오늘같이 사람이 사람을 두려워
하며 서로가 시기하고 질투하고 음해
하는 그와 같은 세상이요, 내가 원하
는 하늘과 같은 아름다운 지상이 되지
못하였기 때문이니라.
20 그리하여 너희들이 완벽하게 배우며
완벽한 길을 가지 아니하면, 완벽한
나의 백성으로서 너희들이 완벽하게
구원을 받을 수 없기 때문에, 나 여호
와가 이와 같이 너희들에게 역사함을
알라, 사랑하는 나의 아들딸들아!
21 너희들이 만드는 이 법전이요, 새로운
성경은 세상에 어떠한 변화가 역사한
다 해도 존재할 것이며,
22 이를 근본이요, 기본으로 하여 모두가
이루어지고 무너지는 그 결과가 이루
어진다 하였음이니,
23 그를 만드는 너희들이 얼마나 귀하고
소중한 나의 아들딸인가를 잊어서는
절대 안 되며,
24 너희 자신을 함부로 평가해서도 아니
됨을 그리 알라, 사랑하는 나의 아들
딸들아!

10,643 번째 하나님 말씀

2004년 4월 19일 13시 48분

1 사랑하는 나의 아들아!
2 "네, 아버님! 말씀하옵소서."
3 나의 법전을 완벽하게 만들어 완벽히
구원을 받는 그 백성으로 가도록 내가
그리하라 하였음이니라.
4 그러니 너희들이 그 소중함을 안다면,
얼마나 너희들이 온갖 정성을 다하여
이를 만들어야 되는가를 알아야 될 것
이니라.
5 오늘의 종교 집단이요, 지도자들이 세
상의 뜻이요, 나 여호와의 뜻이요, 그
모두를 알지 못하고 행치 못하는 자들
이 가르치기에, 이 죄가 지금 세상을
뒤덮고 있으며 그것들이 이 세상을
다 혼동케 하고 있는 것이 아니더냐?
6 그러니 너희들은 잘못된 책이요, 잘못
된 것으로써 가르치며 알지 못하는 지
도자가 가르침으로써 그 죄가 얼마나
큰 것이고 두려운 것인가를 모르느니
라.
7 너희들이 잘못 가르치는 것은 진실로
왜곡되어 그것이 나의 사랑하는 백성
들에게 유전으로 계속 전해지며 전해
지기 때문에,
8 그것이 너희들의 믿음의 근본이요, 세
월이 흐르면 흐를수록 위로부터 내려
온 업적이요, 위로부터 내려온 가르침
이라 하여 그를 바꾸지 아니하려 하
며, 다시 다스리지 아니하는 것이 얼
마나 너희들이 무섭고 큰 오류를 범하
는지 알겠느냐?
9 너희들은 잘못 가르치는 자들의 그
죄가 그와 같이 무섭고 큰 결과를 내
듯이, 법전을 만들어 기록하는 너희들
이 그를 잘못 만들었다면, 잘못 가르
치는 것보다도 더 무서운 것이니라.

10 이는 근거가 되어 한 자도 더 고칠 수
도 없으며 어찌할 수도 없는 것이요,
원본이요, 내가 내린 그를 그대로 기
록한 나의 법전이기에 모두는 그리 믿
을 것이며,
11 수천 년 역사가 흐른 다음에 이를 절
대적으로 목숨을 걸고 지키는 자들이
수없이 있을 것이며, 이를 위하여 그
들이 모두를 다 역사할 것이니,
12 그를 지키고자 하는 자들이 너희들이
잘못 받은 것을 가지고, 잘못 만든 것
을 가지고 그것이 하늘에 오르는 길이
라 그리 역사한다면, 그것을 다 너희
들이 어찌하겠느냐?
13 그 죄를 너희들이 감당하지 못할 것이
며 그 역사함을 감당하지 못할 것이니,
14 너희들이 만드는 것이 완벽하며 완전
하게 만들지 아니하면 아니 된다 함이
여기 있느니라, 사랑하는 나의 아들딸
들아!

10,644 번째 하나님 말씀

2004년 4월 19일 20시 02분

1 사랑하는 나의 아들아!
2 "네, 아버님! 말씀하옵소서."
3 예수는 무어라 하였느냐?
4 고기를 낚는 그 어부를 사람을 낚는
어부로서 '네가 나를 따르라.' 하여 예
수가 그리 썼다 하지 않았느냐?
5 그러니 지금 너를 따르는 제자들이요,
내가 선택한 백성은 누구라 하였느냐?
6 나 여호와가 만백성을 낚는 어부로서
너희들이 그 직무를 다하기 위하여 내
가 직접 선택한 백성들이요, 내가 부
른 자라 하였음이니,
7 이 마지막 시대에 험악하고 험악한 이
세상에서 나의 피조물 만백성을 바로
잡고 깨우치는 것은 바로 나의 법전과
너희들밖에 없다 하였음이니,
8 너희들의 오늘의 자세요, 오늘의 삶이
하늘을 향하여 한 점의 부끄러움이 있
는 삶을 살아서는 아니 됨이니, 각자
가 그와 같은 삶을 살아야 됨을 절대
잊지 말라.
9 내가 너희들에게 가훈을 내린 것이 무
엇인 줄 알겠느냐?
10 이는 가훈이며, 이는 내가 피로 써 내
린 것과 마찬가지임을 너희들은 알라.
11 하늘을 향하여 한 점의 부끄러움이 없
는 나의 아들딸로서 너희들이 살아야
됨이니, 그리 살지 아니하면 아니 됨
을 너희들은 알아야 될 것이니라.
12 나의 아들을 따라 역사하는 너희들은
내가 너희들을 부른 자요, 내가 마지
막 시대에 모두를 역사하고자 부른 자
니,
13 만백성을 이끄는 그와 같은 대명으로
너희들이 수행해야 할 자들이기에 내
가 부른 자들이니라.
14 그러니 나의 아들 예수가 부른 그 제
자들도 아니요, 창조주 나 여호와가
직접 부른 것이 너희들이며 내가 선택
한 너희들이니,
15 하늘의 천사요, 사탄이 봄에 너희들
자신이 한 점의 부끄러움이 있는 그와
같은 삶을 살아서는 되겠는가?
16 정녕 너희들이 한 점의 부끄러움이 있
는 삶을 살아서는 아니 될 것이니라.
17 정녕 내가 많은 나의 성령을 전했으며

100권이 넘는 나의 가르침을 들은 너
희들이 과연 무엇이 변했으며 무엇이
거듭나고 무엇이 달라졌는가?
18 이제 내가 마지막 너희들에게 깨우쳐
줌이니, 예수가 불러 쓴 그 제자들보
다도 내가 직접 부른 너희들이요, 직
접 내가 불러 쓰는 너희들이라는 것을
절대 잊지 말라.
19 그리고 완벽하며 완전하게 가지 아니
하면 아니 되니,
20 나의 법전이 세상에 내려오는 그것이
무엇이라 했느냐?
21 완전히 구원하는 그 일을 위하여 내가
세상에 나의 법전을 내려보낸다 그리
하였음이니, 너희들이 완벽하지 아니
하면 아니 된다 하였음이니라.
22 너희들이 완벽한 자세로써 하늘에 오
를 수 있듯이, 완벽한 너희들로 구원
을 받지 아니하면 결코 나에게 오를
수 없는 것이라는 것을 알라.
23 그러니 너희들이 지금 나로부터 부름
을 받은 그것이 얼마나 귀하고 소중한
것이며, 너희들의 책무가 얼마나 중요
한 것인가를 깨닫지 아니하면 아니 될
것이며,
24 그를 깨닫는다면 너희들이 한 점의 부
끄러움이 있는 삶을 살 수는 없을 것
이니라.
25 네 마음을 다스리며 네 마음이 네 행
동을 다스리면 될 것을,
26 그 길을 가지 못하고 너희들이 방황하
며 무너졌다가 일어섰다 하는 그와 같
은 것으로써 결코 너희들이 나에게 오
를 수 없으며, 나는 너희들을 항상 기
다릴 수 없다 함이니라.
27 너희들이 나에게 언제 부름을 받을 것
이며 언제 불려 올지 모르기에 너희들
이 만반의 준비를 하지 아니하면 아니
되니,
28 너희들이 단 1초라도 빨리 모두를 다
버리고 가훈처럼 하늘을 향하여 한 점
의 부끄러움이 없는 그와 같은 삶을
살도록 하라.
29 그것이 너희들이 해야 할 길이며, 나
여호와가 마지막 너희들에게 간곡히
부탁하는 것임을 절대 잊지 말라.

10,645 번째 하나님 말씀

2004년 4월 19일 20시 08분

1 사랑하는 나의 아들아!
2 "네, 아버님! 말씀하옵소서."
3 종교 지도자 너희들이 제대로 알지 못
하며 제대로 행하지 못하였기 때문에,
너희들이 행하지 못하는 자가 제대로
가르칠 수가 있겠는가?
4 그들이 그리 가르치지 못하기 때문에
그 죄가 얼마나 크고 무서운 것인가를
너희들은 모르느니라.
5 너희들이 가르치는 자가 잘못되었을
때, 그것이 얼마나 무서운 오류를 범
하는가?
6 그 가르친 것이 잘못된 것이라면 그는
유전으로 또 유전으로 계속 전해짐이
니,
7 결국 비진리가 진리로 되며, 진리는
비진리로 둔갑하는 그와 같은 무서운
결과가 이루어진다는 것을 알아야 될
것이니라.
8 그러니 지금까지 너희들이 처음에 잘

못된 것이요, 처음에 알지 못하는 지
도자들이 이끌어 왔기에 지금의 너희
들이 무너지고 흩트려진 것은 이루 말
할 수 없으며,
9 그리하여 오늘에 나에게 오를 수 있는
백성이 한 명도 없다 함을 너희들은
알겠느냐?
10 이제 나의 아들을 따르는 백성 너희들
에게 내가 무어라 했느냐?
11 너희들은 그 가는 길이 참진리요, 하
늘에 오르는 길이요, 나의 법전이요,
나의 성령을 듣고 깨우침이니, 너희들
만큼 바른길이요, 정확한 길을 오는
백성이 없음이니,
12 너희들이 바로 서서 지금 잘못 가는
그 백성들을 바로잡지 아니하면 아니
됨이니라.
13 그러니 그 잘못 가는 백성들과 나의
뜻을 따라가는 백성 너희들의 삶의 자
세요, 행함이 어떠한 것이라 했느냐?
14 너희들은 살아가면서 남을 평하지 말
며, 남을 헐뜯지 말며, 남의 잘못한 것
을 함부로 말하지 말며,
15 남의 존엄성을 네 생명보다 더 소중
하고 귀하게 생각하는 그와 같은 마
음으로써 그와 같은 행동을 하고 살라
내가 너희들에게 간곡히 부탁하였으
니,
16 그와 같은 기초적인 삶에서 너희들이
모두를 이룰 수 있으며,
17 너희들이 그 백성들과 지금 잘못 가
는 종교 집단의 그 지도자들과 차별
화되는 그와 같은 삶을 살 수 있는 것
이라는 것을 내가 수없이 너희들에게
기록하고 전했음이니,
18 너희들은 기초부터 단단히 다지는 그
와 같은 삶을 살아야 될 것이니 그리
알라.
19 사랑하는 나의 아들을 따르는 너희들
은 들으라.
20 모든 믿음의 길을 가는 것이요, 종교
집단이요, 지도자들이 기초가 되지 아
니하였으며, 기초가 다스려지지 아니
한 그와 같은 신앙의 길이요, 믿음을
왔기에,
21 천태만상으로 갈라졌으며, 그리고 수
없이 무너지고, 저희들이 나의 뜻에
오는 백성이 아님이니라.
22 지금 나의 아들을 따르는 백성, 나의
법전을 읽고 깨우치는 백성, 너희들은
무엇이더냐?
23 내가 기초서부터 너희들을 가르치며
기초서부터 다져 옴이니라.
24 기초가 다져진 다음에 그 위에서 너희
들은 어떠한 변화요, 어떠한 역사를
이룰 수 있으나,
25 기초가 다져지지 아니한 곳에서는 어
떠한 것도 이룰 수 없으며 어떠한 변
화도 이룰 수 없는 것이니라, 사랑하
는 나의 아들아!
26 그러니 너희들이 나의 법전의 소중하
고 귀한 것을 이제는 알겠느냐?
27 가장 중요한 것이 너희들이 기초가 단
단하며 기초가 제대로 잡혀진다면, 너
희들은 아무런 걱정할 것 없이 나에게
오르는 그 길을 올 수 있음이니라.
28 그러나 오늘의 가는 그 믿음이요, 그
백성들이 가는 것, 종교 집단이요, 지
도자들이 지금 가고 있는 것은 기초
가 전혀 다스려지지 아니하였으며 기

초가 없는 그와 같은 믿음에서 가기에
너희들이 무너지고 쓰러지며,
29 너희들 마음대로 갖다 붙이는 대로,
너희들이 편의대로 교리를 만들어 지
금 가르치고 전하는 그와 같은 형국이
되어 버렸음이니라.
30 그러니 내가 너희들에게는 기초를 다
지기 위하여 기초부터 가르침이니,
31 그것이 나의 법전을 가지고 공부하는
백성들이 일반 백성들과는 하늘과 땅
보다도 더 무서운 차이가 있음을 알라.
32 그러니 너희들이 그 기초를 다지는 육
의 삶의 행위, 남의 허물을 헐뜯지 말
며, 남을 평가하지 말며, 남을 보지 말
며, 인간의 존엄성을 너희들이 버리지
말고, 그 존엄성을 버리는 그와 같은
생각도 하지 말며,
33 네 이웃을 네 몸보다도 더 사랑하는
그와 같은 마음을 가지고 살아가라
함이니라.
34 그것이 너희들이 살아가는 행동의 지
침이요, 기본인 것을 알라.
35 그 기초가 다스려지지 아니하면 너희
들이 어떠한 변화도 이룰 수 없기에,
내가 이를 다시 한 번 너희들에게 강
조하고 전함이니라.
36 이제 나의 아들을 따르는 제자 너희들
은 알아야 될 것이며, 나의 법전을 읽
고 깨우친 백성 너희들은 알라.
37 너희들이 오늘 나의 법전이요, 나의
새로운 성경으로 공부하는 것은 너희
들이 기초 지식이요, 기초를 단단히
다루며 기초를 지금 다지고 있는 그와
같은 교육이라는 것을 알라.
38 기초를 다지는 그와 같은 훈련이요,
공부를 하는 너희들과, 기초가 다스려
지지 아니하고 뿌리가 없이 공부하는
백성, 그들이 너희들 앞에 가며 높이
있는 것 같으나,
39 결국 그들은 무너지며 너희들을 따라
올 수가 없음이니, 그리하여 세상의
승자가 너희라는 것을 내가 알라 함이
니라.
40 지금 나 여호와가 너희들에게 기초를
다지며 기초 훈련을 하고 있다는 것,
그래서 법전이 소중하고 귀한 것이라
는 것을 만백성에게 깨우쳐 주도록 그
리하라.

10,646 번째 하나님 말씀

2004년 4월 19일 20시 11분

1 사랑하는 나의 아들아!
2 "네, 아버님! 말씀하옵소서."
3 나의 아들을 따르는 제자들이요, 나의
법전을 읽고 살아가는 백성, 너희들은
인간 세상에 얽히고설킨 그와 같은 삶
에서 너희들이 용서를 빌며 사과를 하
는 마음이요, 가장 낮은 자의 마음으
로써 살라 그리하였느니라.
4 그와 같은 백성이 되지 아니하면 너희
들이 스스로 자신을 다스릴 수 없으며
너희들이 변화될 수 있는 삶을 살아갈
수 없다 하였음이니라.
5 그러니 사랑하는 나의 아들을 따르는
제자 너희들은 내가 법전에 기록한 내
용이요, 또다시 내가 너희들에게 이와
같이 기록하여 전함이니,
6 너희들이 남에게 먼저 용서를 빌며 사
과를 하며 이해하는 마음으로 살라 하

였으니,
7 지금의 나의 아들을 따르는 제자들이
요, 법전을 수없이 읽었으며 강론을
들은 너희들이 얼마나 행하고 실천하
고 있는가 한번 들여다보라.
8 이와 같은 것이 너희들의 기초요, 기
반을 다지는 길이거늘, 과연 너희들이
얼마나 그와 같은 경지에 지금 올랐는
가?
9 너희들 자신을 돌아다보지 아니하면
너희들이 항상 무너질 수 있다는 것을
잊지 말라, 사랑하는 나의 아들딸들아!
10 내가 너희들에게 그리하여 무어라 하
였느냐?
11 너희들은 육신에 의한 그 죄를 짓지
말며, 육신의 죄를 지을 때 그 육신의
일부를 저버려서라도 죄를 짓지 말라
하였으니,
12 이것이 너희들이 기초를 다스리는 것
이요, 너희들이 기초의 공부이기 때문
에 내가 너희들에게 가르쳐 주느니라.
13 그러니 모든 종교 집단이요, 지도자들
이 인간의 육을 가진 자, 죄를 짓지 않
고 살 수 없다 그리 말함이니,
14 기초를 무너트린 자요, 기초가 없는
자요, 뿌리가 없는 지금의 모든 신앙
의 길을 가는 백성들이라 내가 그리하
지 아니하였느냐?
15 이제 내가 너희들에게 무어라 가르쳤
느냐?
16 너희들이 육신이라는 걸 버리지 못하
고 그 죄에 젖어 있는 그 삶이 바로 너
희들이 내가 내려 준 그 아름다운 모
습은 다 무너지며 그 모습은 찾아볼
수가 없으며,
17 너희들은 다 무너지고 쓰러진 가장 흉
악한 모습으로써 지금 존재하고 지탱
하는 것이 네 모습이며, 나의 아들딸
들의 모습이라 하였음이니,
18 정녕 나의 아들딸을 찾을 수가 없으
며, 거기에 나의 아들딸을 볼 수가 없
음이니,
19 그리하여 내가 지금 나의 아픈 마음을
너에게 전하며, 너로 하여금 나의 법
전을 전하여 나의 아들딸을 찾고자 하
며,
20 나의 아들딸들을 그 험악한 세상에서
구원하고자 하는 그것이 오늘의 내 뜻
임을 알라 그리 전하라, 사랑하는 나
의 아들아!

10,647 번째 하나님 말씀

2004년 4월 19일 20시 13분

1 사랑하는 나의 아들아!
2 "네, 아버님! 말씀하옵소서."
3 내가 너희들에게 한 점의 부끄러움이
없는 그 삶을 사는 것은 너희들이 남
들이 보지 않는 곳에서, 그 긴박한 상
황에서도 불의와 타협하지 아니하며
너희 자신의 소신을 굽히지 아니하며,
4 한 점의 부끄러움이 없는 삶을 사는
백성이 바로 내가 내린 나의 가훈이
요, 내 명을 지키고 사는 백성이라 하
였음이니라.
5 그리하여 내가 또한 너희들에게 무어
라 말하였느냐?
6 너희들은 남에게 보이는 곳에서 기도
하는 것을 기도하는 체하지 말며, 남
에게 보이기 위한 그와 같은 전도를

하지 말며,
7 남 앞에 보이고자 하는 그와 같은 믿
음의 행위를 하지 말라 내가 그리 너
희들에게 전하였으니, 그 뜻을 너희들
은 어찌 지키고 행하느냐?
8 절대 너희들이 그 보이기 위한 행위
요, 너희 자신의 인격을 남들에게 자
랑하며, 네가 신비주의요, 네가 존경
받은 자로서 거듭나고 남으로부터 그
와 같은 모습을 보여 주기 위한 행위
를 절대 하지 말라 하였음이니라.
9 그와 같은 행위를 하는 것이 잘못된
자요, 거짓 지도자들이요,
10 그리하여 인간 세상에 너희들이 가지
고 있는 그 상식으로써 모두를 위장하
며, 그 상식이요, 그 화술로써 너희들
이 나의 피조물 만백성의 구원의 길이
요, 하늘에 오르는 길을 다 가로막음
이니, 위선자들이 하는 짓이니라.
11 그러니 남에게 보이고자 하는 기도를
하지 말며, 전도를 하지 말며, 믿음의
행위를 하지 말라 함이니라, 사랑하는
나의 아들딸들아!
12 이를 너희들은 지키고 행해야 될 것이
니 그리 알라.

10,648 번째 하나님 말씀

2004년 4월 20일 06시 54분

1 사랑하는 나의 아들아!
2 "네, 아버님! 말씀하옵소서."
3 내가 너희들에게 말하여 전하였느니
라.
4 이 세상에 사람이 살아가면서 정품과
비품이 있다 하였음이니, 이 말이 얼
마나 마음 아픈 말이더냐?
5 세상의 모든 게 정품과 비품이 있음
이니, 인간인 너희들에게도 정품과 비
품이 있다 나 여호와가 그리 말하였으
니,
6 이는 내가 인간인 나의 아들딸을 놓고
정품과 비품을 구분하는 그와 같은
말을 하는 것이 나 여호와의 마음이
어떠한 줄 알겠느냐?
7 내가 그리하여 너희들에게 정품의 인
간이 되라 하였음이니라.
8 너희들은 도자기라는 것을 굽는 그 도
공이 사업적으로 또 장삿속으로 말하
는 사람 같으면 그저 흠집이 있든 가
치가 있든 없든 수없이 구워 내면 되
는 것이니라.
9 그것이 바로 지금의 나의 피조물 만백
성 너희들이 비품이라 할 수 있는 인
간 너희들이니라.
10 정도의 길이요, 하늘의 길이 아니라
너희들이 그저 인간의 생각대로 마구
잡이로 살아가는 자, 하늘의 뜻을 모
르고 그저 하늘의 뜻이라며 비진리의
길을 울부짖는 자,
11 그와 같은 자가 장삿속으로써 도공이
구워 내는 그 도자기와 같은 것이니라.
12 그러나 완벽한 도공은 어떠하던가?
13 절대 그와 같은 것을 세상에 내보내지
아니하며, 완벽한 도자기를 만들려 하
는 것이 그 도공의 애절한 마음이 아
니더냐?
14 그러면 완벽한 도자기를 구워 내는 그
도공은 무엇이더냐?
15 그는 진품이 무엇이며 잘못된 것이 무
엇인가를 알고 있느니라, 사랑하는 나

의 아들아!
16 그러니 어떤 것이 진품이요, 어떤 것
이 잘못된 것이라는 것을 알기에 그는
구분하며, 또한 그것을 아는 것을 그
리 행하는 것이니라.
17 사랑하는 나의 아들아!
18 "네, 아버님! 말씀하옵소서."
19 너의 제자들과 너는 모든 도자기의 정
품을 아는 그 도공이 되어야 하니,
20 하늘의 뜻이요, 하늘의 이치요, 나의
법전을 너희들이 통달하며, 계명을 지
켜야 되며, 완벽하게 그를 지키고 아
는 사람이 되어야 하느니라.
21 그러니 도공이 도자기의 그 진품이요,
정품을 모르는 자가, 그를 구분하지
못하는 자가 구워 낸다면 무얼 하겠느
냐?
22 나는 누가 무어라 하든 너희에게 말하
느니, 나의 성령을 너희들이 들여다볼
줄 알며, 나의 성경의 그 비유의 뜻을
알며, 나의 법전의 비유의 뜻을 아는
너희들이, 도자기의 진품과 비품을 구
분할 수 있는 그 안목이 있는 도공이
되도록 너희들을 가르치고 훈련하지
아니하면 아니 됨이니라.
23 거기에 또한 더 귀한 것이 무엇이더냐?
24 도공의 그 정신이니라.
25 알기 때문에 그는 그를 지키나, 알면
서도 그를 지키지 아니하고 행하지 아
니한다면 그 비품을 만들어 내는 자와
무엇이 다르며, 장삿속과 무엇이 다르
냐?
26 그러니 자기가 정성을 다하여 구워 낸
그 도자기가 정품이 아니면 깨 버리는
그 도공의 마음이 너희들은 필요하며,
그 마음이 소중하며,
27 그 마음을 가지고 너희들이 살지 아니
하면 아니 됨이니라, 사랑하는 나의
아들딸들아!
28 그러니 너희들은 장삿속으로 그저 잘
못된 도자기를 구워서 세상에 내려 하
며, 사람의 눈을 속이며 너희들이 인
간의 눈을 속여서 그와 같은 것으로
해서는 아니 됨이니라.
29 오늘의 모든 종교 집단이요, 믿음의
길을 가는 그 백성들이 바로 그와 같
은 짓을 하고 있음이니,
30 정품을 알지 못하여 그들은 정품을 만
들어 내지 못하며, 하늘의 뜻이요, 성
경의 비유를 모르니, 제대로 가르치지
못하는 것이요,
31 안다 해도 그들은 장삿속으로 타락된
자들이기에 그를 가르치지 아니하고
행하지 아니하니,
32 그저 도자기를 구워 내는 것만을 바라
며, 그 정품을 만들기 위해서 모든 심
혈을 다 바치는 것, 그리고 하자가 있
고 흠집이 있을 때 그를 깨 버리는 도
공을 미친 자요, 정신 나간 자라 할 것
이며,
33 그는 배곯아 평생 배고픔 속에 고달픔
에 살 것이라 그리 말할 것이니라.
34 사랑하는 나의 아들딸들아!
35 너희들은 배가 고프고 힘이 들고 어렵
다 해도 그 도자기를 손으로 깨는, 정
품이 아니요, 하자가 있을 때 깨 버리
는 그 도공이 되는 것이 너희들이 오
늘의 훈련이요,
36 그와 같이 네가 서지 아니하면 아니
되며, 너의 제자들이 그리 서지 아니

하면 아니 됨이니라, 사랑하는 나의 아들딸들아!
37 이것이 너희들이 가는 길이고 너희들이 역사하는 길이요, 너희들이 행하는 길이라는 것을 절대 잊지 말라.
38 지금의 모든 종교 집단들이 그저 구원해서 장삿속으로 팔기만 하면 재물이 들어오는 걸로써 배를 두드리며 호의호식하니, 그게 정녕 도공이며 영원한 그 도자기가 세상에 남느냐?
39 흠집이요, 비품이 있는 것들이요, 다 잘못된 것들이 아니더냐?
40 그러니 그것이 제자리를 지킬 자격이 있으며, 그게 정녕 정품의 자리를 감히 설 수 있는가?
41 너희들이 지금 죄를 짓고 험악한 일을 하며 비품의 인생을 살면서, 너희들이 하늘에 오를 자리가 있으며, 또한 내가 너희들을 받아들인다 생각하느냐?
42 나는 정품인 너희들의 인생을 받아들이며, 정품인 백성만을 받아들이니,
43 너희들이 이 세상에 완벽한 정품의 백성을 만드는 데 최선을 다하라.
44 너희들이 가짜요, 잘못된 도자기요, 흠집 있는 도자기요, 정품이 아닌 것을 구분할 수 있는 그 훌륭한 도공처럼,
45 훌륭한 나의 아들딸이요, 그리고 나의 아들을 따르는 제자요, 나의 백성으로서 완벽하지 아니하면 아니 됨이니, 이를 어찌한단 말이더냐?
46 너희들이 정품이 아닌 것을 과감히 깨버리는 그 도공의 그 높은 지식이요, 상식과 그리고 그를 그대로 행할 수 있는 그 높은 정신 자세, 이 모든 육과 정신의 두 개를 다 너희들이 소유하지 아니하면 아니 되니,
47 그를 소유하라 내가 말하는 것이며, 그를 소유하도록 너희들을 가르치는 것이 나 여호와의 뜻이니라, 사랑하는 나의 아들딸들아!

10,649 번째 하나님 말씀

2004년 4월 20일 07시 00분

1 사랑하는 나의 아들아!
2 "네, 아버님! 말씀하옵소서."
3 너희들이 군의 간성이라는 그 장교들을 육성하며 그 간성을 육성하는 것이, 4년이라는 너희들의 길고 긴 세월 동안에 기초서부터 모두를 다스려 임관하는 그와 같은 하나의 절차를 밟는 군인들이 있으며,
4 그저 짧은 기간에 필요에 따라서 교육을 받고 똑같이 임관하는 장교들이 있으며 간성이 있음이니,
5 너희들이 그 차이를 어찌 보는가?
6 똑같이 임관하여 똑같은 계급으로 너희들이 4년이라는 그 길고도 긴 세월을 바쳐 육성되는 그 간성의 장교와,
7 너희들이 필요로 하여 중간에 어떠한 편법으로써 육성하는 장교들의 방법과,
8 똑같이 장교들을 육성하여 그 부하를 다스리며 군의 간성으로 같이 역사를 하느니라.
9 그러나 지금 나 여호와는 나의 아들을 따르는 제자들이요, 나의 법전을 읽고 깨우친 백성, 너희들에게 4년이라는 길고도 긴 그 교육 과정을 마쳐 똑같

은 계급으로 육성되는 그와 같은 군의
간성을 원하는 것임을 너희들은 알라.
10 그리하여 너희들을 완벽하도록 내가
다스리며, 길고 긴 세월 동안에 기초
가 완전히 다스려지는 그와 같은 나의
아들을 따르는 제자들이요, 나의 법전
을 읽고 깨우친 백성 너희들로 그리
만들고자 하며,
11 그리 만들지 아니하면 아니 되며 그것
이 나 여호와의 뜻이라는 것을 알아야
될 것이니라.
12 너희들이 군의 간성으로 똑같은 계급
으로 임관을 하되, 4년이라는 기초 지
식과 4년이라는 길고 긴 세월의 공부
를 하여 똑같은 계급으로 너희들이 군
의 간성으로서 나오는 자,
13 나는 너희들에게 그와 같은 백성이 되
기를 원하며, 너희들을 그리 가르치며
그와 같은 군인이 되듯이, 그와 같은
지도자가 되기를 바라는 것이며,
14 그와 같은 지도자를 육성하기 위하여
오늘에 내가 너희들을 훈련시키고 있
음을 알라, 사랑하는 나의 아들딸들아!
15 그렇지 아니하면 너희들이 유사시에
넘어지며 유사시에 흔들리며 너희들
이 잘못될 수 있으며 잘못된 길을 갈
수 있기 때문이니라.
16 이와 같은 나 여호와의 뜻을 너희들이
안다면, 너희들은 기초 지식을 완벽하
게 쌓는 그와 같은 자가 되라.
17 기초가 단단히 쌓인 자는 흔들리지 아
니한다 하였음이니라.
18 기초가 없는 자는 무너지며 너희들이
뿌리가 약함이니 뽑힌다 하였음이니,
19 그리하여 그와 같이 4년이라는 교육
을 시켜서 군의 간성을 만들어 내듯
이, 내가 너희들에게 그와 같이 길고
긴 교육 속에서 완벽한 기초를 다져,
너희들이 어떠한 것에도 흔들리지 않
는 그와 같은 자를 역사하는 것이 나
여호와의 뜻이요,
20 그리하여 너희들이 오늘의 그와 같은
기본 방법이요, 그와 같은 교육으로써
지금 가고 있다는 것을 내가 하나의
예를 들어 너희들에게 깨우쳐 줌이니,
21 너희들이 지금 기초 지식을 다져 가는
것에 완벽한 백성이요, 도자기를 굽는
그 도공이 아무리 제가 남의 눈을 속
일 수 있다 해도 기술자요, 전문지식
인인 제가 볼 때 아니면 아니라 하여
그를 망치로 깨 버리는 그와 같은 너
희들이 되도록 해야 될 것이며,
22 그와 같은 너희를 육성하기 위해 오늘
의 이 길을 가고 있음을 알라, 사랑하
는 나의 아들딸들아!
23 내가 너희들을 사랑함이니라.
24 도공이 그 정성을 들여 만들어 구운
것이 작은 흠집이 있을 때, 그를 망치
로 깰 때 그 가슴이 얼마나 아프며 저
려 오겠는가?
25 그리고 그는 얼마나 마음속에 슬피 울
며 낙담하며 자기 자신을 비관하겠느
냐?
26 그와 같은 자가 되어서는 너희들은 아
니 됨이니라.
27 절대적 너희들은 그와 같은 허점이 있
는 사람이 되어서는 아니 되며,
28 그와 같이 도공이 깨는 완벽하면서도
작은 허점이 있어서 그 눈에 차지 아
니하며 그가 볼 때 아닌 그와 같은 도

자기가 되어서는 아니 되듯이, 너희들
이 그리되어서는 아니 되는 것이니라.
29 도공이 봐서 그를 만졌을 때 완벽하
며, 그를 봤을 때 완벽하게 세상에 내
놔도 하자가 없다 하여, 만 개를 굽는
중에 하나를 내보내는 그와 같은 도자
기가 너희들이 되어야 되느니라, 사랑
하는 나의 아들을 따르는 그 제자들이
요, 그 백성들아!

10,650 번째 하나님 말씀

2004년 4월 20일 07시 07분

1 사랑하는 나의 아들아!
2 "네, 아버님! 말씀하옵소서."
3 너희들이 인간 세상의 예를 들어 너
희들에게 깨우치고자 함이니라.
4 너희들이 적과 적이요, 국가와 국가
간에 전쟁을 함이니라.
5 그러니 그 전쟁을 하면서 너희들이 아
무리 방대한 능력과 인력과 자원을
가지고 있으며 신무기를 가지고 있다
해도, 그 전쟁에서 지는 예가 있으니
그것이 무엇이더냐, 사랑하는 나의 아
들아!
6 "네, 아버님! 저는 그것을 그리 생각
하옵나이다.
7 인력이요, 장비요, 그 현대 무기를 믿
고 적에게 전쟁을 하는 그 나라와 나
라 사이에 허점을 보이면 절대 아니
된다 그리 생각되옵나이다.
8 허점을 보였을 때는 그 적이 그 허점
을 찌를 것이며 그 허점을 물고 늘어
짐이니,
9 그 허점에 의하여 그 허점이 노출되
며 거기를 찔릴 때는 어떠한 방대한
국가라도 그를 헤어날 수 없으며 결코
승자가 될 수 없다는 것, 저는 그것을
아버님께서 주시는 말씀 중에서 깨닫
고 있사옵나이다."
10 사랑하는 나의 아들아!
11 내가 국가와 국가의 그 전쟁을 하는
것을 예를 들어 너희들에게 가르쳐 주
었음이니,
12 너희들이 아무리 방대한 나라라 해도
너희들의 약점을 알며 그 약점을 찔리
게 되며 취약점이 노출되면 그 전쟁은
패하게 되어 있다 하지 않았더냐?
13 약점과 취약점을 보여서는 아니 됨이
니라.
14 나의 아들을 따르는 제자들이요, 나의
법전을 읽고 깨우친 백성, 너희들은
무엇인 줄 알겠느냐?
15 방대한 국가와 국가 간에 전쟁이요,
죽고 사는 그와 같은 전쟁에서도 약점
과 취약점이 있으며 그를 보이며 그것
이 있을 때, 그것은 반드시 패한다 하
지 않았더냐?
16 그러니 인간인 너희들이 어떠하겠느
냐?
17 너희들이 약점이요, 허점이 보였을 때
상대방은 그를 가차없이 찌르니, 너희
들이 그를 헤어날 수 없으며 그는 살
아날 수가 없는 것이니라, 사랑하는
나의 아들딸들아!
18 너희들이 아무리 힘이 센 큰 물고기라
도 그를 잡고자 좇는 자에게 등을 보
이며 제가 제 힘을 과시하여 제 모습
을 드러낸다면 그는 그것이 약점이니,
19 그는 그 쏘는 화살에 맞아 제 생명을

잃게 되는 것은 당연한 것이니라.
20 모두가 살아가는 그것에 약점을 보이
면 아니 되며, 그 약점으로 인하여 모
두가 무너짐이니라.
21 그리하여 사랑하는 나의 아들을 따르
는 제자들이요, 그리고 나의 법전을
읽고 깨우치는 백성, 그리고 사랑하는
나의 아들, 너희 모두가 약점을 보여
서는 아니 되느니라.
22 너희들을 그리하여 내가 기초 지식부
터 단단히 다지며 그리 가라는 것이,
그 약점을 보이지 않게 해야 하기 때
문이니라.
23 대충대충 가는 것, 그저 되는 대로 가
는 것, 그와 같은 인생을 사는 백성,
그는 항상 약점이 있으며, 그 취약점
을 노출해 가지고 사는 사람이니,
24 다른 사람이 그를 건드릴 때, 너희들
은 그냥 무너지는 것이며, 그리고 너
는 승자가 될 수 없으며, 너희들 또한
승자가 될 수 없음이니라.
25 사랑하는 나의 아들아!
26 "네, 아버님! 말씀하옵소서."
27 내가 너에게 내리는 그 뜻을 알겠느냐?
28 "네, 아버님! 알고 있사옵나이다.
29 어떠한 것이든 약점을 보이지 말며,
어떠한 것이든 취약점을 보이지 말며,
법전대로 살며 법전대로 행동하고 살
라는 아버님의 간곡하신 그 말씀,
30 아버님께서 그와 같이 또 말씀을 하
시는 그 수고로움을 드리는 제가 부끄
러워 그 죄를 어찌하겠사옵나이까?
31 아버님! 저는 그리 간다 하고 약속은
할 수 없으나, 약점을 보여서 쓰러지
는 그와 같은 사람이 되지 아니하도록
그리 노력하겠사옵나이다.
32 제가 아버님께서 명한 말씀대로 지키
고 행하지 아니하는 것이 그 모두가
다 약점이요,
33 그 약점을 두고는 제가 남에게 이길
수 없으며 가르칠 수가 없으며 지도자
가 될 수 없으며 제가 바로 설 수 없다
는 그 무서운 사실을 오늘 아침 또한
저는 그리 깨달았사옵나이다.
34 약점이요, 취약점을 보이지 않는 것은
명한 대로 그대로 행하는 것이라 생각
되며, 그대로 행하고 살아갈 수 있도
록 최선의 노력을 다하겠사옵나이다.
35 방대한 국가도 약점이 있으면 넘어지
며, 상대방과 겨루는 자 약점이 있으
면 넘어지며, 힘으로써 겨루는 저희들
이 무엇을 하든 어떠한 것이든 그 약
점이 보이는 것은 그 약점을 찔림으로
써 헤어날 수 없으며 승자가 될 수 없
다는 아버님의 그 무서운 말씀,
36 그러니 저 자신이 약점이 없도록 노력
을 하겠으며, 취약점이 없도록 노력하
겠으며,
37 저의 제자들 또한 이 내용을 듣고 스
스로 약점이요, 취약점이 없는 완벽한
사람의 자세를 갖추도록, 기초를 다지
는 그와 같은 삶을 살도록, 더불어 같
이 노력하고 역사하도록 하겠사옵나
이다, 아버님!"
38 사랑하는 나의 아들아!
39 이제 네가 그만큼 갈 수 있으며 그를
들여다볼 수 있기에 내가 너에게 명함
이니,
40 어떠한 것도 약점을 보여서는 아니 되
며 취약점을 보여서는 무너지며 쓰러

짐이니라.
41 너를 얼마나 헤치고 너를 얼마나 그 모두가 다 바라다본다 하였느냐?
42 도마 위에 있는 생선을 요리사가 요리하기 위해 헤치는 것보다도 더 무섭게 헤치는 것이 너라 하였으니,
43 지금서부터 약점에 말리는 자 되지 말며, 약점을 보이지 말며, 취약점을 보이지 말며, 나와의 약속을 지키지 못하는 네가 되지 말라.
44 이제는 아니 됨이니라. 시간이 없음이니라.
45 그리고 이제는 모든 백성들이 너를 헤치기 시작할 것이니라.
46 그러니 오늘의 이 삶에서부터 한 점의 부끄러움이 있어서는 아니 되는 것이 너요, 너의 제자들이 다 그리 가야 된다는 것을 명심하고 명심하라, 사랑하는 나의 아들아!
47 그리하여 내가 너희들이 인간의 그 군의 간성을 기르는 것을 예를 들어서 너에게 가르쳤으며,
48 도공이 그 잘못된 도자기를 깨는 그 아픈 마음의 정성보다도 너는 더 바르게 너의 제자들을 육성해야 되며 그리 가르쳐야 되는 것이니라.
49 그러니 너희들이 정품이 아닌 도자기를 깨는 도공처럼, 정품이 아닌 너의 제자들은 네가 그 망치로써 다스리듯 어찌하든 그들을 바로 세우며 정신을 차리도록 하여 바로 세워야 되니,
50 그리하기 위해서는 네가 바로 가야 되며 네가 그 모두를 알아야 될 것이 아니더냐?
51 그저 도공처럼 그 도자기의 완벽한 그 것을 볼 줄 아는 안목이 있는 선생이 되며, 네가 나의 아들이 되어야 됨이니,
52 그리하여 내가 너에게 모든 것을 지키고 행하며 취약점을 보이지 말라 하여 오늘에 가르침이니라, 사랑하는 나의 아들아!

10,651 번째 하나님 말씀

2004년 4월 20일 07시 13분

1 사랑하는 나의 아들아!
2 "네, 아버님! 말씀하옵소서."
3 지금 나의 법전을 읽고 공부한 너를 따르는 제자들이요, 그리고 너 또한 이제는 도공이 정품이요, 비품의 그 구워 낸 도자기를 볼 수 있는 그 수준에 와 있음이니라.
4 나의 아들 또한 그 수준에 와 있으며, 너를 따르는 제자들도 다 그 수준에 와 있음이니라.
5 다만, 너희들이 그걸 아깝고 소중하여, 하나의 흠집이 있는 그 도자기를 깨지 못하니,
6 도공의 그 독하고 무서운 마음이요, 그것이 도자기를 사랑하는 마음이라는 것을 모르고 있으며, 너희들은 인간의 사랑하는 마음이 아직 약한 것이니라.
7 도공이 그것을 깰 때는 무엇 때문에 그를 깨느냐?
8 그는 도자기를 사랑하며, 그는 영원한 도자기를 원하며, 그리고 그를 제 생명보다 더 소중하고 귀하게 생각하기 때문에 그를 망치로 깰 수 있는 용기

가 있음이니라.
9 나의 아들이요, 나의 아들을 따르는
제자 너희들은 이제는 정품이요, 비품
의 그 도자기를 볼 수 있는 도공의 수
준에 와 있음이니라.
10 다만, 너희들이 그때 정품이 아닌 작
은 흠집이 있는 것을 깨부수고 버리는
그와 같은 용기 있는 것이요,
11 만백성을 사랑하며, 나의 성령을 사랑
하며, 나의 법전이요, 새로운 성경을
사랑하며, 나 여호와를 사랑하는 마음
이 이제 필요함이니라.
12 정녕 너희들이 나 여호와를 사랑한다
면 너희들이 그 흠집 있는 인간들을
세상에 만들어 낼 때, 그냥 눈을 감고
넘어가는 자가 되어야 할 것인가,
13 그를 과감하게 버리고 깨 버리는 도공
처럼 너희들이 그것을 용서치 아니하
며 바로 다스리는 사람이 되어야 되겠
는가,
14 이것은 우선 너희들의 마음 자세요,
너희 자신부터 다스리도록 그리하라,
사랑하는 나의 아들딸들아!
15 내가 이제 도자기의 정품이요, 비품을
볼 수 있는 도공의 그 안목까지는 너
희들을 갖다 놓았음이니,
16 그를 깨고 안 깨는 것은 너희들이요,
정품과 비품을 구분하여 행하고 안 하
는 것은 너희들이니,
17 이제 너희 자신의 정품과 비품을 찾아
너부터 깰 것을 깨고 보호할 것을 보
호하며, 너희들이 취약점을 보이지 않
는 그와 같은 삶으로 살고, 그리되었
을 때 너희들이 모든 백성들을 그리
구분하여 엄히 다스리도록 그리하라.
18 너희들은 그와 같이 하지 아니하면 아
니 됨이니라.
19 모든 도공의 마음이 무엇인 줄 알겠느
냐?
20 정품을 구워 내는 그 도공의 애절한
그 마음이요, 흠집이 작은 바늘구멍만
한 것도 깨는 이유가 무엇인 줄 알겠
느냐?
21 바늘구멍만 한 흠집이 있으며 잘못된
도자기는 그 생명을 깨지 아니하며 그
를 자르지 아니하면 그것이 세상에 나
가 진품으로 둔갑할 것이며, 그것이
진짜라 말하며,
22 정녕 도공이 하나의 흠집이 없이 만든
도자기는 부서지며 깨지며 버림을 받
는 그와 같은 형국이 됨이니라.
23 모든 나의 피조물 만백성을 구하고 구
원하지 못하는 것이 거기에 있음이니
라.
24 너희들은 낙타라는 동물이 바늘구멍
을 통과하는 것보다도 더 어렵고 힘든
것이 하늘에 오르는 길이라 하였음이
니,
25 바로 그만큼 작은 구멍이 있어도 나에
게 오르지 못하며 흠집이 있으면 아니
된다는 뜻이 아니더냐, 사랑하는 나의
아들딸들아!
26 그리하여 그것으로써 올라오지 못하
기 때문에, 그 인간을 바로 다스리며
그것까지 뽑아내도록 해야 된다는 것
임을, 내 뜻을 알겠느냐?
27 그러니 그 작은 흠집이 있어도 나에게
오를 수 없음이니, 그를 뽑아 가도록
너희들이 달구며 다스리는 것이 당연
한 것이니,

28 그와 같이 너희들이 가르치고 그리 가
기 위해서는 너희들이 그와 같은 것이
있어서는 아니 됨이니라.
29 사랑하는 나의 아들딸, 그리고 나의
아들을 따르는 모든 백성이요, 그리고
제자, 너희들은 그만큼 이제 수준에
올랐음이니라.
30 도공이 자기 도자기를 온갖 정성을 다
해서 구워 내, 그를 태양빛에 비춰 보
니 흠집이 보일 때,
31 그를 용서하지 않는 그 마음만 너희들
이 이제 기르면 되는 것이며 그를 행
동에 옮기면 되느니라, 사랑하는 나의
아들딸들아!
32 그것만이 남았음이니라.
33 이제 너희들이 구분할 줄 아는 능력은
지금까지 쌓았음이니, 그를 버리고 안
버리는 그와 같은 행위를 너희들이 할
수 있는 용기가 필요함이니라.
34 바늘구멍만 한 흠집이 있는 자, 하늘
에 오르지 못함이니, 그 바늘구멍만
한 흠집도 용서하지 말라.
35 도공의 마음을 너희들이 알았느냐?
36 바늘구멍만 한 흠집이 있는 자가 그것
이 세상에 내보내니, 제가 진품이요,
제가 최고요, 제가 왕이요, 도자기 중
의 도자기라, 왕 중의 왕이라 그리 말
한다면,
37 정녕 그 하자가 없는 도자기들의 슬픔
은 어디에서 너희들이 본단 말이더냐?
38 이것이 하늘의 이치요, 나 여호와의
뜻이니라, 사랑하는 나의 아들딸들아!
39 이제 구분할 수 있는 수준까지 오른
너희들도 대단하고 위대함이니,
40 이제 바늘구멍만 한 하자가 있는 것을
깨는 도공처럼, 너희들이 그것을 용서
하지 말며, 그와 같은 허점을 보이지
말며, 그와 같은 취약점을 보이지 말
며,
41 그와 같은 취약점을 가지고 있는 너희
형제요, 너희 이웃에게 절대 너희들이
그를 덮어 주며 칭찬하며 격려해서 그
리 넘어가도록 하지 말라.
42 넘어가면 그들이 나에게 오를 수 없다
는 것을 잊지 말라, 사랑하는 나의 아
들딸들아!
43 오늘 이후부터 너희들의 마음을 다스
리라.
44 완벽한 교육을 가는 자, 그리고 너희
들이 취약점이요, 허점을 보여 줘 무
너지는 그와 같은 백성이 되지 않도록
너희들이 완벽히 서라, 사랑하는 나의
아들딸들아!

10,652 번째 하나님 말씀

2004년 4월 20일 07시 19분

1 사랑하는 나의 아들아!
2 "네, 아버님! 말씀하옵소서."
3 정녕 진정한 지도자가 무엇인 줄 알겠
느냐?
4 그 지도자가 행하는 것은 만백성이 그
를 보고 따르며 그를 보고 행하기 때
문이니라.
5 그리하여 지도자는 한 점의 부끄러움
이 없는 지도자가 되어야 하며 그리
바로 서야 된다 하였느니라.
6 사랑하는 나의 아들아!
7 네가 정녕 나의 아들로서 160권이 세
상에 나온 것이 새로운 성경이라 그

모두가 세상에 밝혀질 때,
8 너의 숨 쉬는 것까지도 따르려 하며
너희 숨 쉬는 모습까지도 닮아 가려
하는 것이 모든 백성들의 살아가는 과
정이니라, 사랑하는 나의 아들아!
9 네가 나의 모든 백성을 인도하는 아들
로서 내가 너에게 육식을 줄이게 하
며, 내가 너에게 과격한 운동을 삼가
라 하는 그 뜻을 너는 알겠느냐?
10 내가 너에게 과격한 운동을 하지 말라
하며 그를 통제하니,
11 네 인간의 마음으로는 섭할 수 있으나
네가 그 길을 가지 아니하면 아니 됨
이니라.
12 하나의 물이 흐르듯이 세상에 흘러가
는 그 이치가 있기에 내가 여기에 설
명하여 나의 법전에 기록하니, 네가
이를 가지고 만백성을 깨우치며 너 자
신의 마음을 달래도록 그리하라, 나의
사랑하는 아들아!
13 네가 과격한 운동이요, 네 육신을 위
하여 움직이고자 할 때, 너는 그 에너
지요, 그 모두를 보충하기 위하여 육
식을 취하게 되며, 그 많은 육식을 너
희들이 취하게 될 것이니라.
14 그러니 너희들이 많은 육식을 취한다
는 것은 바로 무엇이더냐?
15 나의 피조물 만백성이 많은 육식을 취
할 때 그 육식을 길러 내기 위하여 모
든 사람들은 그에게 먹이를 줄 것이며
그를 길러 내는 장소를 만들게 됨이
니, 그들은 바로 무엇인 줄 알겠느냐?
16 너희들의 생명을 너희 스스로 자르고
줄이는 그와 같은 행위가 되는 것이
니, 너희들은 그를 알아야 될 것이니
라.
17 바로 너희들이 육식이라는 것을 많이
취함으로 인해서 그 육식을 길러 내기
위해 그 동물들이 취하는 것이 무엇이
더냐?
18 자연의 아름다움이요, 풀이요, 그리고
너희들이 먹어야 되는 그 곡식을 그들
이 먹게 됨이니라.
19 그리하여 이 세상에 자연적 그 동물
들이 너희들이 풍요롭게 먹을 것을 먹
음으로 인하여 고갈되며, 결국 너희들
은 어떠한 형국에 오겠느냐?
20 너희들은 돌고 도는 그 이치에서 너
희 자손이 후손 대대에 영원히 살기
위하한 지상에 있는 모든 곡식과 식
물이요, 그 모두를 그들이 먹게 되며
다 섭취하게 되니,
21 너희들은 육식을 즐김으로써 너희들
을 건강하게 하나, 너희들의 모든 양
식을 도로 갖다 다 먹이고 그 양식의
고갈을 면치 못하는 그와 같은 운명
이 되는 것이 이 세상의 이치이니라,
사랑하는 나의 아들딸들아!
22 네가 정녕 나의 아들로서 육식을 줄인
다 하면, 모든 백성들은 어찌 가겠느
냐?
23 너의 숨소리까지 따르며 가며 네가 행
하는 것을 보고 따르는 그 백성들이
스스로 육식을 줄이게 되며, 너희들이
육에 대한 욕망을 버리는 그와 같은
삶을 산다면 무엇이더냐?
24 그 육식이 필요하기에 그 동물이요,
가축을 기르는 수고가 적을 것이며,
25 적음으로써 그들이 자연의 생태계를
파괴하는 일이 적을 것이며,

26 너희들이 먹고살아야 할 그 곡식을 파
괴하고 먹어 대는 일이 적지 않겠느냐?
27 이것이 하늘의 섭리요, 하늘의 뜻이
요, 돌아가는 이치이니라.
28 그리하여 지도자는 완벽해야 된다 함
이니라, 사랑하는 나의 아들아!
29 그러니 네가 그와 같이 지금 과격한
운동이요, 과격한 육의 에너지를 소모
시키는 일을 하게 됨은 너 자신이 많
은 육식을 소모하게 될 것이며, 또 불
필요한 음식을 소모하게 됨이니,
30 결국 그것이 정당한 길이요, 아름다운
길이요, 좋은 길이라 생각하고 모든
백성들이요, 너를 따르는 자들은 그
길로 갈 것이 아니더냐?
31 이것이 너희들이 요란하게 떠들지 아
니하면서 자연을 보호하며 환경을 보
호하는 그와 같은 삶이요,
32 그 모두를 역사하는 건 지도자가 진정
한 지도자로 살아갈 때, 지도자로서
인정을 받을 때, 그 행동이요, 하는 것
을 보고 만백성이 따름이니,
33 그게 말 없는 교육이요, 떠들지 않는
가르침이라 함이니라, 사랑하는 나의
아들아!
34 그 모두를 대비하여 내가 너를 통제하
며 다스리는 그 이유이니, 작은 것에
도 내가 큰 이유가 있나 하지 아니하
였더냐?
35 작은 돌부리가 보이니, 너희가 그 작
은 돌부리라 하여 발로 차면 그 네 발
만 아프다 하였으니,
36 그를 파고들어 가니 기계로써도 들지
못하는 큰 바위요, 지상에 뿌리 깊이
박힌 바위인 줄 어찌 알겠느냐?
37 지도자라는 것은 소리 없이 행동을 함
으로 진정 만백성이 보고 따름이니,
38 네가 말하지 아니하고 가르치지 아니
해도, 네 움직이는 것을 보고 따라가
는 것이 인간의 심리요, 나의 백성들
의 마음이니라.
39 그러니 그와 같이 하기에 내가 지금서
부터 하나하나 다스리니, 너는 그 뜻
을 알며, 작은 것에 섭하지 말며 작은
것에 마음 괴로워하지 말며, 그와 같
은 마음을 가져서는 아니 될 것이 아
니더냐, 사랑하는 나의 아들아!
40 그와 같은 이치의 뜻이 있음을, 너의
제자들을 깨우치며 만백성을 깨우치
기 위하여 내가 너의 마음을 오늘 이
리 위로함이니 그리 알라, 사랑하는
나의 아들아!

10,653 번째 하나님 말씀

2004년 4월 20일 07시 37분

1 사랑하는 나의 아들아!
2 "네, 아버님! 말씀하옵소서."
3 나의 성전에 있는 그 나무들이요, 꽃
들이 과연 너에게 무엇이라 말하느냐?
4 "네, 아버님! 그와 같이 말을 하고 있
사옵나이다.
5 지희들은 입이 없어 말을 못 함이니,
제 입을 통하여 저희들의 마음이요,
그 생각을 전해 달라 그리 말하는 것
이옵나이다."
6 어찌하여 너는 그 뜻을 들어주지 아니
하며 그 말을 들어주지 아니하는가?
7 "네, 아버님! 어찌할 바를 모르겠사옵
나이다.

8 제가 정녕 어찌할 바를 몰라 그들이
제 입을 빌어 저희들의 생각을 전해
달라 하니, 그를 어찌할 바를 모르고
있사옵나이다."
9 그들이 입이 없어 너희들과 대화를 못
함이니, 그들이 네 입을 빌어 그 말을
전해 달라 하는 것을 네가 전해 주면
되는 것이요, 그 뜻을 그대로 기록하
면 되는 것을, 어찌하여 네가 그를 기
록하지 아니하려 하는가?
10 그들이 과연 네 입을 빌어 무어라 말
하느냐?
11 "네, 아버님! 그렇사옵나이다.
12 그 꽃들이 합의하여 저를 부르기를,
'선생'이라 부르던 것에서 이제 '선지
자'라 부르기로 저희들이 그리 결정을
했다 하며, 아버님의 '아들'이라 부르
기에는 아직도 멀었다 그리 말을 하
옵나이다.
13 그러면서 저희 성전에 오는 저의 제
자들에게 뭐라 말하는가 하면,
14 그들이 뭐라 하며 믿음의 길을 가며
깨우치는 그와 같은 것을 하지 말고,
저희들처럼 죄짓지 않고 저희들의 마
음과 하나가 되는 것이 급선무며, 저
희들과 저의 제자들이 하나가 되는
마음이 우선이지, 다른 것 생각하지
말라며 그들이 지금 비웃고 있사옵나
이다."
15 그러면서 그들이 무어라 너에게 말하
느냐?
16 "저희들을 봐 주기를 아름다운 꽃이
요, 그저 예쁜 꽃나무라 그렇게만 봐
주나, 저희들과 하나가 되는 것이 우
선 급선무요,
17 저희들과 한마음이 통하는 것이 가장
소중하고 위대한 것이라는 것을 지금
모르고 있으니, 저희들이 마음을 열지
않는다 하고 그리 있사옵나이다.
18 아무리 매달리고 매달려도 저희들의
마음과 하나가 되지 아니하면, 이 성
전에 오는 그 백성들이요, 그 제자들
이 다 부질없는 짓들을 하고 있다 그
리 생각하고 있사옵나이다.
19 그 꽃들이 말하기를, 저희들처럼 아름
다운 마음을 가지고 사는 사람이 아니
요, 저희들과 저의 제자들을 비교해
볼 때 누가 더 아름답고 깨끗한 마음
을 살고 가느냐 그걸 내기를 하자고
하옵나이다.
20 그리해서 누가 깨끗한가 봐서 깨끗한
쪽을 따르는 것이 도리가 아니냐 그
리하옵나이다.
21 그러니 저희들이 예쁜 꽃이요, 아름다
운 꽃이라 그리 보지 말며, 저희들의
그 마음을 봐 그 마음이 하나가 되도
록 그리하자는 것이옵나이다.
22 그러니 저희들이 더 아름답고 소중하
니, 저희들의 마음을 알아야 될 것이
며 저희들 뜻을 따라야 되는 것이 당
연한 것이니,
23 저희들과 하나가 되는 것부터 먼저 노
력하며, 하나가 될 수 있도록 그리하
며, 저희들의 마음을 들여다보는 그와
같은 마음으로 변하는 것이 우선 급선
무지,
24 법전을 읽고 아버님의 말씀을 듣고 울
고불고 아무리 해도 다 부질없는 것이
라 저희들이 감히 그리 말하니,
25 그를 제가 어찌 기록하겠사옵나이

까?"
26 그들의 말이 그러하더냐?
27 저희들이 너희들보다 더 깨끗하며, 너
희들이 깨끗한 마음이 되어 저희들과
하나가 되어야만 변화되는 것이요, 모
두를 역사할 수 있다 하지 않느냐?
28 그것만 말하더냐?
29 "아니옵나이다, 아버님!
30 모든 새요, 날짐승들과 하나가 되려면
그 마음을 알아야 됨이니,
31 그들의 마음이 저의 제자들보다 더
고우니, 하나가 되기 위하여 저희들이
변하고 변하는 것이요, 그 마음을 들
여다보는 깨우침을 얻어야 된다 하옵
나이다.
32 세상의 모든 동식물이요, 그들이 가지
고 있는 것, 그 마음을 들여다봐서 그
들과 모두가 다 하나가 되는 것이 하
늘에 오르는 길이요, 아버님의 백성으
로서 가야 하는 길이지,
33 다 부질없는 짓들을 하고 있다 그리하
며, 저를 속이며 자신을 속이며 이웃
을 속이며 살아가는 마음이 저희들의
꽃 마음처럼 순수하고 아름다운 마음
으로 그 마음이 하나가 되는 것, 그것
이 급선무니,
34 다 부질없는 짓 하지 말고 저희들의
마음을 들여다보도록 하라 그리 말하
며, 저희들과 하나가 되도록 그리 말
을 하옵나이다.
35 제자들이 꽃이요, 그 꽃이 제자요, 그
리하여 하나가 더불어 되어서 꽃과 사
람을 구분하지 말며, 마음과 마음으로
써 통하여 하나가 되도록 하라 그리
그들이 말하니, 이를 어찌 기록하여
전하겠사옵나이까?"
36 그들은 입이 없느니라.
37 그들이 말하는 대로 입이 없으니 그들
이 전할 수 없으니, 네 입을 빌어 전하
겠다는 것을, 그것이 무엇이 잘못됐단
말이더냐?
38 그러니 너는 그대로 그들의 말을 전하
라.
39 "꽃을 꽃으로 보지 말며, 아름다운 걸
아름답다 그리 말하지 말며,
40 그 마음을 들여다보며, 각자의 마음과
저희들의 마음이 하나하나 일치되도
록 그리하라.
41 그것이 아버님의 뜻을 따르는 것이요,
창조주 아버지의 뜻을 따르는 것이요,
42 너희들만의 아버지가 아니요, 창조주
는 우리 꽃의 아버지요, 꽃의 아버지
도 하나님이요, 너희들의 아버지도 하
나님이니,
43 너희들이 말을 하고 움직이고 활동할
수 있고, 우리를 옮겨 심을 수 있고,
꺾어서 꽂을 수 있으며 버릴 수 있으
며, 그렇다 하여 너희들만의 아버지
요, 자기들의 아버지가 아니며, 그저
버려진 것처럼 생각하는 어리석은 백
성이 되지 말며,
44 아버님이 바라는 것은 꽃의 마음을 그
대로 사람의 마음에 옮겨 심는 것, 그
래서 하나가 되어 서로가 통하면 되는
것,
45 그것이 아버님이 가장 기뻐하는 것도
모르는 미련한 주제요, 미련한 짐승과
같은 자들이,
46 무슨 저희들을 보고 아름답다 예쁘다
그 말 한마디도 그저 값없는 말 한마

디를 들려주는 것만이 그것으로써 저
희들을 사랑하는 것처럼 생각하는,
47 그리고 그 마음을 들여다보지 못하며
그 마음을 읽지 못하는 어리석은 백
성이요, 이 세상에 가장 어리석은 것
이 너희들이라 그리 말하고 있사옵나
이다.
48 날짐승도 모두 저희들의 마음을 알고
있으나, 너희들은 그 마음을 모른다
하옵나이다.
49 그러니 이를 어찌하여 기록하여 전하
겠사옵나이까?"
50 나의 아들아! 그것이 사실이라면 그
대로 기록하고 전하도록 그리하라.
51 그를 보고 깨우치는 자는 깨우칠 것이
요, 웃는 자는 웃을 것이요, 너를 정신
나간 자라 하는 자는 정신 나간 자라
할 것이요,
52 꽃들의 마음을 따르라 하는 것은, 그
것은 내가 보기에 맞는 답이며,
53 그들의 마음이 너희들 마음보다 깨끗
하며, 그들도 생명을 주어 세상에 내
보냈으니, 그들도 나를 아버지라 부름
을 너는 알라.

10,654 번째 하나님 말씀

2004년 4월 20일 07시 53분

1 사랑하는 나의 아들아!
2 "네, 아버님! 말씀하옵소서."
3 이제 너희들이 살아감이 얼마나 중요
한 줄 알겠느냐?
4 도공이 정녕 정품과 비품을 구분하여
그만이 알 수 있는 안목이요, 그만이
가지고 있는 실력을 가진 자,
5 그대로 덮어 두고 그냥 넘어간다 해도
모든 백성, 일반인들은 알 수 없는 것
을,
6 그만이 알 수 있는 그 특성이요, 그 기
술을 제가 속이기 싫어, 그리고 제 마
음을, 양심을 팔고 속이기 싫어 그를
깨 버리는 그 마음이 바로 너희들이
가져야 되는 마음이요, 너희들의 행동
함이라 했음을 명심하도록 그리하라.
7 너희들이 인간 세상에 살아가면서 그
리 말할 것이니라.
8 너희들이 선생이 되어 가르치기를, 남
을 비방하지 말며, 남의 허물을 보지
말며, 남을 욕하지 말며,
9 남의 밑에서 네가 일하다 떠날 때, 그
주인을 욕하지 말며, 그를 원망하지
않는 마음이요, 이유를 대지 말며, 불
평불만을 하지 말고, 네가 싫으면 스
스로 떠나는 그와 같은 삶을 사는 것
이 인간의 도리라,
10 그리 너희들이 한 시간 동안 강론을
하고 가르쳤음이니라.
11 그러니 많은 사람들이 박수를 했으며
격려를 했으며, 그리고 너에 대한 그
가르침이 위대한 것이라 그리 말했으
나,
12 네가 나와 돌아서서 남을 흉을 보는
자리에 끼어들며 그들과 대화를 한다
면, 한 시간 동안 가르쳤고 박수를 받
으며 격려를 받았던 그 모든 것이 다
타협하는 마음으로 바뀌는 것이니라.
13 그리고 거기서 무너지는 것은 너희들
이 말할 수 없다는 것을 알아야 될 것
이니라.
14 그와 같은 것이 지금의 살아가는 나의

아들딸이요, 그 제자들이 지금도 그
한계를 벗어나지 못하고 있음이니, 너
희들이 그를 벗어나라 함이니라.
15 그와 같은 것을 벗어나라고 네가 말로
그리 가르쳤으며, 행동도 그리 가르치
는 자,
16 바로 도공이 잘못된 것을 저만이 아는
그 흠집을 용서하지 아니하고 깰 수
있는 그와 같은 위대한 너희들로서 거
듭나게 됨이니라.
17 그러니 너희들이 말과 행동이 다 일치
되어야 하며, 그를 지키는 데 각별히
유의하고 너희들이 생각하고 살아야
될 것이니라.
18 내가 너희들에게 무어라 말하였느냐?
19 너희들이 좋은 강론이요, 좋은 설교라
하여 많은 사람들에게 칭찬을 받았으
나,
20 돌아서서 너희들이 실수하게 하는 것
은 사탄들이 너희들의 마음을 흔들며
너희들로 혼동케 함이니,
21 잠시라도 너희들이 그를 행하고 지키
고 살겠다는 긴장된 마음이 아니면 실
수를 하게 됨이니라.
22 너희들이 본의 아니게 실수를 하든,
농담으로 실수를 하든, 그 실수를 들
은 제자들이요, 강론을 들은 사람들은
그를 용납하지 못하며 이해하지 못하
는 것이 인간 세상에 너희들이 가지고
있는 마음이니라, 사랑하는 나의 아들
딸들아!
23 너희들은 강론을 잘 할 수 있으며 다
가르칠 수 있으며 모두를 완벽히 할
수 있음이니라.
24 그러나 순간에 사탄들의 유혹에 넘어
져 너희들이 행동으로 무너트리는 그
와 같은 것을 절대 하지 말라.
25 그러니 바로 도공이 그 작은 것도 용
납하지 아니하고 깨는 이유가 뭔 줄
알겠느냐?
26 작은 것을 용납해서 덮어 주면 더 큰
것을 용납하게 되며, 더 큰 것을 하면
더 큰 단점이요, 비품을 갖다 정품으
로 내놓을 수 있는 그 마음을 다스리
고 지키기 위해서 그 도공이 깨느니,
27 그 깨는 마음의 위대함을, 그 소중하
고 귀한 마음을, 피보다 더 저리는 그
마음을 너희들은 그대로 받아들여 그
와 같이 행하라.
28 잠시도 작은 것도 큰 것도 용납해서는
아니 되며 실수해서도 아니 되는 것이
니라, 사랑하고 사랑하는 나의 아들딸
들아!
29 너희들만이 가야 할 길이며 지켜야 할
것이요,
30 너희들이 그리 섰을 때, 이 세상은 모
두가 다 하늘에서 이루어진 것같이 이
땅에서 이루어지는 기본이요, 근본이
다져짐이니라, 사랑하는 나의 아들딸
들아!

10,655 번째 하나님 말씀

2004년 4월 20일 07시 58분

1 사랑하는 나의 아들아!
2 "네, 아버님! 말씀하옵소서."
3 정규 교육이요, 너희들의 기초를 다지
는 교육을 바로 세우지 못하면 역사할
수 없으니,
4 오늘의 너희들이 고통스럽고 어려운

그 길을 가는 것, 그 삶을 사는 것을,
이제는 너희들이 그를 깨달을 것이며
알 수 있을 것이니라.
5 이제 사랑하는 나의 아들딸들아!
6 내가 나의 법전을 세상에 내려보내는
것이 무엇이라 하였느냐?
7 완벽한 새로운 성경을 만들어 완벽한
백성이 완벽한 구원의 길을 볼 수 있
도록 내가 그 모두를 역사한다 하지
않았더냐?
8 그러니 너희들은 이제 그 뜻을 알아들
었을 것이며 그 뜻을 알았을 것이니라.
9 그러니 내가 너희들에게 말하기를, 너
희들이 지금의 모든 믿음의 길을 가는
백성들이요, 종교 집단에 있는 그 백
성들이, 하늘에 보물을 많이 쌓아 놓
음으로 인하여 그 보물에 의하여, 재
물에 의하여 은혜를 받는다 하니,
10 그들은 그 보물을 쌓아 놓는 것이라
그리 말하였음이니라.
11 그러나 내가 나의 아들을 통하여 너희
들에게 가르치고 전하기를 무어라 하
였느냐?
12 인간 세상에 모래알만도 못한 부서지
고 깨지는 그 보물이 아니라, 너희들
은 나 여호와에게 기도하는 마음이요,
너희들이 변하는 마음이요, 너희들이
아름답게 사는 그 마음이라 하였음이
니, 바로 그것이니라.
13 너희들의 하자요, 잘못된 것을 너희
스스로 용서치 아니하는 것, 그와 같
은 마음으로써 네가 거듭남이니라.
14 너희들이 온갖 힘을 다하여 만들어 낸
그 도자기가 잘못되어서 도공이 그를
깰 때, 과연 제 마음이 나쁨을 그가 용
서하며 그를 받아들이겠느냐?
15 그는 결코 저 자신도 용서하지 아니할
것이니라.
16 그러니 사랑하는 나의 아들딸 너희들
이 기도하는 마음이요, 변하는 마음이
나에게 가장 귀중한 보물이요, 하늘에
쌓는 보물이라 내가 너희들에게 말하
지 아니하였더냐, 그것이 제일이라고.
17 그러니 너희들이 그 마음을 용서치 아
니하며, 너희 자신을 다스리는 그와
같은 변화된 삶으로 먼저 살라.
18 그리했을 때 너희들이 그 심혈을 기울
여 만든 바늘구멍만 한 그 잘못된 것
도 용서하지 아니하고 그저 망치로 깨
내려치는 그 도공의 마음보다도 더
강하고 정열적이며 부끄러움이 없는
삶을 살 수 있는 백성이 됨이니라.
19 그런 자의 기도요, 그와 같이 변하는
마음이요, 그것이 가장 큰 보물이요,
내가 하늘에서 바라는 것이라는 것을
너희들은 알라, 사랑하는 나의 아들딸
들아!
20 내 마음이 얼마나 아프고 가슴이 저
려 오는 줄 알겠느냐?
21 너희들이 하늘에 쌓아 놓는 것이 아니
요, 하늘에 모아 놓은 보물의 은혜를
받는 것이 아니요,
22 그 모두는 모래알만도 못하다는 그 보
물을 가지고 구원을 받으며 하늘에 쌓
는다 하여 사악한 자들에게 힘을 실어
주며,
23 그들이 궁궐 같은 걸 짓는 데 너희들
이 거기에 주춧돌을 놓아 주는 그 죄
를 내가 용서치 아니한다 하지 않았더
냐?

24 내가 너희들에게 남에게 그저 보물을
나눠 주는 것, 재물을 나눠 주는 것이
바로 너희들이 나에게 주는 것이요,
그게 내 마음이라 그리하지 않았더냐?
25 내가 너희들에게 관리를 맡긴 것을 가
지고 너희들이 어렵고 힘든 네 이웃에
게 나눠 주는 것은 내 뜻이며 내 마음
이요,
26 그게 하늘에 쌓는 것이요, 그것이 너
희들이 나에게 오른다는, 내가 나의
아들을 통하여 법전에 기록하여 전한
내용들을 이제는 너희들은 알 것이니
라.
27 오늘에 많은 법전을 읽고 깨우친 자,
너희들이 열여섯 권의 기초의 법전을
읽으며 아래서부터 다시 정독해서 온
다면,
28 너희들의 그 눈이 열릴 것이며 세상
의 이치요, 법도를 훤히 알게 될 것이
니라, 사랑하는 나의 아들딸들아!

10,656 번째 하나님 말씀

2004년 4월 20일 08시 03분

1 사랑하는 나의 아들아!
2 "네, 아버님! 말씀하옵소서."
3 내가 이 세상을 바라보는 마음이 아프
고 가슴이 저리며 너희들을 보는 마음
이 더 아프다 하였음이니라.
4 더욱이 믿음의 길을 가는 백성들의 형
태를 보며 내가 울고 있다 하지 아니
하였더냐?
5 그러니 바로 무엇이더냐?
6 내가 너희들에게 일찍이 전하기를, 재
물을 탐하는 자는 진정 나를 섬기는
자가 아니요, 하늘에 오르는 길을 가
르치는 지도자가 아니라 하지 아니하
였더냐?
7 그러니 모두가 재물을 탐하는 그와 같
은 삶으로 변해져 있으니, 그 가슴이
어찌 아프지 않겠느냐?
8 내가 오늘 아침에 나의 아들을 통하여
너희들에게 도공의 예를 들어 가르쳤
느니라.
9 너희들이 도자기를 만드는 그 도공이
구워 낸 도자기에 하나의 오점이 있
을 때 그를 깨 버릴 때, 그는 무얼 버
리느냐?
10 재물을 버리며 모든 너희들의 부귀영
화를 버리는 것이니라.
11 일개 도공이 그 하나의 마음을, 양심
을 속이지 아니하고 재물을 탐하지 아
니하여 그를 깨 버리는 그 도공이 정
녕 진정한 도공이라 말할 수 있느냐,
12 그저 흠집이 있든 말든 비품이든 정
품이든 가릴 것 없이 구워 내기만 하
면 시장바닥에다 팔아먹는 그가 진정
한 도공의 자세로 가는 것이냐?
13 그러니 하늘에 오르는 백성을 깨우치
며 인도하는 너희들이 그 재물에 눈이
어두워, 재물을 탐하지 않는 그 도공
의 마음을 배우지도 못하며,
14 그보다 천배 만배 재물을 멀리하고 살
아가야 할 그 지도자들이,
15 만백성을 속이지 아니하고 만백성이
자기가 만든 그 도자기의 하나를 보고
진정한 아름다움을 느낄 수 있도록 하
기 위하여 부를 버리고 명예를 버리고
망치로 그를 깨는 그 위대한 도공만도
못한 것이 오늘의 종교 집단이요, 지

도자들이라면, 그것이 썩고 썩은 것이
아니더냐?
16 그를 바라보는 나 여호와의 마음이 찢
어지며 피를 토한다는 마음을 너희들
이 이제 알겠느냐?
17 내가 종교 지도자가 재물을 탐해서는
안 된다는 그 의미를 알겠느냐?
18 그러니 지금의 모든 종교 집단이요,
지도자들이 무엇인 줄 알겠느냐?
19 구워 내서 그저 팔기만 하면 돈이 들
어오고 재물을 누리는 그 가짜 도공이
요, 진짜 도공의 이치를 모르며, 도공
의 이름을 욕되게 하는 자, 그와 같은
자들이 오늘의 종교 집단이요, 너희들
이 설교하는 목자라 하는 자들이니,
20 그러니 거기에 너희들이 어디에 진실
이 있으며 어디에 아름다움이 있단 말
이더냐?
21 이제 너희들이 거기에 속지 말며 더
이상 너희들이 목매어 가는 그와 같은
어리석음을 하지 말라.
22 거기에 너희들이 매달려서 벗어나지
못하는 자, 죽음의 길로 가는 자들이
라는 것을 절대 의심치 말며,
23 나 여호와가 가르치는 이 뜻을 나의
새로운 성경에 기록하여 전하는 것을
절대 법이요, 너희들이 이를 지키지
아니하고 이를 벗어나서는 아무것도
이룰 수 없다는 그 의미를 깊이 깨우
쳐 그리 행하도록 하라.
24 재물을 버리는 그 도공만도 못한 자들
이 오늘의 종교 집단이요, 지도자요,
그들이 생명을 구하며 거듭나는 길로
안내한다 지금 설교하니,
25 재물을 거둬들이는 자, 그 추악한 자
들의 말에 너희들이 속지 말라.
26 인간의 형태를 가진 가장 추악한 짐승
의 모습이 그들이라는 걸 알라.
27 나의 아들의 이름을 팔며 나 여호와의
이름을 팔아 저희들이 장사하는 자,
그 모습이 얼마나 추하고 더러운지 알
겠느냐?
28 너희들이 꿈에 보일까 더럽고 무서운
곳이 그곳이거늘, 거기에 가 재물을
바치며 '주여, 주여!' 찬양하고 경배하
며, 그 말에 따라 너희들이 목숨을 바
치고 가려 하는 어리석은 삶을 살지
말라.
29 추하고 더러운 것이 그들이니라.

10,657 번째 하나님 말씀

2004년 4월 20일 08시 11분

1 사랑하는 나의 아들아!
2 "네, 아버님! 말씀하옵소서."
3 내가 너희들에게 무어라 가르쳤느냐?
4 구하는 자에게 너희들이 나 여호와는
줌이라 그리 말하지 않느냐?
5 그러니 그것이 지금의 너희들이 구하
는 마음과, 지금의 모든 믿음의 길을
가는 종교 집단의 지도자들의 마음의
그 차이가 하늘과 땅의 거리가 벌어
져 있음이니,
6 내 뜻을 아는 자들은 몇 명 되지 아니
하며, 내 뜻을 거역하고 가는 자는 수
십억 인구이니, 그를 보는 내 마음이
얼마나 아프고 저리겠느냐, 사랑하는
나의 아들딸들아!
7 너를 따르는 제자들이요, 나의 법전을
읽고 깨우친 만백성 너희들은, 구하는

자에게 나 여호와는 주심이라 그리 믿
는 그 마음이 무엇이더냐?
8 너희들은 믿음의 길이요, 하늘에 오르
는 길이요, 참진리를 구하고 그 길을
찾을 때,
9 나 여호와가 너희들에게 지혜를 내려
줘 하늘에 오르는 길을 볼 수 있다는
것을 너희들은 깨닫고 그를 구하는 것
이요,
10 지금의 믿음의 길을 가는 그 수십만의
그 백성들은 무엇을 원하느냐?
11 재물을 주며 부귀와 영화를 주며 제
소원을 들어주며,
12 나 여호와와 나의 아들 예수의 그 이
름을 빌어 나의 전지전능함으로 너희
들이 하늘에 오르는 길이요, 영원히
사는 것, 무엇과도 바꿀 수 없는 거듭
나는 그곳의 지혜요, 깨달음을 얻는
것이 아니라,
13 재물이요, 너희들이 몇십 년 살지도
못하며 앞으로 몇 시간, 몇 날을 살지
도 모르는 육을 위하여 구하는 것이니,
14 그를 보는 내 마음이 얼마나 아프겠느
냐?
15 그러니 이것이 나 여호와의 마음이니
라.
16 너희들이 역사하기에는 아직 칼을 들
어 모두를 벨 수 있을 만큼 성장되지
아니한 너희들이요, 그저 성장하기만
기다리고 있는 나 여호와이니,
17 바람이 불면 넘어질 것이요, 사탄이
밀어붙이면 넘어질 것같이 그저 간신
히 걸어가는 너희들의 모습이요, 너희
들만이 존재하니, 이를 보는 내 마음
이 과연 어떠하겠느냐?
18 너희들이 모든 세상을 덮어 나가며 너
희들이 모든 백성을 구하는 그날까지
기다리는 나 여호와요,
19 지금의 모두가 그와 같이 방대한 조직
이요, 성년들은 내 뜻을 버리며 육의
부귀영화를 위하여 달라, 이루어 달라
그리 말하는 것이니, 이를 보는 내 마
음이 어떠하더냐?
20 너희들은 성서에 기록한 것을 얼마나
지키고 살아가느냐?
21 그리고 나의 아들을 따르는 제자 너희
들은 나의 법전에 기록한 그 뜻이 마
지막 새로운 성경이니, 그를 절대적으
로 지키고 행하며 살아가야 될 것이니
라.
22 좁은 문은 구원의 길이요, 큰 문은 멸
망의 문이라 내가 너희들에게 깨우쳐
주었음이니, 과연 너희들은 그와 같은
길을 얼마나 마다하지 아니하고 가느
냐?
23 모든 너희들이 구원하는 것, 얻고자
하는 것이 인간의 부귀영화요, 그를
원하는 것이니, 그러나 나의 아들을
따르는 그 제자들의 마음은 무엇이더
냐?
24 너희들의 구원이요, 그와 같은 것이
아니요,
25 하늘의 지혜를 얻고자 함이요, 너희들
이 악을 버리며 선한 마음으로 하나하
나 변해지는 것, 그것을 갈구하며 그
길을 가며, 거기서 행복을 얻고 가는
것이 아니더냐?
26 믿음의 길을 가는 백성들은 부귀영화
와 재물의 금화와 은화를 쌓아 놓는
것을 바라며 그것을 행복이라 하나,

27 너희들은 악한 마음을 하나 버릴 때,
남을 용서할 수 없는 마음을 버릴 때,
도저히 용서하지 못하는 것을 용서했
을 때, 너희들이 변하지 못하는 것을
하나씩 변했을 때,
28 그것이 너희들의 행복이요, 기쁨이라
그리 부르짖고 가는 것이 아니더냐?
29 그것이 너희들의 차이이니라.
30 그러니 너희들의 마음을 들여다볼 수
있겠느냐?
31 그러니 너희들의 마음은 이미 나 여호
와의 하늘의 지혜를 얻었음이니, 너희
들이 거짓된 자와 진실된 자를 구분할
수 있는 안목을 얻었음이니라.
32 그러나 지금의 믿음의 길을 가는 그
백성들이 아무것도 얻지 못함이니,
33 내가 성서에 기록하여 무어라 말했느
냐?
34 '거짓 선지자를 삼가라.' 하며 양의 옷
을 입은 자가 거짓 선지자요, 그는 무
엇으로써 구분한다 했느냐?
35 노략질하는 자요, 그리고 남으로부터
재산을 갈취하는 자요, 저 자신의 부
귀영화를 위하여 노력하는 자, 그자가
양의 옷을 입은 거짓 선지자요, 노략
질하는 자라 내가 그리 말하였으나,
36 이 간단한 이치도 보지 못하며, 너희
들이 쉽게 보고 들여다볼 수 있는 그
것도 모르는 것이 오늘의 종교 집단이
요, 지도자들이니,
37 그것은 육의 욕심에서 부귀와 영화를
바라는 자들이기 때문에, 부귀와 영화
를 팔고 사는 그곳에 저희들이 원하는
것을 살 수 있으며 원하는 말을 들을
수 있기 때문에 그것을 보지 못하는
어리석은 백성들이니,
38 그들이 곧 멸망의 길로 가는 자라는
것을 잊지 말라, 사랑하는 나의 아들
딸들아!
39 거기서 거듭나도록 너희들이 깨우쳐
주라.
40 너희들이 변하는 모습이요, 너희들이
악습을 하나 버렸을 때 행복을 느끼
며, 너희들이 용서할 수 없는 사람을
용서했을 때 그 기쁨을 얻는 것이요,
41 '도저히 내가 이런 사람이 아니었는
데, 내가 이런 사람으로 변했다니!' 할
때, 거기서 얻는 기쁨이요, 환희를 그
들도 느낄 수 있도록 그리 깨우쳐 주
고 전하거라, 사랑하는 나의 아들딸들
아!
42 내 아픈 마음을 너희들이 안다면, 이
일을 주저하지 말라.
43 내가 울고 있으며 내 가슴에 피눈물이
떨어진다는 그 아픔을 알겠느냐, 사랑
하는 나의 아들딸들아!

10,658 번째 하나님 말씀

2004년 4월 20일 11시 03분

1 "너는 나 외에는 다른 신들을 네게 있
게 말지니라.
2 너를 위하여 새긴 우상을 만들지 말
고, 또 위로 하늘에 있는 것이나 아래
로 땅에 있는 것이나 땅 아래 물속에
있는 것의 아무 형상이든지 만들지 말
며, 그것들에게 절하지 말며 그것들을
섬기지 말라.
3 너는 너의 하나님 여호와의 이름을 망
령되이 일컫지 말라.

4 안식일을 기억하여 거룩히 지키라.
5 네 부모를 공경하라.
6 살인하지 말지니라.
7 간음하지 말지니라.
8 도적질하지 말지니라.
9 네 이웃에 대하여 거짓 증거하지 말지
니라.
10 네 이웃의 집을 탐내지 말지니라.
11 나 여호와가 존재함을 믿는 그 자체가
구원의 길에 들어서는 기본이요 근본
이며, 나의 법전을 가슴에 안고 정독
하는 자, 반석 위에 서서 하늘에 오르
는 찬란한 빛을 보게 되는 영광을 얻
게 됨이니라."
12 사랑하는 나의 아들딸들아!
13 너희는 근거도 없으며 내가 원하지 않
는 사도신경이요, 그와 같은 것을 암
송하지 말며,
14 나의 십계명을 암송하고 또 암송하여
너희들이 그와 같은 길을 가며, 그 깨
달음을 항상 반성하며 깨우치는 그와
같은 삶을 살도록 그리하라.
15 그것이 너희들이 가야 할 길이며, 너
희들에게 가장 소중함을 알라.
16 사랑하는 나의 아들아!
17 "네, 아버님! 말씀하옵소서."
18 내가 너희들에게 시 한 수를 기록하여
전했음이니, 그 의미가 얼마나 소중하
고 귀한지 너희들이 아느냐?
19 '여보게, 지옥 불을 향하여 달려가는
당신, 뒤를 돌아 나를 보시오.'
20 내가 지옥 불로 달려가는 너희들에게
나 여호와를 보라 함이니, 그것이 얼
마나 애절한 뜻인 줄 알겠느냐?
21 지옥 불을 달려가는 여보게, 가던 발
길 멈춰 뒤를 돌아 나를 보라 하였음
이니, 내가 그 찬란한 빛이요, 내 모습
을 너희들에게 보여 준다는 뜻이 아니
더냐?
22 나 여호와가 지옥 불로 달려가는 너희
들을 뒤돌아봐 나를 보라 했음이니,
내 모습을 너희들에게 깨우쳐 준다 함
이니,
23 너희들이 지금 가는 그 믿음에서 거듭
나 나의 법전을 가슴에 안고 정독하는
자, 너희들이 나를 본다는 그 의미가
아니더냐?
24 '여보게, 지옥 불을 향하여 달려가는
당신, 뒤를 돌아 나를 보시오.
25 이 법전, '하나님! 말씀하옵소서.'를
읽고 깨달음을 가지시고, 지옥 불로
달려가는 발걸음을 천상에 오르는 발
길로 돌리라.' 하였음이니, 그 의미가
무엇이더냐?
26 너희들이 오늘의 그 믿음의 길을 가면
지옥이요, 너희들이 한번 가면 다시
못 오며, 죄지은 자 유황불에 그 시달
림을 받는다 그리하였으며, 그곳에서
영원히 헤어나지 못한다 하지 않았더
냐?
27 그러니 너희들이 그와 같은 천상으로
돌아오는 길을 보라 하였으며, 하늘로
오르는 발길로 돌리라 했으니,
28 나의 법전을 읽고 정독하는 자, 정녕
하늘에 오를 수 있는 것이라 내가 너
희들에게 그리 가르친 그 귀한 뜻을
과연 너희들은 어찌하는가?
29 '여보시오, 어찌하여 하나님의 심판의
무서움을 모르고 그리도 사악한 마음
으로 죄를 짓고, 회개와 용서를 받지

아니하고 가시오.' 하니, 내가 너희들
에게 전한 이 구절이 또 무엇이더냐?
30 너희들은 반드시 나에게 와 심판을 받
으니, 심판의 두려움을 모르고 너희들
이 설마 심판이 있으려니 하며, 악한
마음을 다스리지 못하며 죄를 짓고 너
희들이 그를 깨우치는 것을 말로만 깨
닫고 울부짖는 것이 아니요,
31 너희들이 그 죄의 열배 백배 더 선하
고 아름다운 일을 행하지 아니하면 결
코 심판에서 벗어나지 못한다는 그 무
섭고 두려운 의미를 모르고 너희들이
지금 달려가고 있음이니라.
32 '여보시오!' 내가 불렀느니라.
33 이제 너희들이 나의 아들딸이 아니요,
지옥 불로 가면 나와 관계없으니, 내
가 너희들을 '여보시오!' 불렀음이니,
34 나의 아들딸이라 부르는 나 여호와가
'여보시오!' 불렀으니, 네가 지옥으로
떨어지면 나와 관계없는 백성이라는
그 무서움을, 가던 발길을 잠시 멈추
라 하였음이니라.
35 '그렇게 지옥 불로 달려가면 어찌합니
까? 이 법전, 여호와 하나님의 메시지
를 읽고 잠에서 깨어나 구원을 받고
가시오.' 하는 그 부르짖음을 어찌 너
희들이 모른단 말이더냐?
36 너희들이 지옥 불로 감이니, 그때부터
너희들이 지옥으로 감이니 나와 관계
없는 백성이라 하였음이니, 내가 너희
들을 부르고 부르는 그 음성을 정녕
듣지 못한단 말이더냐?
37 내가 너희들을 부르고 있음을, 너희들
은 내가 이 기록한 시 한 수를 읽으며
내가 너희들을 부르고 있음을 잊지 말
라.
38 항상 내가 지금 부르고 있으니, 너희
들이 지옥 불로 가면 내가 부를 수 없
으며 너희들이 또한 나를 찾을 수 없
다는 의미를 깊이 깨우치도록 그리 전
하라, 사랑하는 나의 아들아!
39 이 모든 의미를 어찌하여 나 여호와가
내렸으며, 이 내린 것이 얼마나 귀중
하고 소중한 것인가를 너희들이 깨우
쳐 연구하면, 그 속에 그 모든 역사하
는 것을 알 수 있는 것을,
40 너희들이 그와 같은 깨달음을 얻지 않
고 그저 흘러가는 이야기처럼 너희들
이 인간 세상에 선생이 가르치는 것,
그저 듣고 흘려버리는 그 교육의 수준
으로써 모두를 잊어버리고 지워 버리
고 그리 살아감이니, 이를 어찌한단
말이더냐, 사랑하는 나의 아들딸들아!
41 그래서는 아니 됨이니라.
42 모두가 너희들이 하늘에 오르는 길이
요, 나에게 오른다 하면, 너희들이 허
물이요, 그 과실을 벗지 아니하면 나
에게 올 수 없다는 그 두려움과 무서
움을 알도록 그리하라.
43 작고 큰 것도 너희들이 허물이 있으며
과실이 있으며 용서받지 못할 것이 있
다면, 나에게 오르지 못하는 것을 어
찌한단 말이더냐?
44 내가 너희들을 오르고 못 오게 하는
게 아니라, 너희 스스로 오르지 못하
는 그와 같은 하늘의 법도요, 그리 정
해져 있는 것이니라.
45 냄새 나는 자, 썩은 자가 올 수 없도록
정해져 있음이니, 이를 어찌한단 말이
더냐?

46 그러니 너희 스스로 씻어 내고 닦아
내어 너희들이 거듭나는 삶을 살지 아
니하면 그 모두가 이룰 수 없다는 그
와 같은 가르침을 깊이 가슴에 새기며,
47 내가 십계명을 나의 법전에 기록하여
전하며, 내가 나의 아들을 통하여 내
리는 시 한 수를 너희들에게 다시 한
번 외우도록 읽어 주는 것이 무엇인
줄 알겠느냐?
48 너희들이 그 의미를 알라 하며, 그 깊
이를 깨달으라 하며, 그 내용을 알아
너희들이 바로 서도록 하라 함이니,
그 뜻을 알도록 그리하라.
49 이를 모르는 자, 아무것도 듣고 볼 수
가 없으며 얻을 수도 없는 것이니라,
사랑하는 나의 아들딸들아!

10,659 번째 하나님 말씀

2004년 4월 20일 11시 08분

1 사랑하는 나의 아들아!
2 "네, 아버님! 말씀하옵소서."
3 천국의 나에게 오르는 길은 무엇이라
하였느냐?
4 그 길은 나 여호와만이 결정하며 나
여호와만이 열어 주고 안 열어 주는
나 여호와의 권한이라 그리하며, 고유
의 권한이라 그리하지 아니하였더냐?
5 그러니 이것을 열 수 있고 마음대로
오르고 안 오르고 하는 것을 결정하는
백성들이 세상에 있음이니, 그들이 얼
마나 어리석고 가련한 자들이냐?
6 그러니 내가 그들을 비유하여 무어라
하였느냐?
7 너희들이 인간 세상에 살아가면서도
건강한 자에게는 의사가 필요 없으며
병든 자에게 의사가 필요하며, 아픈
자에게 약이 필요하다 내가 그리 말하
지 아니하였느냐?
8 그러니 그들이 그와 같이 하늘의 뜻이
요, 이치를 모르고 저희들이 그저 겸
손하지 못함이니, 그리하여 그들이 썩
을 대로 썩고 병들 대로 병든 그와 같
은 자들이니라.
9 그러니 그들을 수술하고 고치는 것은
나로부터 선택된 백성 너희들이니, 그
나의 새로운 성경이 무어라 말하였느
냐?
10 의사라 하지 아니하였더냐?
11 그러니 의사는 나의 아들에게 선택된
제자들이요, 나의 법전을 읽고 깨우친
백성, 너희들이 의사이니,
12 너희들이 의술의 그 기술을 배우는
것, 의서를 읽어 통달하여 너희들 것
으로 만들어야만 너희들이 만백성을
치료할 수 있다 내가 하였음이니,
13 그리하여 나의 아들을 따르는 제자들
이요, 너희에게 나의 법전을 정독하고
정독하여 새로운 성경의 그 의미를 완
전히 파악하며 완벽하게 알라 함이 거
기에 있음이니라.
14 너희들이 의서를 제대로 읽지 아니하
며 깨우치지 못하고 병자를 고친다면,
너희들은 병자를 고치는 것이 아니요,
더 상하게 할 수 있는 것이라 함을 잊
지 말라.
15 그리하여 모든 병자요, 이 세상을 수
술할 것은 너희들이니, 수술할 자가
완벽한 실력을 갖추지 아니하면 아니
됨이니,

16 완벽한 실력을 갖추는 것은 나의 법전
을 읽고 읽어 정독하여, 그 내용을 모
두 알 수 있는 자가 수술할 수 있을 것
이니라.
17 그러니 나의 법전을 정독하여 읽고 읽
으면 모든 그 환자를 너희들이 세워
놓고도 그 막힌 곳을 알 것이며, 치료
할 곳을 알 것이며, 약으로 할 것인가
칼을 댈 것인가를 다 알 수 있듯이,
18 모든 백성들이 지금 잘못 가고 썩어져
죽어 가는 그 신앙이요, 그 믿음의 길
을 가는 백성, 그들을 고치고 다스릴
수 있는 방법을 알 수 있을 것이니라.
19 너희들을 지금 옳고 그르다 시시비비
하는 것, 그리고 너희들 앞에 선생이
라 고개 숙이지 아니하는 것은 너희들
의 의술이 시원찮으며 완벽하게 깨우
치지 못했기 때문이니라.
20 너희들이 나의 법전의 의서를 완벽히
읽어, 너희들이 사람을 세워 놓고 상
처를 볼 수 있으며, 그 치료할 곳을 알
수 있으며 썩은 곳을 알 수 있다면, 그
환자가 너를 존경하지 아니하며 의사
를 따르지 아니할 수 있겠느냐?
21 그러니 너희들이 의서를 정독하지 아
니하며 제대로 깨우치고 역사하지 아
니하였기에
22 너희들이 그 환자를 놓고 이곳저곳을
집어 보며 환자로부터 무엇을 알고자
하나, 너희들이 잘못된 의사들의 그와
같은 형국을 하고 있으니,
23 과연 그들이 너희들에게 몸을 맡기며
무엇을 의탁하겠느냐?
24 이제 나의 아들을 따르는 제자 너희들
은 나의 법전을 정독하고 정독하여 완
전한 의술을 터득하라.
25 그러면 너희들이 너희 앞에 온 환자
를 세워 놓고 그 병든 곳이요, 썩은 곳
을 다 볼 수 있으니,
26 거기를 바로잡아 그 이유를 설명하며
상태를 설명한다고 해도, 그때는 그들
이 먹으라는 약을 성심성의를 다해서
먹을 것이며,
27 제 몸을 내놓아 칼로써 제 몸에 상처
를 낸다 해도 그는 두려워하지 아니할
것이 아니더냐?
28 너희들이 지금 믿음의 길을 가는 그
백성들이요, 잘못 가는 그들과 시시비
비하며 갑론을박하지 말라는 그 뜻을
내가 너희들에게 일찍이 깨우쳐 주었
느니라.
29 그러니 너희들이 완벽한 의술을 공부
하지 아니하여 의사가 되지 못하였기
때문이니, 너희들이 바로 깨우치고 바
로 가도록 그리하라.
30 그리하여 너희들이 그들의 아픔이요,
그들의 상처요, 잘못된 부분을 정확하
게 진맥할 수 있다면,
31 너희들에게 갑론을박하지 아니하며
너희들에게 선생이라 하여 고개 숙여
너희들을 따라올 것이니,
32 이와 같은 이치를 알아 완벽한 나의
법전을 읽고 깨우쳐 터득하며 이해하
는 백성으로 너희들이 거듭나는 것부
터 먼저 행하도록 그리하라.

10,660 번째 하나님 말씀

2004년 4월 20일 11시 11분

1 사랑하는 나의 아들아!

2 "네, 아버님! 말씀하옵소서."
3 지금의 종교 집단과 지도자 그들이 말
하기를 무어라 말하며, 나의 백성들
앞에 저희들이 얼마나 공포 분위기를
조성하며 그들을 협박하며 그들에게
갈취하는 행위를 하는지 아느냐?
4 너희들이 살아가면서 회개하지 아니
하며 지은 죄 용서 빌지 아니하며, 그
리고 너희들이 지금 우상을 숭배하는
그와 같은 죄악의 행위를 하는 것은
5 너희들이 영원한 유황불 속에 던져지
는 것이며, 그리고 그 고통 속에서 절
대 헤어나지 못한다 저희들이 그리 위
협하면서 무어라 하느냐?
6 저희들의 손으로 지은 죄의 온상에 와
하늘에 너희들이 재물을 쌓아 놓는 것
이요, 그 경배를 드리는 자만이 우상
을 숭배하지 않는 자요, 유황불에 던
져지지 않는 그와 같은 백성으로 거듭
난다 그리 말하느니라.
7 그러면서 유황불에 던져진 자, 영원토
록 그 고통만이 존재하는 그 세상에서
그 길을 가는 고통이 어떠한 것인지
아느냐 너희들에게 그리 말하느니라.
8 그러니 과연 가르치는 지도자가 너희
들이 우상숭배가 무엇이며 다른 신을
받드는 것이 무엇인지 알고 있는가?
9 그리고 어떠한 자가 유황불에 던져지
며 어떠한 유황불의 고통이 있는지 과
연 그들이 알고 있느냐?
10 그들은 알지 못하는 자들이기에, 저희
들이 우상을 섬기는 대표적인 자들이
다른 사람에게 우상을 섬기지 말라 하
며 우상을 섬기면 유황불에 던져진다
하니,
11 저 스스로 유황불에 던져지는 것이라
는 것을 제가 입증하는 자임을 너희들
은 잊지 말라.
12 지금의 모든 종교 집단이요, 지도자,
그 신도, 너희들이 가고 있는 그 믿음
이 기복 신앙의 대표요, 우상 신앙의
대표라는 것을 알라.
13 마음속으로 너희들이 무엇인가를 요
구하고 구원하고 소원하는 것, 그 모
두가 다 우상이라 하였거늘,
14 너희들이 살아가면서 과연 얼마나 많
은 우상을 섬기며, 얼마나 많은 다른
신을 너희들의 마음속에 두고 섬기고
살아가는가,
15 너희들이 하나하나 점검해 봐서 바로
살며 바로 거듭나지 아니하면 아니 된
다는 것을 나의 법전을 읽고 깨우치도
록 그리 전해 주라.

10,661 번째 하나님 말씀

2004년 4월 20일 11시 15분

1 사랑하는 나의 아들아!
2 "네, 아버님! 말씀하옵소서."
3 너희가 사랑이 없는 세상이 되었으며,
이렇게 황폐하고 메마른 세상이 되었
으며,
4 이 모두는 저희들이 가는 그 믿음을
따르지 아니하고 우상을 섬기는 자요,
우상을 만드는 자요,
5 그리하여 그들이 지금 나로부터 재앙
을 받으며 그 재앙이 넘쳐 나는 그 세
상이 되었으며, 죄가 넘쳐 나는 세상
이 되었기에 이와 같이 사랑이 없고
메마른 세상이 되었다 그리 말하느니

라.
6 그러면서 저희들과 같은 믿음을 갖지
아니하는 자, 그리고 제 종파 속에 들
어오지 않는 자를 불신자라 말하며,
그 불신자들로 하여금 이 세상이 이렇
게 험악해졌다 그들이 말하느니라.
7 그러면서 그들은 무어라 말하느냐?
8 불신자가 한 명이 생김으로써 나 여호
와의 진노가 하늘을 치솟으며, 너희들
이 불신자 한 명이 더 생김으로써 나
여호와로부터 내려지는 그 재앙은 더
심할 것이며 그 고통은 심할 것이며,
9 이 세상의 심판은 너무나 가혹할 것
이라 나의 백성 너희들에게 그리 말
하고 가르치느니라.
10 그러나 너희들은 들어야 될 것이니라.
11 나 여호와와 나의 아들 예수, 우리 부
자의 이름을 팔며 믿음의 길을 간다는
그 백성, 잘못된 신앙이요, 잘못된 길
을 가는 너희들,
12 우상을 너희들이 대표적으로 섬기면
서 우상을 섬기는 줄 모르며,
13 제 죄는 죄인 줄 모르며, 남의 죄만을
죄라 눈으로 흘겨 보는 것,
14 그와 같은 어리석은 자, 오늘의 신앙
의 잘못된 믿음의 길을 가는 그 백성,
너희들이 한 명이 생길 때마다 나 여
호와의 진노함이 그리 무서우며,
15 나 여호와의 그 재앙의 심판이 더 너
희들에게 강도 높게 내려지는 그와 같
은 준비요, 환란을 벗어나지 못하는
결과가 된다는 것,
16 너희들이 그리하여 한 사람을 끌어들
일 때마다 나의 진노가 더하며, 한 사
람을 복음을 전한다 하여 끌어들이는
잘못된 종교 집단 너희들이 그와 같이
한 사람 한 사람을 늘려 갈 때, 나 여
호와의 진노함이 바로 너희들 위에 있
다는 것을 절대 잊지 말라.
17 재앙은 더 심할 것이니, 그러나 너희
들은 그와 같은 것을 전하는 자, 잘못
된 믿음의 길을 가는 백성 너희들이
나의 백성 하나를 끌어들일 때마다
나의 진노요, 재앙의 그 그림자가 너
희들을 덮어 오고 있다는 것을 알라
그리 전하라.
18 지금 너희들이 말하는 이방인이요, 그
와 같은 백성들은 제 부모를 공경하며
이웃을 사랑하며 너희들과 같이 그리
가지 아니하느니라.
19 너희들처럼 잔인한 자가 없으며, 너희
들처럼 냉혹한 자가 없으며, 너희들처
럼 인정머리가 없으며, 너희들처럼 사
랑이 없는 자가 없느니라.
20 제가 구원을 받기 위하여 저와 같은
신앙을 같이 가지 않는 자, 아무도 인
정하지 아니하려 하며 받아들이지 아
니하는 그와 같은 너희들이 불신자라
는 그 백성들보다 더 사랑이 없으며,
가슴이 메마른 자들이라는 것을 잊지
말라 그리 전하라.

10,662 번째 하나님 말씀

2004년 4월 20일 11시 19분

1 사랑하는 나의 아들아!
2 "네, 아버님! 말씀하옵소서."
3 이 세상을 이리 황폐하게 했으며, 사
랑하는 나의 아들딸의 가슴에 있는 그
아름다운 마음까지도 모두가 저희들

이 그 자신을 위해 살아가는, 그리고
저희들만을 위해 살아가는 그와 같은
것으로써 너희들이 나의 피조물 만백
성을 무너트린 것이 바로 무엇이더냐?
4 내가 너희들에게 말했느니라, 종교 집
단이요, 지도자라 내가 그리 말하였으
니,
5 정녕 너희들은 그렇지 않다 이야기할
것이나, 내가 너희들에게 무어라 하였
느냐?
6 믿음의 길을 가지 않는 백성은 이웃을
사랑하며 더불어 살아가는 그와 같은
순박한 마음이 있었음이니,
7 너희들이 같은 길을 가지 아니하며 같
은 뜻을 가지 않는 자에게 문을 걸어
잠그며 옹벽을 친 것이 바로 누군 줄
알겠느냐?
8 믿음의 길을 간다는 자, 깨달음이 있
다는 그 백성이요, 신도들이니,
9 하물며 낳아 주고 길러 준 부모마저도
종교요, 믿음이 다르다 하여 그를 박
대하며 돌아다보지 않는 그와 같은 사
악한 자들이 되었으며,
10 저희들과 같이 가는 그 집단만이 위대
한 집단이요, 구원을 받는 자요, 그리
고 형제요, 자매라 말함이니,
11 길러 준 부모요, 형제는 그저 버려 버
리고, 너희들이 믿음이 같다 하여 그
백성들만이 형제요, 자매라 그리 말하
니,
12 제 것만 소중하며, 제 것이 아니면 남
의 것을 배척하는 그와 같은 너희들이
몇천 년 동안 흘러온 그 종교 속에서
배운 자들이 나가서 무어라 말하느냐?
13 다섯이 모이니 다섯 속에 있는 자가
아니면 너희들에게 적이요, 관계가 없
는 자라 하여 그의 고통을 들여다보
지 않는 자나,
14 열 명이요, 백 명이요, 단체면 그 단체
에 속하지 아니한 자, 일반 백성들이
요, 일반 단체도 너희들과 관계없으며
차별화를 두고 대우하도록 되어 있으
며,
15 너희 단체 속에 있는 자가 잘못하는
것은 아름다운 모습이요, 그건 정의로
운 것이요,
16 다른 단체 속에 있는 자가 하는 것은
아무리 정의롭고 아름다운 것도 제 편
의 단체 속에 있는 자만 못하다고 평
가하고 너희들이 그리 손을 들어주는
것이니,
17 오늘의 나의 피조물 만백성들이 이 세
상에 험악한 마음의 싹을 틔운 것이
바로 너희들이라 하는 것이 여기 있음
을 알라.
18 너희들이 제 종파요, 제가 가는 것만
이 위대한 것이라 그리하지 아니하였
다면,
19 열 명이요, 스무 명이요, 인간이 모이
는 그와 같은 집단에서 제 식구가 아
니면 같이 가는 자가 아니요, 같이 더
불어 하는 그 단체에 속하지 아니하는
지는 들여다보지 아니하며,
20 아무리 옳은 소리요, 정의로운 말을
해도 그는 잘못된 것이라며 받아들이
지 못하도록 나의 백성들을 무너트리
고,
21 그 삭막하고 사악한 마음이 이해관계
앞에서 어떠한 것도 정의로움이요, 아
름다움은 존재하지 못하도록 길러 놓

은 것이 오늘의 너희들이 그와 같이
모범적인 행동으로써 시범적으로 했
으며,
22 철저하게 남을 배제하며 같은 집단이
아닌 것은 제 식구가 아니라는 너무
나도 모범 답안지 같은 것을 가지고
철저히 너희들이 그리 행하여 왔기에,
23 모든 백성들이 너희들로 하여금 그리
배워서 오늘의 이와 같이 삭막한 세상
이 되었다 함을 내가 말하는 것이니,
24 너희들이 지금이라도 깨달을 것이며,
너희들이 지금이라도 마음의 문을 열
고, 만백성이 나로부터 생명을 받아
나간 것이 소중한 것이요,
25 너희들이 종파를 같이하는 것이 소중
한 것이 아니요, 앞에 가는 것이 아니
라는 것을 알라, 사랑하는 나의 아들
딸들아!

10,663 번째 하나님 말씀

2004년 4월 20일 11시 25분

1 사랑하는 나의 아들아!
2 "네, 아버님! 말씀하옵소서."
3 지금의 믿음의 길을 가는 그 모든 종
교 집단이요, 지도자 너희들이 진정한
참진리요, 나 여호와의 뜻을 가르치지
아니하는 자, 그리고 내 뜻을 거역하
는 그와 같은 자들은,
4 지금 너희들이 진정한 보석이 아니요,
위장된 보석이요, 거짓된 보석이요,
그것을 가지고 있기에, 너희들이 그를
덮어 나가며, 모두를 숨기기 위하여
목청을 높여 소리를 지르며 너희들이
설교를 한다고 지금 하고 있는 자들이
니라.
5 그러니 너희들 앞에 참진리요, 하늘의
뜻을 아는 자, 그리고 그 길은 아니라
는 것을 깨달은 백성과 그리고 지도자
로서 거듭나야 할 그들은 모두가 벙어
리가 되어 지금 말을 못 하고 있음이
니라.
6 그러니 거짓된 자들이 목청을 높임으
로 인하여 지금 지도자요, 정녕 깨우
친 자요, 내 뜻을 아는 자들은 침묵을
지키며 벙어리가 되어 입을 열지 못하
고 있으니, 그것이 무엇인 줄 알겠느
냐?
7 오늘의 종교 집단의 지도자 너희들이
얼마나 포악하며 사악하며 무섭고 잔
인한 자들인가를, 그들은 그것을 너무
나 잘 알고 있기 때문이니,
8 그들이 입을 열지 못하며 전하지 못하
며 말을 하지 못하는 것이 바로 너희
들의 오늘의 그 사악한 모습이라는 것
을 알아야 될 것이니라.
9 모든 종교 집단이요, 지도자 너희들이
포악하고 사악한 자들이 아니라면, 그
참진리를 가지고 있는 자들은 입을 열
것이며, 그를 가지고 만백성을 깨우치
는 그 길을 갈 수 있으나,
10 너희들의 그 보복이요, 포악함과 잔악
성을 알기 때문에 그와 같은 자들이
입을 열지 못함이니,
11 오늘의 종교 집단이요, 믿음에 돈을
주고 이름을 산 자들, 간판을 산 자들,
너희들이 얼마나 사랑이 없으며, 베푸
는 것이 아니요, 모질고 메마른 인간
들이 되어 있는가를 스스로 너희들이
한번 깨닫도록 그리하라.

12 벙어리가 되어 있는, 그리고 깨우치지
못하는 그 신도 너희들 또한 그 죄가
너희들이 그것으로 끝난다 생각하지
말라.
13 너희들이 목숨을 내놓는 일이 있더라
도, 네 모두를 다 던진다 해도, 잘못된
것을 너희들이 깨닫고 진리를 아는 지
혜가 있다면,
14 그를 가지고 만백성을 깨우치기 위하
여 너희들이 입을 열어야 되는 것이지,
15 벙어리처럼 입을 다물고 저 혼자만이
그저 알고 간다는 그와 같은 믿음으로
가는 자, 너희들이 결코 나에게 와 용
서를 받지 못할 것이니 그리 알라.

10,664 번째 하나님 말씀

2004년 4월 20일 11시 29분

1 사랑하는 나의 아들아!
2 "네, 아버님! 말씀하옵소서."
3 믿음의 길을 가는 백성 너희들이 과거
에 너희들이 살아온 지난 역사를 잘
들여다보도록 그리하라.
4 너희들이 성서에 기록되어 가르치고
전한 그 모든 불행한 역사요, 또한 대
기적의 역사요, 그 모두를 한번 돌이
켜 봐야 될 것이니라.
5 너희들이 불행의 역사로 기록한 것,
재앙으로써 다스려진 것, 그 모두는
다 어떠한 백성들이 다 받았던가?
6 너희들이 말하는 이방인들이 그와 같
은 체벌을 받았으며 그와 같은 벌을
받았던가?
7 나는 이방인들에게 그리 다스린 것이
아니니라.
8 너희들이 믿음의 길을 가는 자, 내 이
름을 팔며 나의 아들의 이름을 파는
자, 그와 같은 백성 너희들이 참진리
의 길을 가지 아니하며 거짓된 진리로
써 나의 백성들을 이끌어 가며,
9 또한 그것이 진리라 알고 울고불고 가
는 그 백성들, 너희들이 잘못된 것을
회개하지 아니하며 나의 뜻을 따르지
아니할 때,
10 믿음의 길을 간다는 자들이 나의 명에
의한 삶을 살지 아니하고 내 뜻을 거
역하는 백성 너희들에게 바로 내려진
것이 재앙이요, 너희들에게 내려진 것
이 체벌이요,
11 너희들에게만 해당되었음을, 너희들
은 지난 역사의 성서 속에 있는 내용
들을 한번 들여다보도록 그리하라.
12 나 여호와를 믿는다 하여 너희들이 기
만하는 자, 그와 같은 자들이 믿는다
하며 잘못 가는 자, 그리고 나의 백성
들까지 성령으로 거듭나는 그와 같은
기회를 저버리고 가지 못하도록 막는
자,
13 그와 같은 자들을 내가 체벌하였으며
그들을 내가 다스린 것임을 너희들은
알아야 될 것이니라.
14 십계명에 기록된 내용을 지키지 아니
하는 자, 믿음의 길을 간다면서 그를
저버리는 자, 그와 같은 자들이 체벌
을 받았으며 나에게 재앙으로 다스려
졌음이니,
15 너희들이 어떠한 백성들이 그와 같은
역사로 다스려졌으며 그 체벌을 받았
는가 한번 돌이켜 보도록 하라.
16 그러니 너희들이 가는 것이 이방인이

라는 백성보다도 얼마나 잘못된 것이
며, 사악한 너희들의 삶인가를 스스로
깨닫는 기회가 될 것이니라.

10,665 번째 하나님 말씀

2004년 4월 20일 14시 54분

1 사랑하는 나의 아들아!
2 "네, 아버님! 말씀하옵소서."
3 이 세상 모든 백성들이 그 황금 덩어
리를 찾기 위하여 모두가 지금 혈안이
되어서 찾아가는 그와 같은 삶을 사는
것이 나의 피조물 만백성 그들이 아니
더냐?
4 좀 더 나은 생활이요, 좀 더 나은 너희
들의 삶이요, 그리고 너희들이 남을
지배할 수 있는 그와 같은 삶이요, 남
앞에 너희들이 군림할 수 있는 삶이요,
5 모든 것은 더 좋은 것을, 더 나은 것
을, 그리고 남들보다 더 많이 갖고자
하는 그와 같은 너희들의 삶의 그 목
표가 다 거기에 있지 않더냐?
6 그러니 결국은 그것이 무엇이더냐?
7 욕심이라는 것을 버리지 못하였기 때
문이니라.
8 모든 백성들이 남이 갖지 않은 소중
한 것을 제가 가지며, 남보다 제가 더
많이 가지며, 제가 평화롭고 안락한
삶을 살며, 그것을 위해서 너희들이
모두를 추구하고 그를 위해서 모두가
달려감이니라.
9 그러나 나의 아들을 따르는 제자요,
이제 160권의 법전이 세상에 나올 날
이 머지않았음이니, 나의 법전을 가지
고 강론을 듣고 공부하는 백성 너희
들은 어떠한 마음인 줄 알겠느냐?
10 나의 백성으로 선택된 자는 더 낮은
것을 원하며, 제가 더 낮고자 낮은 자
세의 그것만을 생각하고 사는 그와 같
은 사람이 되어야 될 것이니라.
11 너희들이 남들과 같이 식사를 하는 그
것도 또한 너희가 얼마나 남들보다
더 겸손하게, 얼마나 조촐하게 음식을
먹을 수 있으며,
12 네가 어떻게 그들보다 더 낮은 자요,
가장 낮은 것으로써 만족하며 가장
낮은 것으로써 행복을 느낄 수 있나,
그와 같은 생각을 하는 것이 나의 아
들을 따르는 제자 너희들이 가지고 있
는 마음이니라.
13 제가 어찌하면 낮은 자요, 제가 어찌
하면 부귀영화요, 남들이 좋아하는 것
을 바라지 아니하며, 남들이 갖고자
하는 것을 양보하며, 그를 바라보지
아니하며 그를 생각지 않는 그와 같은
마음으로 살 것인가를 생각하고,
14 더 낮은 자세요, 더 초라한 모습이요,
더 깨끗한 모습이요, 그리고 더 욕심
내지 아니하며, 과욕하지 아니하며,
과식하지 않는 것까지, 모두가 다 너
희들이 그와 같은 마음으로 살아가는
것이 나의 아들을 따르는 백성 너희들
이 가야 할 길이니라.
15 그러니 지금 믿음의 길을 가는 백성들
이요, 모든 나의 백성들이 더 낫고자,
더 위대하고자, 더 크고자, 그리고 더
많이 지니고자 그와 같은 삶을 위하여
소원하며 기도하며 모두가 살아가는
그와 같은 삶이거늘,
16 나의 아들딸 너희들은 더 낮은 자요,

덜 갖기 위한 것이요, 초라한 모습으로써 초라한 것을 초라하지 아니하게 받아들일 수 있는 그와 같은 마음으로 항상 다스리고 훈련하며 그리 깨우치고 가며, 그와 같은 생각을 하고 살라 그리 말하니,

17 과연 이것이 너희들이 볼 때는 얼마나 손해 가는 일이요, 얼마나 억울한 일인가?

18 남들이 볼 때는 너희들 보고 정신 나간 자요, 인간의 삶의 의미를 모르는 자요, 값어치를 모르는 자들이라 그리 말을 할 것이니라.

19 그러나 너희들은 알라.

20 부서지고 없어지는 세상에 너희들이 무엇을 이루며 더 가진들 무엇하더냐?

21 다 물거품 같은 것을, 그리고 다 아무것도 남는 것이 없는 것을.

22 인간 너희들이 살면서 결론의 그것은 무엇이더냐?

23 모든 육을 가지고 사는 인생을 산 사람들이 마지막 너희들의 그 후손이요, 그 모든 사람에게 남기는 것은 무엇이더냐?

24 일장춘몽이라 그리하느니라.

25 인간은 허무한 것이요, 허상이라 그리 말하고 감이니, 바로 너희들이 그리 가져가지 못하며 소유하지 못하고 모두를 다 놓고 가는 것,

26 그리고 꿈과 같은 세상을 살았다 하니, 그 꿈과 같은 세상에서 너희들이 다음 세상을 어찌 받아들이며 어떠한 준비를 하는가, 그와 같은 삶을 사는 백성이 되어야 함을 너희들은 잊지 말라.

27 모두가 다 일장춘몽이라 말하는 그들, 너희들이 결론은 그것이 아니더냐?

28 아무것도 가지고 가지 못하며, 이루어 놓은 것을 지니고 가지 못하는 것이니, 다 꿈이로다, 그리하여 '무(無)다, 무다.' 그리 말하지 않느냐?

29 그러니 너희들이 그와 같은 삶을 살기 위해서 오늘의 나의 아들딸 너희들이 모두를 보내서는 아니 되느니라.

30 너희들이 그 일장춘몽이요, '무(無)다, 무다.' 하니, 그게 무엇이더냐?

31 자기 욕심을 버리지 못하며, 자기가 추구하는 것을 위하여 달려오고 또 달려오다 보니,

32 결국은 너희들이 죽음의 문전에서 아무것도 가져갈 수 없으며 이룰 수 없으며 챙기지도 못하는 것을, 허무한 곳에 너희들의 인생을 보냈다 하는 그와 같은 그들의 반성임을 너희들은 알라.

33 그러니 너희들이 그와 같은 삶이요, 그와 같은 말을 하지 아니하고 너희들이 육의 세상의 삶을 거둘 수 있다면,

34 바로 너희들은 가장 낮은 자요, 그리고 초라한 자요, 그리고 남들보다 더 갖지 아니하며, 남들보다 더 제 앞에 쌓아 놓고자 하지 아니하는 그와 같은 마음으로, 겸손한 마음으로 살아가는 삶을 살도록 항상 그리 생각하며,

35 세상 이치를 모두 그리 너희들이 보면 세상의 아름다움을 알 수 있으며, 너희 자신의 마음의 평온을 얻을 수 있는 삶을 살 수 있는 것이니라, 사랑하는 나의 아들딸들아!

10,666 번째 하나님 말씀

2004년 4월 20일 14시 57분

1 사랑하는 나의 아들아!
2 "네, 아버님! 말씀하옵소서."
3 우상을 섬기는 자, 유황불에 던져지
며, 그는 영원히 구원을 받을 수 없는
것이라 종교 집단 지도자들이 그리 말
하느니라.
4 그리하여 저희들만은 우상을 섬기지
않는 자요,
5 이방인이요, 다른 모두는 우상을 섬기
는 자들이니,
6 그들이야말로 유황불에 들어가 그 고
통을 겪는 자들이요, 구원의 길을 볼
수 없다 그리 말하나,
7 내가 보기에는 바로 오늘의 믿음의 길
을 가는 그 백성 너희들이 우상을 섬
기는 원조요, 대표적인 자라 내가 말
함이니라.
8 나의 아들이 죽어 간 그 십자가를 너
희들이 하늘을 받쳐 높이 쳐들고 있
으니, 그것이 우상이요,
9 '이를 들고 나를 따르라, 그렇지 아니
하면 구원을 받지 못한다, 예수를 믿
으라, 그렇지 않으면 너희들이 구원을
못 받는다.' 내세워 들고 다니는 것이
무엇이더냐?
10 그게 바로 너희들이 우상이 아니더냐?
11 그저 '하나님을 믿으며, 하나님이 계
심을 믿으면 되는 것이다.' 그리 말하
면 될 것이지,
12 너희들이 울긋불긋 붙이고 써 가지고
다니는 것, 그것 또한 다 우상이 아니
더냐?
13 그러니 십자가를 가지고 하늘을 받치
는 그것이 우상이요, 너희들이 성전이
요, 교회라는 그 단상 앞에 십자가를
걸어 놓고 또 경배하니, 그게 우상이
아니더냐?
14 개인적으로 너희들이 귀와 목에 그
십자가를 걸고 다니는 것, 그것이 개
인적인 우상이요,
15 집단이고 개인이고 너희들이 그러한
집단으로 모두가 우상을 숭배하는 자
들이 너희들이 대표적이니,
16 그 우상을 섬기는 속에서 너희들이 참
진리와 사랑이 어디 있단 말이더냐?
17 그러니 너희들이 죽은 믿음이라는 것
이 나 여호와의 뜻이니라.
18 너희들이 나의 뜻을 거역하며 내가 원
하는 그 참진리를 모르고 감이니, 바
로 너희들이 죽은 믿음이요,
19 스스로 저 자신만 죽은 믿음의 길을
가면 관계없지만, 이웃의 형제요, 다
른 백성들의 그 생명까지도 그를 지
옥으로 이끌어 가고 인도하는 그와 같
은 행위를 하고 있음이니, 이게 바로
너희들이 잘못된 것이라 함이니라.
20 우상숭배요, 기복 신앙의 대표적인 것
이 오늘의 종교 집단 너희들이니라.
21 너희들이 기도하는 소리, 너희들이 중
언부언하는 소리를 한번 들어 보라.
22 그들이 무얼 원하는가?
23 남을 위하여 기도하는가, 그리고 천국
에 가는 그 자리를 남을 주고 저는 양
보하겠다 그런 기도를 하는가, 낮은
자가 되도록 기도하는가, 그리고 어려
운 짐을 더 지워 달라 너희들이 기도
하는가?

24 이와 같은 의미를 너희들이 한번 들여
다보면 알 것이니라, 그게 바로 다 우
상이라는 것을.

10,667 번째 하나님 말씀

2004년 4월 20일 15시 02분

1 사랑하는 나의 아들아!
2 "네, 아버님! 말씀하옵소서."
3 우상을 섬기는 것, 그리고 너희들이
잡신 앞에 소원을 비는 것, 그리고 노
래와 사치요, 향락으로 물들어 있는
그와 같은 백성, 너희들은 그와 같은
백성들을 무어라 말하느냐?
4 그들은 이방인이 하는 짓이요, 이방인
이 그 죄를 짓는 것이라 너희들은 그
리 말하느니라.
5 그러나 내가 보는 지금 나의 피조물
만백성 너희들은 한 사람도 제대로 된
백성이며 내가 당당히 나의 아들이라
부를 수 있으며 그를 내가 이름을 부
를 자가 없다면 너희들은 어찌하겠는
가?
6 이 모든 죄상은 다 너희들이 이방인의
것이요, 이방인으로 하여금 이 세상이
혼탁되었다 그리 말하느니라.
7 그러나 과연 믿음의 길을 가는 백성
너희들이 그리하지 않는가?
8 사치와 노래와 향락으로 과연 너희들
은 물들어 있지 아니하며 젖어 있지
않은가?
9 너희들이 하는 것은 하늘의 뜻이요,
다른 백성들이 하는 것은 죄악의 행위
요, 이 세상을 무너트리는 짓을 한다
하는 것이 너희들이 아니더냐?
10 그러니 이 모두는 지금의 믿음과 신앙
의 길을 잘못 가는 너희들이 잘못 가
르쳤으며 잘못 인도한 그것이 바로 너
희들이 원조라는 것을 절대 잊지 말라.
11 '모두는 내 탓이요, 모든 잘못이 나의
탓이라' 말을 하며 그리 가르치기는
하나, 너희들이 그와 같은 행동을 하
는가?
12 행동은 너희들이 그리 행하지 아니하
느니라.
13 동으로 가라 하면 서로 가는 것이 오
늘의 믿음의 길을 가는 백성 너희들임
을 알라.
14 모든 부정과 부패요, 증오하는 그와
같은 죄, 그 모두의 온상이 교회라는
그 안에서 이루어지며,
15 거기에서 너희들이 몇천 년 동안 흘러
오면서 가르치고 전한 것이 이 세상을
이렇게 악으로 만든 것임을 너희들은
알아야 될 것이니라.
16 이 세상을 이와 같이 험악하게 만든
것은 이방인들이 아니요, 너희들이라
는 것을 깨우치지 아니하고,
17 지금도 남의 탓으로 돌리며 남들이
그리한 것이요, 이방인들이 그리한 것
이라 너희들이 그리 말한다면,
18 저 자신의 회개와 반성이라는 것을 전
혀 하지 않는 백성이니라.
19 너희들이 회개와 반성이라는 것은 무
엇이더냐?
20 너희들이 잘못함을 뉘우치며 부끄러
움을 뉘우치며, 눈물을 흘려서 너희들
이 눈물로써 회개하며, 두 번 다시 그
와 같은 일을 하지 아니하겠다고 진정
으로 회개하는 백성은 그 마음이 아름

다움이며, 천사와 같은 마음으로 너희
들이 변해지는 것이니라.
21 그러나 너희들이 회개하고 너희들이
변화되었다는 그 백성들이 천사와 같
은 마음을 갖지 아니하고,
22 이것은 남의 탓이요, 이방인들이 이
세상을 혼돈케 만들었으며, 이방인들
이 세상을 이렇게 무너트렸다며 남을
탓하며 저 자신은 그렇지 않다 변명하
는 그와 같은 자,
23 너희들이 오늘의 이 세상을 이리 만든
자요, 그것이 너희들이 이리 역사한
것이라는 걸 잊어서는 아니 될 것임을
알라.

10,668 번째 하나님 말씀

2004년 4월 20일 15시 07분

1 사랑하는 나의 아들아!
2 "네, 아버님! 말씀하옵소서."
3 너희들이 수천 년 동안 그 믿음의 길
을 오며 첫 단추를 잘못 끼웠기에, 나
의 아들 예수를 통하여 역사하고자 한
그 모두는 묻혔으며 그는 빛을 보지
못했으며,
4 너희들이 인간이 만든 교리로 이 세상
을 다 지배하고 있다 내가 했음이니,
5 수천 년 동안 믿음의 길을 오는 종교
집단이요, 지도자 너희들이 하고 온
길이 무엇인 줄 알겠느냐?
6 너희들은 음란함과 사리사욕으로 배
를 채우기 위하여 나의 피조물 만백성
들로부터 너희들이 족쇄를 채워 놓고
그들로부터 재물과 시간과 모두를 갈
취하는 그와 같은 행위만 한 것이 너
희들이 몇천 년 동안 흘러온 그 믿음
이 전부라면, 과연 너희들은 어찌하겠
는가?
7 너희들은 알아야 될 것이니라.
8 그와 같은 것으로써 너희들이 지금 명
맥을 유지했으며 오늘의 집단을 이끌
어 왔기에, 사업적으로 변화된 것이요,
9 참진리요, 나 여호와의 뜻을 공부하는
그와 같은 것이 아니라 사업장이요,
너희들이 그 사업으로 역사하는 장으
로서 모두가 전락되었음이니,
10 주는 것도 없이 너희들이 나의 아들과
나의 이름을 팔아 오늘의 사업을 이리
성황을 이룬 것이 너희들이 오늘의 그
죄상이라 내가 그리 말하지 아니하였
던가?
11 지금의 모든 종교 집단 말고 그 누가
남의 것을 저 자신의 배를 채우기 위
하여, 제 사리사욕을 위하여, 제 음란
함을 위하여, 제 호화로움을 위하여,
제 사치스러움을 위하여 나의 피조물
만백성들에게 족쇄를 채워 너희들이
강제로 거의 탈취하다시피 그와 같은
행위를 하는 자가 있느냐?
12 주는 것도 없이 받아들이는 것은 이
세상에 너희들밖에 없음을 알라.
13 그 신도들의 고통이요, 신도들의 신음
소리요, 신도들의 그 어려움을 과연
너희들이 들여다보며 같이하는가?
14 그 모두는 너희들이 외면한 것이요,
너희들과 관계없다 그리 말하느니라.
15 그러면서 고통과 시련 속에서 더 많이
바치며 더 큰 것을 바치도록 그리하
라, 그러면 더 큰 은혜요, 더 큰 축복
의 은혜를 받는다 너희들이 그리 말하

고 지금 이끌어 가는 것이 수천 년 동
안 믿어 온 그 믿음의 근본이요, 종교
의 본바탕으로서 타락되었음이니라.
16 그러니 이 이상 더 타락할 수 있으며
이 이상 더 무너질 수 있단 말이더냐?
17 그러니 불쌍한 나의 백성들이 하늘에
오르는 백성이 없으며, 지옥의 구렁텅
이로 떨어지는 백성들이요, 지옥문 앞
에 가 들어가지 아니하려고 몸부림치
는 너희들의 그 수를 헤아릴 수가 없
으니,
18 내가 너희들에게 마지막 한 번의 기회
를 주어 나의 새로운 성경을 세상에
내려보낸다는 것을,
19 너희들이 이를 감사하는 마음으로 받
아들이지 아니하며, 이를 읽고 깨우쳐
너희 것으로 만들어 거듭나는 삶을 살
지 아니하면,
20 너희들은 아무것도 이룰 수 없으며 아
무것도 볼 수 없으며 아무것도 얻을
수 없는 자들이라는 걸 잊지 말라.

10,669 번째 하나님 말씀

2004년 4월 20일 15시 14분

1 사랑하는 나의 아들아!
2 "네, 아버님! 말씀하옵소서."
3 내가 너희들에게 명한 그 무섭고 두려
운 말 한 마디 한 마디를 너희들이 가
슴 깊이 새기며, 너희들의 뼛속에 새
기는 그와 같은 것으로써 받아들인다
면,
4 너희들은 천사요, 하늘에 오르는 그
백성으로 어렵지 않은 그 길을 갈 수
있거늘,
5 어찌하여 나의 아들을 통하여 내리는
그 귀하고 귀한 가르침을 너희들이 그
저 한쪽 귀로 듣고 한쪽 귀로 흘려버
리는 오늘의 삶을 사느냐?
6 내가 너희들에게 무어라 말하였느냐?
7 너희들이 죄를 짓고 사는 것, 그리고
너희들이 살면서 죄를 짓는 그 순간은
너희가 죄의 노예가 되는 것이며 사탄
의 노예가 된다 내가 그리 말하지 아
니하였더냐?
8 그러니 너희들이 과연 하루에 살면서
얼마만큼 사탄의 종이 되기를 즐겨 하
며, 죄의 종이 되기를 즐겨 하는 백성
들인가 스스로 너희들을 깨우쳐 보라.
9 더욱이 근본적인 것을 흩트려 놓는
것이 오늘의 종교 집단의 지도자들이
니라.
10 내가 나의 아들을 통하여 새로운 성경
에 전하기를, 죄짓는 백성은 죄를 짓
는 그 순간에 죄의 노예요, 사탄의 노
예가 된다 하였거늘,
11 내가 직접 내린 십계명이요, 나의 율
법이요, 나의 새로운 성경대로 지키고
살 수 없다 말하는 너희들이 있다면,
그들이 과연 어떠한 자들이냐?
12 그러니 너희들이 더 사탄이요, 죄의
노예가 되기 위하여 나의 백성을 유도
하는 자요, 나의 백성을 이끌어 가는
자들이라는 것을 알라.
13 그러니 이와 같이 성서의 오류를 가지
고 가르치며 이와 같이 참뜻을 모르며
내용을 모르는 자들이니,
14 성서의 비밀을 모르는 자가 가르치기
에 이 세상이 이와 같이 험악하게 되
었음이니라.

15 지금 나의 아들을 따르는 제자 너희들
이 스스로 생각해 보라.
16 과연 너희들이 160권의 법전에 나오
는 그 내용들이요, 강론을 통하여 너
희들에게 전하는 그와 같은 삶으로 살
때,
17 과연 너희들이 사탄의 노예가 될 수
있으며, 죄의 심부름꾼이요, 죄의 노
예가 될 수 있는가 한번 돌이켜 보라.
18 모든 종교 집단이 인간은 죄를 짓지
아니하고 살 수 없는 동물이라 그리
말하는 바람에, 사탄의 자식이요, 죄
의 종으로서 전락된 것이 오늘의 나의
피조물 만백성 너희들이니라.
19 그러니 알면서 넘어지며 모르면서 넘
어가는 그 나의 백성 너희들이 너무나
가련하고 불쌍하여, 너희들이 사탄의
종이요, 죄의 종이 되지 않는 그 모든
뜻을 내가 나의 새로운 성경에다 하나
하나 기록하여 너희들에게 전하거늘,
20 이를 보지 아니하고 깨우치지 아니하
며 이를 던져 버리는 백성 너희들이
그리하여 구원을 받을 수가 없으며 하
늘에 올 수가 없으며 거듭날 수 없는
백성이라 하는 그 무서운 뜻을 알라.
21 이제 내가 너희들에게 전한 이 구절
이라도 가슴 깊이 너희들이 새기고 하
루하루 삶을 살라.
22 너희들이 죄를 짓는 것은 죄의 노예가
되는 것이요, 너희들이 죄를 짓는 것
은 사탄의 노예이니라.
23 그러니 너희들이 과연 나 여호와의 아
들딸로서 사탄의 자식이 되기를 원하
는가, 나의 아들딸이 되기를 바라는가?
24 너희들이 어떠한 삶을 살고 어찌 행동
을 하느냐에 달렸으니, 스스로 너희들
이 알아서 행하도록 그리하라.

10,670 번째 하나님 말씀

2004년 4월 20일 15시 20분

1 사랑하는 나의 아들아!
2 "네, 아버님! 말씀하옵소서."
3 네가 나의 성령이요, 나의 법전을 만
들어 세상에 내려보내며 너의 제자들
에게 강론을 함이니, 오늘의 믿음의
길을 가는 그 백성들의 그 삶이 어떠
한 삶이라 너는 보느냐?
4 "네, 아버님! 그러하옵나이다.
5 지금의 모든 종교 집단이요, 그 믿음
의 길을 가는 백성들은 참진리의 길이
무엇이며 진정한 것이 무엇인 줄 모르
고,
6 저희들이 먹어서는 안 되는 그와 같은
것을 먹기 위하여 모두가 몸부림치는
그와 같은 자들로서 지금 세상이 덮
어졌다 그리 생각하옵나이다.
7 먹어서는 아니 되는 그 악의 씨앗을,
그 악의 열매를 따 먹기 위하여 아우
성을 치며 온갖 행위를 다 하며,
8 거기에 재물을 바치며 헌금을 바치며
시간을 바쳐 저희들이 먹고자 하는 것
은, 아버님의 참진리요, 선함의 열매
가 아니라, 지금 악의 씨요, 악의 열매
를 따 먹기에 혈안이 된 자들이라 그
리 보이옵나이다."
9 너의 제자들의 그 모습은 어떠하던가?
10 "네, 아버님! 저의 제자들은 그렇사옵
나이다.
11 하나의 먹어야 되는 그 선의 열매가

있다 해도, 그를 감히 두려워 아버지
께서 먹으라 명하기 전까지 제 것이
라 대들지 못하며,
12 남이 먹는다 해도 저는 따 먹어서는
아니 된다는 그와 같은 마음으로 가
려고 노력하는 것이 지금의 법전을 읽
고 깨우친 백성들이요, 저를 따르는
그와 같은 제자들의 밑바닥에 깔린
마음이라 그리 생각하옵나이다."
13 그러니라, 사랑하는 나의 아들아!
14 지금 먹어서는 안 되는 악의 열매를
따 먹기에 혈안이 된 자들이요, 그리
고 뇌물을 바치며 재물을 바치며 서로
순서를 먼저 받으려 하는 것이 그들이
니라.
15 내가 너희들에게 이 세상에 가장 아름
다운 선물은 무엇이라 했느냐?
16 아담과 하와가 살 수 있는 지상의 낙
원을 내린 것이 가장 아름다운 선물이
요, 큰 선물이라 그리하지 않았더냐?
17 그러니 그 아름다운 속에서도 아담과
하와가 무엇 때문에 오늘의 이와 같은
삶을 살도록 만들었다 했느냐?
18 선악과의 열매를 제가 구분하지 못하
며, 그 악의 열매를 따 먹으라 하는 자
의 그 말에 현혹되어,
19 등 돌리고 떠나지 못하며 그 말을 뿌
리치지 못하고 그를 따 먹음으로 인하
여 오늘의 너희들이 이와 같은 험악한
세상이 되었음이니,
20 바로 지금의 믿음의 길을 가는 백성들
이 그 후예로서 아직도 아담과 하와
가 그 선악과를 구분하지 못하며, 먹
어서는 안 되는 것을 먹지 않는 그와
같은 결단성이 없었던 그 후예들이,
지금 너희들이 바로 어떠한 짓을 하느
냐?
21 먹어서는 안 되는 악의 열매요, 악의
씨요, 악의 불씨를 너희들이 받아먹으
려 지금 아우성을 치고 있는 그와 같
은 어리석은 백성이 되어 있음을 알라.
22 지금은 다 먹기 위하여 너희들이 지금
경쟁이 되어 몸부림치고 있으나,
23 그것은 너희들이 먹어서는 안 되는 악
의 씨앗이라는 것을 그들에게 전해 주
도록 그리하라.
24 어찌하여 나 여호와의 선의 씨요, 너
희들이 먹어도 되는 그와 같은 것은
먹지 않으려 하며,
25 너희들이 먹어서는 안 되는 악의 열매
를 따 먹기 위하여 모두를 바치며 그
경쟁 속에서 울고불고 혈안이 되는 삶
을 사느냐?
26 악의 열매를 따 먹지 아니하고 그 화
려한 그 열매요, 보기에 탐스러운 그
열매를 따 먹지 않고 등을 돌리는 그
와 같은 결단과 용기가 없이는 너희들
이 절대로 아무것도 이룰 수 없음이니
라.
27 너희들이 나에게 오르는 길이 무엇이
더냐?
28 너희들이 가장 잘못된 악습이요, 가장
포장된 아주 따 먹기 좋은 열매요, 너
희들이 버리지 못하는 나쁜 짓이요,
너희들이 버리지 못하는 그 잘못된 습
관이 바로 무엇인 줄 알겠느냐?
29 너희들이 버리지 못하는 만큼 너희들
의 마음을 현혹하니, 그것이 아름답게
포장된 그 악의 열매요, 악의 과일이
니라.

30 그러니 너희들이 작고 큰 그 열매들을
먹지 않고 등을 돌리며, 그리고 현란
하고 화려한 그와 같은 열매를 먹지
않는 용기가 필요함이니라.
31 그러니 하나하나 악습을 버리는 것이
너희들이 선악과의 악을 먹지 아니하
고 선을 취하는 그와 같은 깨달음이
요, 하늘에 오르는 길이라는 것을 잊
지 말도록 하고 그리 행하라, 사랑하
는 나의 아들딸들아!
32 이와 같은 지혜를 얻으면, 너희들이
매일 사탄이요, 사악한 자들이 악의
열매를 따 먹으라며 너희들 앞에 그
화려하고 먹음직한 모습을 보이나,
33 거기서 등 돌리고 눈을 감고 먹지 않
는 너희들이 되지 아니하면 절대 나를
볼 수 없다 함을 잊지 말라, 사랑하는
나의 아들딸들아!
34 저희들이 악의 열매를 따 먹고 악의
불씨를 따 먹든, 그것은 그들의 갈 길
이요,
35 나의 아들 앞에 나의 법전을 배워 깨
우친 너희들은 그를 구분하여 먹지 말
아야 되며, 그 화려하고 위장된 그 열
매를 절대 먹지 말라.
36 그를 먹고 너희들의 입에 대는 순간에
그리 무너짐이니,
37 악습이요, 잘못된 습관을 버리지 못하
는 것이 바로 너희들이 그 선악과에서
그 악의 열매를 등 돌리지 못하여 따
먹는 백성이 되는 것이라는 걸 잊지
말라.

10,671 번째 하나님 말씀

2004년 4월 20일 15시 25분

1 사랑하는 나의 아들아!
2 "네, 아버님! 말씀하옵소서."
3 이 세상에 많은 백성들이 이루는 기적
이요, 이적이요, 그와 같은 것에 현혹
되지 말라.
4 믿음이요, 참진리는 그와 같은 것으로
써 역사하는 것이 아니니라.
5 너희들이 귀신의 왕이요, 사탄의 왕이
라면 그가 그 귀신이요, 사탄을 부리
는 능력이 없겠느냐?
6 그러니 너희들이 귀신을 쫓아내는 것
도 귀신의 왕이요, 그 귀신의 왕에 뒤
집어쓰인 자가 귀신을 쫓아내는 역사
를 할 수 있으며, 귀신으로써 너희들
에게 반짝 보이는 재주를 부렸을 것이
니라.
7 마술사요, 곡예사가 너희들의 눈을 속
여서 너희들에게 무엇을 보이고 얻은
것처럼,
8 그들도 그 이상의 능력을 가지고 너희
들의 눈을 어둡게 하며 너희들의 마음
을 혼돈케 하며 너희들을 흔들어 놓는
그와 같은 짓을 할 수 있음이니, 이를
너희들은 알아야 될 것이니라.
9 내가 너희들에게 그 무어라 가르쳤느
냐?
10 너희들이 똑같은 말을 하더라도, 천사
와 같은 마음을 가지고 그 말을 하면
하늘의 뜻이요, 악한 마음을 가지고
하면 그것은 악한 것이라 하지 아니하
였더냐?
11 너희들이 살아가는 것, 너희들이 하는

말, 너희들이 생각하고 있는 것까지도 모두 다 알고 있는 것이 나 여호와라 하지 않았느냐?

12 너희들이 열 명이 앉아서 차 한 잔씩 을 마심이니, 그중에서 누가 무슨 생각을 하며 무슨 마음을 가지고 있는지를 다 앎이니,

13 남을 시기하며 남을 질투하며 남을 음해하며 남을 이용하고자 하는 마음을 가지고 있는 자가 그와 같은 마음을 가지고 남과 대화하면서도,

14 너희들은 구원을 받으며 하늘에 오르는 길이요, 나 여호와가 너희들에게 상을 내려 주며 축복받은 자요, 구원의 표를 받은 자라 그리 말하는 어리석은 자들이니라.

15 너희 자신이 지금 악한 짓을 하고 있으며 너희들이 용서받지 못할 짓을 하고 말을 하며 생각을 하고 있으면서도,

16 너희들은 그와 같은 짓을 하면서도 구원을 받았다 말하는 자요, 나에게 오를 자격이 있는 자요, 나로부터 축복받은 자라 말하니,

17 너희들이 하고 있는 언행을 한번 들여다보라.

18 너희들이 용서받지 못할 죄를 지으면서도 구원받았다 말하는 어리석은 백성들이 없는가?

19 구원이요, 나에게 오를 수 있다는 위안을 가지고 너희들이 지금 살아가는 자들은 아닌가?

20 얼마나 너희들이 가련하고 불쌍한 자요, 이해 못 할 백성이며, 얼마나 추하고 초라한 모습인지, 지금 너희 자신이 하는 짓을 들여다보도록 그리하라.

21 말로써는 천사와 같은 소리를 하나, 속으로는 악한 마음을 가지고 있는 자들이, 그러면서도 너희들은 구원받았다 하며 구원받을 자격이 있다 말하는 자들이니,

22 이와 같이 불쌍한 너희들이 열 사람이 앉아서 떠드는 그 소리요, 그 마음을,

23 너희들은 속마음을 모르나, 그 속의 마음까지도 무엇을 어찌하려는지, 해를 끼치려는 것인지, 누구를 이용하려는 것인지, 악한 마음의 그 뿌리까지 다 들여다보는 것이 나 여호와니,

24 내 앞에서 너희들이 백성을 속일망정 나는 속이지 못한다는 무섭고 무서운 그 사실을 깨닫도록 그리하라.

10,672 번째 하나님 말씀

2004년 4월 20일 21시 28분

1 사랑하는 나의 아들아!

2 "네, 아버님! 말씀하옵소서."

3 파도가 쳐 해일을 이룸이니, 그것이 순간적이요, 또한 태풍이 몰아쳐 세상을 놀라게 함이니, 그 또한 한순간에 모두가 이루어짐이니라.

4 인간 세상에 너희들의 그 변화요, 새로운 개혁은 순간적으로 모두가 이루어지며,

5 그 이루어지는 파도의 물결은 그 누구도 막을 수 없으며, 불과 같이 역사하는 것이 너희들의 변화의 소용돌이임을 알아야 될 것이니라.

6 지금 나의 아들을 통하여 내가 새로운 성경을 내리며, 이를 받아서 만들고 기록하는 너희들이 오늘의 어렵고 힘

든 길을 가나,
7 너희들이 일순간에 태풍이 몰아치는
것처럼, 번개가 치는 것처럼 나의 법
전이 세상을 한순간에 덮어 버리는 그
와 같은 역사가 이루어질 것이니,
8 이것이 변화요, 개혁이요, 지금까지
너희들이 가는 모든 종파요, 종교 집
단들이 복음을 전하며 설교로써 만백
성을 이끌어 가는 그와 같은 방법과
차별화됨을 너희들은 알아야 될 것이
니라.
9 다만, 지금 내가 파도가 치듯이, 태풍
이 불어 몰아치듯이, 그와 같이 무서
운 속도로써 나의 법전을 세상에 몰아
붙일 때, 이를 감당할 수 없는 것이 너
희들이요, 이를 역사할 수 없는 것이
너희들이기에,
10 내가 일순간에 어느 시점엔가 너희들
이 지키고 견딜 수 있을 때, 번갯불보
다도 더 무섭고 빠르게 나의 법전이
세상에 전해질 것이며,
11 오늘의 구약과 신약을 덮고 너희들이
이 새로운 성경을 보지 아니하면 아니
된다 하여 이 세상에 다 덮일 날이 머
지아니하였을 것이며 그건 반드시 올
것이니라.
12 너희들이 개혁이요, 그 변화라는 것이
무엇이더냐?
13 그 개혁의 힘이요, 그 개혁의 소용돌
이는 너희들이 감당할 수 없는 것이
니, 얼마나 무서운 것인 줄 알겠느냐?
14 너희들이 과거에 연연하며 과거의 옛
것을 버리지 못하고 과거를 붙잡고 있
는 자들과,
15 너희들이 변하고자 하는 그 밀어붙이
는 젊은이들의 세대요, 그리고 새로운
것을 이루고자 하는 그 젊은 세대의
개혁이요, 생각이요, 그를 과연 구세
대의 뜻이 따라갈 수 있겠는가?
16 그러니 그와 같이 개혁이요, 변화를
이루는 것보다도 더 무섭도록 나의 법
전을 모든 백성들이 깨우치고 따르며,
이를 가지고 만백성이 구원의 길이라
외칠 날이 머지않았을 것이니 그리 알
라.
17 그렇게 무섭게 변해지는 것이며, 순간
에 모두가 다 개혁이 되며 모두가 다
덮이며 모두가 다 변화를 이루는 그것
은 단순간이니라.
18 번갯불보다 빠른 순간에 퍼져 나갈 것
이니라.
19 그날을 내가 준비하며, 그 모두를 감
내하고 견딜 수 있도록 너희들이 성장
하기를 기다리며,
20 160권의 법전이 세상에 나오는 그 역
사가 이루어진 다음에 모두가 그와 같
이 이루어질 것이니 그리 알라.

10,673 번째 하나님 말씀

2004년 4월 20일 21시 32분

1 사랑하는 나의 아들아!
2 "네, 아버님! 말씀하옵소서."
3 너희들이 육신의 삶이요, 그 행동에
너무 연연하며, 그를 너희들이 삶의
전부로 마친다면, 너희들은 그것으로
써 모두가 끝나는 것이니라.
4 그러니 너희들이 육의 삶의 행동에,
그 삶에 맞춰 거기에 연연하여 살았을
때, 그것으로써 모두가 끝이요, 그것

이 결과의 종착역이라면 너희들이 더
말할 것이 무엇이 있겠느냐?
5 그러나 너희들은 육의 삶이 오늘의 행
동에 대한 그 책임을 져야 되며, 그 대
가를 반드시 치르는 다음의 세상이 있
음을 너희들은 알아야 될 것이니라.
6 그리하여 내가 나의 아들을 따르는 제
자 너희들이 오늘의 삶에 연연하지 말
라, 그리고 거기에 너희들이 모든 마
음을 바쳐 사는 삶을 살지 말며,
7 너희들이 사후 세계의 그 삶을 보라
그리하지 않더냐?
8 그리하여 그 세상을 너희들이 올 수
있으며 거기에 역사할 수 있는 것은
욕심이라는 뿌리를 뽑으며, 너희들의
마음을 스스로 다스려 천사와 같은 그
와 같은 삶의 길을 가며, 그 길에 역사
하지 아니하면 아니 된다 하였음이니
라.
9 그러니 인간 세상에 너희들이 부귀영
화요, 향락이요, 사치스러운 것이요,
그 모두에 마음을 두고 그와 같이 살
아가는 백성이요, 그것이 가장 행복이
라 사는 백성 너희들에게,
10 그와 같은 것을 모두 버리며 지워 버
리며, 네 앞에 큰 것을 놓기 전에 남
앞에 큰 것을 놔 줘야 되며, 네 자식은
잃어도 남의 자식의 생명은 살리는 것
이 너희들이 나에게 오르는 길이요,
삶이라 하니,
11 너희들이 그와 같은 삶이요, 그를 실
천하고 살아간다면 얼마나 마음의 상
처가 크며 마음이 아프며 너희들이 인
내하기 어렵겠느냐?
12 그와 같이 훈련하는 그 자체가 너희들
이 얼마나 고통스럽고 힘든 훈련이겠
는가?
13 이는 말할 수 없는 훈련이니라.
14 그러나 너희들이 네 자식을 버리고 남
의 자식을 살리는 그 아픈 상처요, 고
통스러운 그 인내의 삶을 행동으로 실
천하고 사는 것이 하늘의 지혜를 얻으
며, 너희들이 나로부터 받을 수 있는
상이 있다 하면, 이를 어찌하겠느냐?
15 이것이 너희들이 오늘의 가야 할 길이
며 너희들이 와야 할 길이니라.
16 그리하여 마음의 아픔이요, 마음의 그
고통스러움이요, 그 씻을 수 없는 상
처요, 견딜 수 없는 그 고통 모두를 너
희들은 접어 두고 가는 것, 그것이 바
로 나로부터 상을 받으니,
17 그 상은 너희들이 하늘의 지혜를 얻는
것이요, 영원히 너희들에게 역사하는
것이요, 구원의 빛이요, 길이라는 것
을 얻게 됨이니 그리 알라.

10,674 번째 하나님 말씀

2004년 4월 20일 21시 36분

1 사랑하는 나의 아들아!
2 "네, 아버님! 말씀하옵소서."
3 너희들은 쌓아도 쌓아도 무너지는 그
와 같은 육의 세상에서 그 무너지는
성을 계속 쌓다 너희들이 죽어 나에게
와 심판을 받겠느냐,
4 쌓으면 쌓을수록 무너지지 아니하며
하나하나 차곡차곡 쌓이는 그와 같은
성을 너희들의 마음속에 쌓는 그와
같은 삶을 살겠느냐?
5 이제 그와 같은 것을 깨우쳐 너희들이

선택의 여지가 없음을 알아야 될 것이
니라.
6 너희들은 쌓아도 쌓아도 무너지지 아
니하는, 너희들의 마음이 변화되는 그
천사와 같은 마음으로 하늘에 올 수
있는 그 마음의 성을, 그리고 하늘에
올 수 있는 그 축복의 성을 쌓도록 그
리하지 아니하면 아니 됨이니라.
7 인간 세상에서는 너희가 아무리 노력
하여 쌓고 또 쌓아도 결국 무너지며
지워지는 그 성을 쌓게 됨이니라.
8 그러니 인간 세상에 너희들이 인간의
욕심이요, 그 살아가는 마음이요, 그
테두리를 벗어나지 못하고 쌓고 쌓는
것이 바로 무너지고 너희들이 지워지
는 성이라 내가 함이니라.
9 그러니 너희들이 죄를 지으며 계명을
지키지 아니하는 어떠한 인간 너희들
의 삶은 무너지는 성을 쌓는 것이요,
10 바람에 날아가는 성이요, 안개와 같이
그저 걷히면 아무것도 흔적이 없는 그
와 같은 성을 쌓는 것이라는 것을 잊
지 말라, 사랑하는 나의 아들딸들아!
11 너희들이 욕심이 없으며, 아름다운 마
음이요, 천사와 같은 마음으로 변화되
는 삶을 살지 아니하고, 인간 세상에
사는 그 삶은 그 모두가 물거품처럼
허무하게 지워지며 흘러가는 것이라
는 것을 잊지 말라, 사랑하는 나의 아
들딸들아!
12 그러니 그러한 삶을 너희들은 살아서
는 아니 된다는 것이 나 여호와의 뜻
이요,
13 그와 같은 너희들의 삶에서 깨우쳐 그
삶을 가지 않도록, 너희들이 하늘에
오르는 진정한 삶을 볼 수 있도록 깨
우치는 것이 나의 법전이니,
14 상세히 기록하고 기록하여 새로 내리
는 나의 법전이요, 성경임을 너희들은
알아야 될 것이니라.
15 아무것도 쥐고 가지 못하는 것이요,
너희들이 이 세상의 갖은 욕심을 버리
지 못하며, 나눠 줄 줄 모르며, 사랑을
베풀지 못하고 너희들이 인간의 욕심
의 부서지고 무너지는 것을 쌓고 다
쌓았음이니,
16 너희들이 나에게 심판받을 때 아무것
도 쥐고 가지고 이고 지고 오지 못하
는 것이니,
17 속절없는 너희들의 그 삶에 연연했으
며 허무한 너희들의 그 삶에 너희들이
모두를 다 바치고 살아온 삶이 아니더
냐?
18 그러니 너희들의 삶이 다음 세상에 쌓
으면 쌓을수록 너희들이 높아지며 소
복소복 쌓이는 천사와 같은 마음이요,
사랑하는 마음이요, 베푸는 마음으로
살지 아니하면 나에게 와 받을 수 있
는 성을 쌓는 것이 아무것도 없으며,
19 그저 물거품이요, 허무함 같은, 그리
무너져 아무것도 볼 수 없는 그와 같
은 흔적도 없는 그와 같은 성을 쌓는
것이 욕심을 버리지 못하고 사는 백성
들이니,
20 욕심의 뿌리를 지워 버리고 너희들이
사랑하는 마음으로 쌓으면 쌓을수록
쌓이는 그와 같은 너희들의 삶으로 살
도록 그리해야, 너희들이 나에게 왔을
때 그 쌓은 만큼 그 상을 받는다는 것
을 잊지 말도록 하라, 사랑하는 나의

아들딸들아!

10,675 번째 하나님 말씀

2004년 4월 20일 21시 38분

1 사랑하는 나의 아들아!
2 "네, 아버님! 말씀하옵소서."
3 나 여호와가 내리는 새로운 성경이요,
그리고 십계명이요, 이를 바로 보고
너희들이 바로 깨우치지 아니하면 아
니 됨이니라.
4 이 길 외에는 너희들이 나에게 오를
수 없으며, 너희들이 역사할 수 있는
것이 없으며, 나로부터 상이요, 은혜
를 받을 길이 전혀 없다 함을 너희들
은 알아야 될 것이니라.
5 나 여호와의 참진리가 아니고는 너희
들이 하늘나라에 오르는 그 영광이요,
어떠한 것도 이룰 수 없으며 너희들이
역사할 수 없기 때문이라는 그 무서운
사실을 알아야 될 것이니라.
6 너희들이 참진리의 길을 가는 것, 보
는 것, 하늘에 오르는 길을 보는 것,
그 모두가 내가 새로 내리는 성경을
읽지 아니하면 아니 되며, 그 속에 모
든 답이 다 있으니,
7 그를 열지 아니하고는 너희들이 알 수
없다는 것을 명심하고 또 명심하도록
그리하라.
8 너희들이 아무것도 남지 않는 그와 같
은 오늘의 삶을 사는 것이 오늘의 종
교 집단이요, 믿음의 길을 가는 너희
들이니라.
9 너희들 자신이 상을 받을 수 있는 것
을 쌓고 쌓는 것이 하나도 없으며,
10 너희들이 죽어 나에게 와 심판을 받을
때 아무것도 남지 않는 그와 같은 욕
된 삶을 살아가는 것이요, 그 삶에서
벗어나지 못하고 있는 자가 어리석은
너희들이니,
11 너희들은 나의 법전을 접하고 읽고 깨
우쳐, 이 세상에서 아무것도 남지 않
는 허무한 그와 같은 삶을 살아,
12 너희들이 나에게 와 심판을 받을 때,
아무런 흔적도 없는 자요, 죄지은 것
만이 남아 있는 그와 같은 어리석은
백성의 삶을 살지 말라.
13 그러니 내가 새로 내리는 나의 법전이
요, 새로운 성경을 읽고 깨우치며,
14 너희들이 위로는 십계명대로 살며 그
를 바로 지키고 살며,
15 그를 읽고 깨우쳐 바로 너희들이 깨우
치며, 깨우쳤으면 바로 행하는 그와
같은 삶으로 거듭나지 아니하면 아니
됨이니라, 사랑하는 나의 아들딸들아!
16 내가 나의 아들을 통하여 너희들에게
간절히 내리는 이 뜻은 자식을 사랑하
는 부모의 마음임을 알라.

10,676 번째 하나님 말씀

2004년 4월 21일 06시 17분

1 사랑하는 나의 아들아!
2 "네, 아버님! 말씀하옵소서."
3 너를 따르는 사랑하는 나의 백성들이
요, 그 너의 제자들에게, 너희들이 가
지고 있는 습관이요, 악습이요, 버리
고 싶은 것이 수없이 많이 있으니,
4 그를 하나하나 너희들이 버리는 그와
같은 훈련에 돌입하도록 하라 그리 전

하라.
5 한 번에 너희들이 모두를 다 고치겠다
는 생각이 아니라, 한 가지라도 확실
히 지워 버리고 고치는 그와 같은 훈
련을 하며,
6 네 목표를 세우되, 네가 이것을 먼저
고치겠다는 생각을 하면 그 뿌리를 완
전히 뽑아 버리며, 그것을 고치고 나
면 다음 것은 너희들이 스스로 다 쉽
게 고쳐 갈 수 있는 것이거늘,
7 너희들이 모든 것을 다 한 번에 고치
려 하니 하나의 결과도 없이 그저 조
금씩 변화되는 그와 같은 삶을 살다
보니,
8 너희들이 무너지고 또 무너지는 그와
같은 일을 반복하게 되는 것이니라.
9 그러니 완벽하게 하나를 너희들이 네
몸에서 제거해 버리면, 그 훈련을 그
리 시작하면,
10 너희들이 하나를 제거하면 나머지는
스스로 무너지게 되어 있으며 버릴 수
있음이니, 그리 가도록 그리하라.
11 그리고 또한 내가 이 세상에 지금 몇
천 년 동안 흘러오는 동안에 너희들보
다 더 귀하고 소중한 백성들이 없다
하였음이니라.
12 너희들이 보기에는 지금 초라하며 나
약한 것이나, 왜 그와 같은 뜻을 내가
너희들에게 전하는지 알겠느냐?
13 나의 아들 예수를 따르는 그 제자들도
그 성서의 비밀을 몰랐으며, 그 성서
의 밀봉된 내용을 알지 못하였음이니
라.
14 또 기록한 자도 모른다 내가 하지 아
니하였더냐?
15 그러니 그와 같은 뜻을 모르고 있던
그 제자들과, 지금은 내가 성경의 비
밀을 모두를 다 풀며, 그리고 너희들
이 어찌 행하고 가야 될 것인가를 나
의 아들을 통하여 직접 명하여 너희들
에게 책으로 내려보내니,
16 너희들같이 그리 변화되는 길을 몰랐
으며, 너희들같이 어찌 가야 되는 것
인가를 예수의 제자들이요, 그 모든
백성들이 그리 아는 백성이 없었음이
니라.
17 너희들이 생각해 보라.
18 수천 년 동안, 수천 년 전에 내가 나의
아들 예수를 통하여 모두를 내렸으나,
그것을 내가 비유의 뜻으로 전함이니
그를 제대로 알 수 있는 백성들이 없
었으며,
19 오늘의 160권의 법전에 그 모두를 풀
어 글로써 너희들에게 전하며 강론을
가르치는 그와 같은 역사가 없었음이
니라.
20 그러나 지금은 내가 때가 되어 나의
성경의 비밀이요, 내가 밀봉된 것을
나의 아들을 통하여 그 모두를 열어
주며 너희들에게 전함이니,
21 너희들만큼 모두를 아는 백성이 없었
음이니, 너희들만큼 행하는 것을 아는
백성이 없었기 때문이니라.
22 그들은 그를 알지 못했으니, 그를 가
르쳐 준 자가 없었기 때문이니라.
23 그러니 몇천 년 동안 흘러오면서 지금
의 때가 되어 나로부터 선택된 너희들
은 위에서 내가 직접 내리는 새로운
성령을 다 알며 그 뜻을 알며,
24 그리고 너희들이 비유의 밀봉되어 있

는 지난날의 그 성경의 내용까지 모두
를 다 헤쳐 너희들에게 가르침이니,
25 나의 아들을 따르는 제자들이 가야 할
길과 나를 경배하는 백성들이 어찌 행
하여야 하는가를 상세히 알고 있는
것은 너희들밖에 없음이니,
26 그리하여 너희들처럼 행동하며 너희
들처럼 변화되는 삶을 살지 못했음이
니라.
27 그리하여 너희들이 가장 소중하고 귀
한 자식이라 함이니,
28 마지막 주자로서 너희들이 가기 때문
이요, 마지막 주자의 역사하는 의미가
거기에 있음이니,
29 내가 나의 아들을 통하여 새로운 성경
에 기록하여 전하는 그 의미를 너희들
이 깨우치며 알 것이니라.
30 내가 너희들을 왜 귀하고 소중한 자들
이라 하더냐?
31 예수의 제자들보다도 너희들이 더 위
대한 자들이라 내가 하는 이유가 무엇
인 줄 알겠느냐?
32 그들은 성서의 비밀을 몰랐으며, 지금
처럼 너희들에게 깨우쳐 주며 너희들
에게 지혜를 심어 주는 그와 같은 것
이 없었기 때문이니라.
33 그러니 너희들이 지금 깨닫고 고치고
자 하며 변하고자 하는 그와 같은 몸
부림치는 삶을 그 누구도 알지 못했으
며, 그것을 알지 못하고 그 뜻을 모르
고 살아왔으나,
34 이제는 모든 내 뜻을 너희들에게 깨우
쳐 전하며 내 뜻을 알고 있는 것이 너
희들이니, 그리하여 귀하고 소중한 나
의 아들을 따르는 제자, 너희들이 내
가 보기도 아까운 자들이며,
35 그리고 너희들이 가장 위대한 역사를
해야 될 것이며, 너희들이 나로부터
귀하고 소중한 나의 아들딸이라는 그
의미를 이제 알았을 것이니 그리 알고,
36 너희들이 두려워하지 말며 겁먹지 말
며 나의 법전을 만들어 세상에 전하는
일에 최선을 다하도록 그리하라.
37 160권의 법전이 세상에 나왔을 때 너
희들이 번갯불보다도 더 빠른 방법으
로써 이 세상에 나의 법전을 읽어야
되며, 이를 보지 아니하면 아니 된다
하는 백성들이 들고 일어날 것이니,
38 그때는 너희들이 감당치 못할 것이니
라.
39 너희들이 세상에 전해지는 것, 변화되
는 그 속도를 보지 아니하였더냐?
40 너희들이 변해지고 새로운 역사가 이
루는 그 힘은 무섭고 무서움이니라.
41 새로운 힘은 무서우니라.
42 너희들이 변하고자, 개혁하고자 하는
그 힘은 감당치 못하는 것이니, 그를
보고 찬성하지 아니하는 백성이 없을
것이니라.
43 나의 법전이 진정한 성경이요, 새로운
성경이라는 그 외치는 자가 나오면 그
말만 퍼지기 시작한다면,
44 그때는 감당치 못할 만큼 무섭게 변화
되는 것이요, 개혁의 역사를 이룰 것
이니,
45 너희들은 그때를 기다려야 될 것이니
라, 사랑하는 나의 아들딸들아!

10,677 번째 하나님 말씀

2004년 4월 21일 06시 23분

1 사랑하는 나의 아들아!
2 "네, 아버님! 말씀하옵소서."
3 인간 나의 백성 너희들은 옛것을 너무
숭상하며 옛것에 연연하느니라.
4 그러나 지금의 모든 종교 집단이요,
지도자요, 그 모두가 다 너희들이 옛
것을 숭상하며 옛것에 연연하며 거기
에 젖어 있기에, 너희들이 지금 변화
를 이루지 못하느니라.
5 너희들이 옛것에 매달려 있다면 결국
무엇이더냐?
6 미래의 변화를 막으며 미래의 변화를
너희들이 알 수가 없음이니라.
7 그러나 너희들은 세월이 흐르는 것처
럼 미래의 역사가 있으며 미래의 변화
가 있음이니,
8 그 변화되는 것에 너희들이 그를 막으
며 그를 짓밟는 그와 같은 행위를 해
서는 아니 됨이니라.
9 미래를 막는 자, 너희들이 앞을 볼 수
없으며, 앞을 보지 못하는 자 변화되
는 것을 알 수 없음이니라.
10 그러니 옛날이요, 옛것에서 무엇인가
를 구해야 한다는 생각을 가지고 지금
거기에서 탈피하지 못하며, 그것만을
붙잡고 늘어지는 나의 백성 너희들이
기 때문에,
11 구약 시대는 너희들이 그 옛것 때문에
신약 시대의 백성들을 핍박했으며, 나
의 아들 예수를 못 박아 죽게 하는 그
와 같은 오류를 범하지 아니하였더냐?
12 그리하여 나의 아들이 세상에 와 만백
성을 구하는 그 역사를 몇십 년 동안
그를 가르치고 깨우쳤다면, 오늘의
160권의 법전보다 더한 것이 세상에
내려올 수도 있었음이니라.
13 그러나 너희들이 옛것에만 연연하며
옛것만 믿으며, 그것 외에는 아무것도
이룰 수 없다 하며, 개혁이요, 변화요,
미래지향적인 삶을 살지 못하는 어리
석은 백성이었기에,
14 너희들은 신약 시대에 나의 아들 예수
를 그리 죽게 했으며, 그 모두를 핍박
하지 아니하였던가?
15 그러나 너희들이 지금은 어찌하는가?
16 신약 시대에 너희들이 그 핍박을 받았
던 백성들이 제3의 시대요, 새로운 시
대가 열리며 새로운 시대에 역사하고
자 대개혁의 바람이 부니,
17 또 너희들이 옛것에 젖어 있어 오늘의
미래지향적인 새로운 것을 받아들이
지 아니하며, 그를 사탄이요, 마귀라
그리 말하니 어찌한단 말이더냐?
18 그리해서는 너희들이 아니 되느니라.
19 옛것만을 모방하려 하지 말라, 사랑하
는 나의 아들딸들아!
20 변화되는 역사요, 새로운 성경이요,
새로운 나의 법전이라 하여 너희들이
구원의 기본이요, 근본을 내려보내는
것, 이를 보고 깨우치도록 그리하라.
21 변화의 바람은 결코 막을 수 없을 것
이거늘, 어찌하여 너희들이 변화되는
그 무서운 바람 앞에 모두를 막을 수
있으며 그를 지탱할 수 있다 생각하느
냐?
22 이제 옛것을 모방하는 것, 더 이상 무
엇을 얻고자, 구하고자 하지 말라.

23 너희들이 구하고 구할 수 있도록 다
보고 거기서 다 깨닫지 않더냐?
24 그러니 너희들이 성서라는 걸 가지고
가르치고 가르치며 평생을 가르쳐도,
1년 동안 너희들이 배운 것 가지고 또
그를 반복하고 반복하는 그와 같은 너
희들이 몇십 년의 가르침으로 가지 않
느냐?
25 그러니 너희들이 미래요, 새로운 것을
받아들일 줄 모르기에 한정되어 있는
그 옛것에만 연연하다 보니, 나가지도
못하며 전진하지도 못하며,
26 너희들이 인간 세상에서 살아가는 것
도 어떠하더냐?
27 너희들이 옛날의 살았던 삶과 지금의
과학의 발달이요, 미래의 지혜의 발달
로써 만든 그 오늘의 세대가 얼마나
많이 변했는가?
28 그러니 옛것만을 가지고 너희들이 그
를 고집한다면, 오늘의 미래를 위해
열어 가는 젊은이들의 그 길을 막을
것이며, 그들의 길을 꺾으며, 너희들
이 변화되는 것을 이루지 못하게 하는
자들이 아니더냐?
29 그와 같이 너희들이 생각하면 되느니
라.
30 믿음도 또한 그러하며, 내가 모든 역
사하는 개혁을 그리했음이니라.
31 이제 너희들이 옛것에 연연하며 옛것
에 젖어 있어 그것을 숭상하며, 거기
에서 무엇을 이루려 하며, 그것을 모
방하여 가려는 것만을 너희들이 고집
하지 말라, 어리석은 백성들아!
32 모두는 변화되게 되어 있으며, 그 변
화되는 바람 앞에 너희들이 그를 막는
다 하여 막을 수가 없는 것이거늘,
33 어찌하여 이를 사탄이요, 이단이요,
사악한 자요, 두 번 다시 봐서도 아니
되며 읽어서도 아니 되며 이를 행해서
도 아니 된다 그리 말하는가?
34 그 모두가 너희들이 잘못된 것이며,
너희들이 변화할 줄 모르는 자요,
35 그리고 지금 옛것을 숭배하는 자, 너
희들이 옛것을 가지고 살아감에도 지
장이 없으며, 살아가는 데 행복하기에
그를 고수하려 하나,
36 나의 피조물 만백성들이 변화되어서
앞으로 가야 되며 깨달아서 앞으로 나
가야 되며 그들이 하늘에 오르는 길을
봐야 될 것이거늘, 앞으로 나가지 아
니하면 그를 보지 못함이니,
37 나의 법전을 정독하고 읽지 아니하면
그 이치를 모르며 하늘에 오르는 뜻을
모른다 하였음이니,
38 그를 읽고 깨우쳐 전진해 앞으로 나가
야 되나, 그 백성들을 막고 있는 것이
너희들이니, 너희 죄가 얼마나 두렵고
무서운 것인가를 알라.
39 스스로 너 자신이 옛것에 젖어 변화되
지 않으려면 너만 변화되지 말라.
40 이웃에 있는 네 형제들이요, 모든 백
성까지 그 길을 막지 말도록 그리하라.

10,678 번째 하나님 말씀

2004년 4월 21일 06시 32분

1 사랑하는 나의 아들아!
2 "네, 아버님! 말씀하옵소서."
3 성경의 그 내용이요, 그 비밀된 속에
얼마나 방대하고 위대한 뜻이 들어

있는지 알겠느냐?
4 나 여호와가 미래를 위하여 너희들과
지킬 약속이요, 그 예언이요, 그리고
앞으로 변화될 그 모든 것들을 거기
에 수없이 기록하여 전하였음이니, 그
모두는 다 무엇이더냐?
5 사랑하는 나의 아들딸 너희들에게 내
리고자 하는 은혜며, 너희들에게 주고
자 하는 그 영광의 뜻이 거기에 다 기
록되며, 거기에 전해 있느니라.
6 그러나 너희들은 들으라.
7 아무리 많은 것을 내가 기록하여 거기
서 전하고 역사하고자 하며 너희들에
게 은혜를 내리고자 한들 무엇하겠느
냐?
8 그를 받아 읽으며, 그를 받아 들으며,
그를 해석해서 만백성에게 가르칠 수
있는 그 백성이 세상에 없었다면, 무
엇하겠느냐?
9 내가 내린 언약이요, 내가 너희들에게
미래에 이루어 주기 위하여 많은 것을
기록하여 전했으며, 너희들이 이것은
받을 것이며, 이와 같은 은혜를 입을
것이라 내가 기록하여 전했으나,
10 그것을 들여다보며 그 뜻을 알아 깨우
쳐서 전할 백성이 없었다면 무엇하겠
느냐?
11 성경이 아무리 위대하고 나의 뜻에 의
하여 모두가 역사했다 해도, 그 비밀
된 내용을 볼 자격이 있는 백성이 이
세상에 하나도 없었다면 무엇을 말하
겠느냐?
12 그와 같은 백성이 없었기에 지금 몇천
년 동안 기다리고 기다려 지금에 와
나의 성경이요, 그 모두를 나의 아들
을 통하여 헤쳐 전하며 깨우쳐 전함이
니,
13 바로 나의 은혜요, 그 모두의 받을 자
격이 있는 백성이 지금까지 없었으며,
14 그리하나 이제 지금의 나의 아들을 따
르는 제자들이요, 그리고 나의 법전을
읽고 깨우치고자 하는 백성, 너희들이
있기에 나는 지금 모두를 풀어 역사한
다는 것을 알라.
15 그러니 아무리 위대한 것을 내리며 아
무리 위대한 것이 성경에 기록되어 있
으며, 나의 새로운 성경이 아무리 위
대한 것이요, 너희들의 미래의 구원의
길이 무엇이며 나에게 오를 수 있는
그 답이 거기에 있다 해도 무엇하겠느
냐?
16 그를 읽어서 깨우칠 수 있는 자가 없
으며, 그를 읽어서 가르칠 수가 없으
며, 그를 풀어서 너희들에게 전해 줄
자격이 있는 사람이 한 명도 없으며
백성 중에 그 누구도 없다 하면,
17 과연 너희들은 그를 어찌하며 그것이
있은들 무엇하겠느냐?
18 '무용지물'이라는 말이 있듯이, 아무
런 쓸모없는 것이 아니더냐?
19 그러니 지금 나의 아들을 통하여 모두
를 역사해 주니, 너희들이 그 은혜요,
그 감사함을 무엇으로써 생각하는가?
20 그리고 그를 배우고 깨달은 제자 너희
들이 이제 그 모두를 알아들으며, 그
를 깨우쳐 만백성에게 전하는 너희들
이 있음이니,
21 너희들이 있는 그 힘이 과연 얼마나
위대한 것인가를 아느냐?
22 이제 그와 같이 새로운 시대가 열어짐

이니라.
23 성경의 비밀의 뜻을 아는 나의 아들이
지금 세상에 와 있으며, 내가 내리는
나의 성령을 직접 받아 그를 가르치는
나의 아들이 있으며,
24 모두를 설명하고 해석하여 너희들에
게 심어 주는 그 지혜를 길러 주는 나
의 아들이 지금 세상에 와 있으며,
25 그 제자들이 또한 만백성을 위해 그와
같은 역사를 할 것이니,
26 만백성 너희들은 나의 아들과 그의 제
자들이 지금 세상에 존재하는 것이 얼
마나 크나큰 은혜요, 영광이라는 것을
아느냐?
27 그걸 모르는 자들이 '이단이요, 사탄
이요, 사악한 자들아!' 그리 말함이니,
어찌 이를 전한단 말이더냐?
28 정답을 모르는 자가 제 것이 정답이라
고 고집을 피우고 저희들이 그저 죽기
아니면 살기로 그를 물고 늘어지는 이
와 같은 어리석은 형국이 되어 있음이
니,
29 이제 정답과 오답이요, 무엇인가를 손
에 쥐여 줘도, 제가 알면서도 오답을
들고 정답이라 그리 악을 쓰는 백성들
이 이 세상을 덮고 있으니, 이와 같은
자들을 과연 어찌한단 말이더냐?
30 그래도 너희들은 전해야 되며 그래도
깨우쳐야 될 것이니라.
31 그 속에서 듣고 또 듣다 보면, 저 스스
로 열리지 아니한 그 귀가 열릴 것이
며, 뜨이지 않는 눈이 뜨이는 그와 같
은 백성이 나올 것이니라, 사랑하는
나의 아들아!
32 그러나 지금의 종교 집단과 지도자의
가르침으로는, 그래서 내가 하는 말이
무엇이더냐?
33 절대 나를 볼 수 없으며, 너희들이 구
원의 은혜를 받을 수 없으며,
34 너희들이 와서 심판을 받는 그 순간에
나를 너희들이 울고불고 부르짖을 수
도 없고 아버지라 부를 수도 없으며,
35 너희들이 1초의 회개할 시간을 얻을
수 없는 그 엄격한 심판대에 섰을 때,
내가 너희들을 모른다 한다는 그 답을
너희들을 얼마나 무섭게 받아들여야
하는 줄 알겠느냐?
36 내가 너를 안다 하는 그것으로써 너희
들이 나에게 오르는 영원히 거듭나는
생명으로써 천국에 올 것이요,
37 모른다 하면 너희들이 지옥으로 간다
는 것을 알아야 될 것이니라.
38 그러니 지금의 너희들이 나를 찾고 부
를 수 있을 때, 내가 너희들을 모른다
는 그와 같은 말을 듣는 백성이 되지
말라.
39 나는 너희들에게 지금 종교 집단이요,
지도자들이 가는 것처럼 재물을 바쳐
나를 기쁘게 하며 내가 너희들을 기억
하게 하라 함이 아니니라.
40 뇌물을 바쳐서 너희들이 나를 기쁘게
하라 함이 아니요, 내가 기억하게 하
라 함이 아니니라.
41 너희들이 큰 성당이요, 교회요, 성막
을 짓는 곳에 너희 재산의 모두를 다
바쳤다 하여, 그것으로써 내가 너희들
을 기억하고 기억하지 아니하는 것이
아니니라.
42 너희들이 참진리요, 사랑을 베풀며 아
름다운 마음으로 사는 것, 너 자신의

악습을 하나하나 버리고 거듭나는 그
와 같은 삶을 사는 백성, 그를 내가 기
억한다 함을 절대 잊지 말라, 사랑하
는 나의 아들딸들아!
43 지금의 내가 나의 새로운 성경에 기록
하여 전하는 이 내용 하나하나를 너희
들이 전심전력을 다하여 명심하여 받
아들여 너희 것으로 만들지 아니하면,
결코 내가 너희들을 모른다는 그 무서
운 답을 받게 된다는 것을 절대 잊지
말라.
44 사랑하는 나의 아들아!
45 성령에 의한 가르침이 아니요, 하늘의
뜻이 아닌 인간 상식이요, 인간 지식
으로써 지금 가르치는 잘못된 믿음의
길을 가는 종교 집단이요, 지도자요,
46 그리 이끌어 가는 그 밑에서 너희들이
오늘의 믿음의 길을 오기 때문에, 너
희들 자신이 하늘의 지혜를 얻을 수
없으며, 내 뜻을 알 수 없으며, 새로
내리는 나의 성경을 너희들이 받아들
이지 못하며 그 뜻을 알지 못함이니라.
47 그러니 근본적으로 너희들이 지금까
지 잘못된 믿음으로 왔음이니,
48 너희들이 잘못되는 믿음이요, 진정한
참진리의 그 길이 무엇인 줄 알겠느냐?
49 거기는 바로 너희들이 죽음의 길을 가
느냐, 그렇지 않으면 거듭나는 길을
가느냐, 그것으로써 결정 나는 것임을
알라.
50 근본적으로 잘못된 믿음의 길을 가는
것은 너희들이 죽음의 믿음의 길을 가
는 것이요, 지옥의 길을 가는 것이요,
51 너희들이 참진리의 길을 찾는 것은 나
에게 오르는 것이요, 거듭나는 영광으
로 온다는 것,
52 그것으로써 너희들은 오(O)냐, 엑스
(X)냐가 그대로 바로 결정 나는, 그리
고 답이 나 있는 그 길을 가는 것이라
는 것을 잊지 말도록 그리 전하라, 사
랑하는 나의 아들딸들아!
53 너희들밖에 없음이니라.

10,679 번째 하나님 말씀

2004년 4월 21일 06시 37분

1 사랑하는 나의 아들아!
2 "네, 아버님! 말씀하옵소서."
3 수천 년 동안 흘러오는 그 믿음의 역
사요, 뿌리를 가지고 왔다는 너희들이
첫 단추를 잘못 끼웠으며 시작이 잘못
되었기 때문에, 모두가 다 잘못되며
부서지고 깨진 그와 같은 형국이 되었
음이니라.
4 내가 하늘에서 하나의 아름다운 도자
기를 내리니, 그것을 너희들이 서로
갖고자 깨고 또 부수어,
5 너희들이 그 조각을 가지고 그것이 완
벽한 도자기요, 완벽한 진정한 나 여
호와의 뜻이라며 너희들이 그 쓰지도
못하는 조각을 가지고 부르짖는 것이
오늘의 생긴 종교 집단이요, 너희들의
그 형국이라 내가 말하였음이니,
6 이와 같은 내가 너희들이 눈으로 볼
수 있는 한 장의 그림을 그려 너희들
에게 심어 줘도, 너희들은 내 뜻을 모
르며 내가 역사하고자 하는 것을 그리
도 모른단 말이더냐?
7 잘못된 종교 지도자 너희들 때문에 지
금 나로부터 받아야 할 어떠한 은혜

요, 영광이요, 그 혜택을 받을 수 있는
모든 백성들이 그것을 받지 못하며,
8 더욱이 거듭나는 그와 같은 영광의 은
혜를 받지 못하는 것이 오늘의 종교
집단 지도자, 너희들 때문이니라.
9 그러니 내가 무어라 하였느냐?
10 자리를 지키고 있는 무능한 자가 있음
으로 그 모두가 이루어지지 아니하며,
그 무능한 자가 자리를 지키느니 차라
리 없느니만 못하다 하며, 내가 너희
들의 인간 세상에 살아가는 모든 일이
그렇다 하지 않더냐?
11 그러니 깨우쳐 노력하고자 알고 있는
자, 그와 같은 자가 아니요, 게으른 자
요, 알지 못하는 자가 자리만 지키고
있으면 없느니만 못하다 하며, 도움이
되지 않는다는 그 말을 했듯이,
12 오늘의 종교 집단이요, 지도자 너희들
이 그와 같이 이 지상의 나의 몸에 상
처를 내는 사악한 행위를 하는 자들이
없었더라면,
13 그저 재물을 거둬들이기에 혈안이 된
것이요, 지혜를 깨우쳐 주며 하늘의
이치를 전하는 것을 전하지 아니하며
깨우치지 못한 그 백성들이,
14 그저 말로써만 그와 같은 은혜를 받으
며 그와 같은 역사를 내린다 하여, 보
이지 않는 것을 가시고 너희들이 허황
된 죄의 행위를 가지고 팔아먹고 사는
오늘의 험악한 너희들이 없었다면,
15 오늘의 나의 백성들이 이와 같이 나로
부터 받을 은혜요, 혜택이요, 축복이
요, 그 모두를 받지 못하는 불행한 백
성이 되지는 아니했을 것이니라.
16 어찌하여 나의 사랑하는 백성들까지
도 받지 못하도록 너희들이 그리 말하
는가?
17 그러니 이는 무엇이더냐?
18 너희들이 받지 못하게 하는 그들을 따
라가는 것, 그들의 말에 현혹되어 움
직이는 것, 결국은 무엇이더냐?
19 받지 못하며 은혜요, 혜택이요, 영광
을 얻지 못하는 것은 바로 너희들이니
라.
20 누가 뭐라 해도 너희들이 잘못된 종교
집단 지도자들이요, 그 말에 따라 '아
멘, 할렐루야!' 손뼉 치고 울고불고 너
희들이 지금 구원받았다 그리 가나,
21 결국 가장 피해를 입는 것, 가장 너희
들이 원하고 소원하는 거듭나는 것을
얻지 못하며 잃는 것은 바로 너희 자
신들이라는 것을 알라.
22 그러니 너희들이 잘못된 종교 집단 지
도자를 따라감으로 모두를 나로부터
받을 수 있는 축복이요, 은혜를 받지
못하는 것은 결국 너희들 자신이라는
것을 알라.
23 그렇다면 바로 무엇이더냐?
24 너희들 스스로 구원의 길을 봐야 되
며, 너희들 스스로 너를 구원하지 아
니하면 아니 되는 것이, 바로 너희들
의 해답이 여기 있음을 알라.
25 모두의 은혜요, 영광을 받지 못하는
것은 개인 각자 너희들이기 때문에,
너희들이 그들의 말에 더 이상 현혹되
어 끌려가는 그 자체,
26 거기서 너희들이 구원의 길로 나오고
못나오는 것, 그것도 네 노력에 달렸
으며 네 지혜에 달렸으며 네 생각에
달렸다는 것을 너희들은 알라.

27 모두는 다 네 책임이니라.
28 그와 같이 너희들의 책임이요, 개인이
모두를 책임져야 하며, 개인의 삶에
따라 너희들이 모두의 심판의 대상이
되며, 그것으로써 나에게 와 너희들이
모두의 거듭나느냐 지옥으로 가느냐,
그 결과가 이루어진다는 것, 그것을
너희들은 이제는 알았을 것이니라.
29 그러니 그와 같은 것이 아니요, 그저
무더기로 나 여호와의 은혜요, 영광으
로써 구원을 받을 수 있다는 것, 그와
같이 가르치는 자가 거짓된 양의 탈을
쓴 이리이니라.
30 그러니 그들에게 더 이상 끌려가 너희
들이 죽음이요, 그 먹이로써 너희들이
이용당하지 말라, 사랑하는 나의 아들
딸들아!

10,680 번째 하나님 말씀

2004년 4월 21일 06시 43분

1 사랑하는 나의 아들아!
2 "네, 아버님! 말씀하옵소서."
3 나의 사랑하는 모든 백성 너희들이 지
상에서 하늘에 오르는 그 사이에는 넓
은 강이 있다 그리 내가 너희들에게
말한다면 어찌하겠느냐?
4 그러니 너희들은 그 강을 건너서 나에
게 와야 되는 그 운명적인 것이 너희
들이라면 어찌하겠느냐?
5 지금의 그 강을 건너기 위하여 나의
아들은 너희들에게 무어라 말하느냐?
6 수영을 너희들이 배워야 될 것이며,
그리고 거기에 가다 보면 너희들을 삼
키려는 물고기들이 또 너희들을 노리
고 있음이니,
7 그를 방어하는 것, 그와 같은 기술이
요, 그 모두를 힘들고 어렵게 너희들
이 배우고 또 배워도 그 강을 넘을까
말까 하는 것이라 나의 아들은 그리
가르치는 것이니,
8 내가 강을 건너는 그 예를 들어 너희
들을 깨우치고자 하는 것이니라.
9 반드시 너희들은 그와 같은 것을 넘어
야 될 것이니라.
10 그러나 지금의 백성들은 어찌 가르치
느냐?
11 그저 너희들이 그 강을 넘기 위해서는
너희들이 강물에 뛰어들기만 하면 되
는 것이니 뛰어내리라 그리 가르치는
자들이니라.
12 그러니 그 강을 넘을 수 있는 훈련이
요, 모든 물고기로부터 너희들이 몸을
보호할 수 있는 것을 완벽하게 강하고
힘든 훈련으로써 다스리고 또 가르치
고 가르쳐 반복 훈련하여 너희들이 넘
을 수 있는 그 기술은 가르치지 아니
하고,
13 그저 뛰어들라, 뛰어들기만 하면 너희
들은 무조건 이 강을 건너니, 걱정하
지 말라 너희들에게 그리 가르치는 것
이니라.
14 너희들이 이 강물에 뛰어들기만 하면
나의 아들 예수의 그 피의 능력으로써
너희들을 감싸서 건너게 할 것이며,
너희들은 절대 죽지 아니하며,
15 나 여호와가 베푸는 그 사랑으로 하여
너희들은 무조건 그 강을 건너게 될
것이며 건네 줄 것이니, 걱정말고 뛰
어들라, 뛰어들라 하며 그저 밀어붙이

고 뛰어들어라 소리 지르는 것이 오늘
의 종교 집단 지도자 너희들이니라.
16 그러니 수영할 줄 모르는 자요, 그리
고 그 강을 건널 수 있는 체력이요, 그
와 같은 물고기로부터 보호할 수 있는
능력도 없는 자가 뛰어들면 결국 무엇
이더냐?
17 너희들은 그저 그 물속에서 죽어 갈
것이며, 그 물고기들의 밥이 되는 그
와 같은 형국이 바로 오늘의 믿음이
요, 오늘의 종교 집단이요, 지도자들
이니, 그들이 그와 같이 무모한 짓을
하고 있는 자들이니라.
18 그러니 너희들은 그 훈련을 받으며 그
장비를 갖춰야 되니, 그 어렵고 힘들
고 고된 것을 지금 하지 아니하려는
자들이니라.
19 나의 아들이요, 나의 새로운 성경이
요, 나의 아들을 따르는 제자들은 너
희들에게 강도 높은 훈련을 시켜,
20 너희들이 물고기와 싸워서 이길 수 있
는 기술과, 그리고 너희들이 그 강을
건널 수 있는 체력과 그 모두를 준비
해서,
21 너희들이 두 배 세 배의 능력을 갖추
지 아니하면 절대 넘을 수 없으니, 고
된 훈련을 마다하지 말며 깨우치라 그
리 가르치는 형국이니라.
22 그러니 하늘에 오르는 그 강은 너희들
이 천사와 같은 자, 아름다운 마음을
쌓는 자, 선행을 한 자, 십계명을 지키
고 산 백성, 그들만이 건너올 수 있으
니,
23 그를 지키라, 지키라 하는 것이 나의
아들을 따르는 그 제자들이요, 그 애
타는 그 목소리를 너희들이 그리 듣지
아니하느니라.
24 그러니 모든 종교 집단이요, 지도자들
은 그저 뛰어들기만 하면 예수의 보혈
로써 다 구원해 주며, 사랑을 베푸는
나 여호와이기 때문에 너희들을 절대
죽게 아니 두니,
25 너희들은 그저 뛰어들 용기만 가지면
구원을 받으며 하늘에 오른다 그리 울
고불고 소리 지르며 나의 백성들을 그
리 이끌어 가니,
26 아무런 대책도 없으며 그 준비도 되지
않은 그 백성들은 과연 그 강을 건널
수 있겠는가?
27 그 물고기들은 그 먹이를 얼마나 즐기
겠느냐?
28 바로 사탄의 입에 사탄의 부하를 만들
며 사탄을 즐겁게 하는 것이 오늘의
종교 집단 지도자들이니라, 사랑하는
나의 아들딸들아!
29 내가 이 강을 건너는 것을 예를 들어
너희들에게 한 장의 그림으로써 모두
를 가르쳐 주거늘, 어찌하여 너희들이
이를 믿지 않으며 이를 따르려 하지
않느냐?
30 그저 뛰어들어라, 뛰어들면 그저 만사
형통이 되어 못 이루는 것이 없으며
못 역사하는 것이 없으니 뛰어들라 하
여 강물로 뛰어들게 하니, 그 책임은
저희들이 지지 않는 자들이니라.
31 내가 사랑하는 나의 아들딸이 그 사탄
의 물고기의 밥이 되는 것을 보고 어
찌 더 이상 견디란 말이더냐?
32 그리하여 나의 아들을 통하여 지금
160권의 새로운 성경을 내려보내어

너희들에게 강을 건너는 그 훈련을 시
킴이니, 그것은 무엇이더냐?
33 너희들이 그 강을 넘지 않으면 아니
됨이니,
34 넘는 것은 나의 법전에 기록된 것이
요, 내가 친필로써 내린 십계명을 너
희들이 위배하지 않는 것,
35 십계명이 이 세상에 폐지되게 하는 그
와 같은 백성들만이 그 강을 건널 수
있는 것이요, 그들이 훈련된 백성이라
는 것을 알라, 사랑하는 나의 아들딸
들아!

10,681 번째 하나님 말씀

2004년 4월 21일 06시 49분

1 사랑하는 나의 아들아!
2 "네, 아버님! 말씀하옵소서."
3 너희들이 육을 가지고 사는 이 세상에
서 하늘의 세상이요, 그곳에 발을 들
이며 그곳에 오기 위해서는 너희들이
넘지 아니하면 아니 되는 큰 강이 있
다 하였음이니라.
4 그를 넘지 못하는 자는 결코 내가 너
를 모른다는 말을 할 필요도 없이, 너
희들이 나를 찾을 수 없으며 나를 바
라볼 수도 없다 내가 그리하지 아니하
였더냐?
5 너희들은 반드시 그를 넘어야 될 것이
니라.
6 그러니 그를 넘을 수 있는 자격이 무
엇이더냐?
7 너희들이 얼마나 아름답게 삶을 살았
느냐 그것으로써 모든 기준을 내가 한
다 하지 아니하였더냐?
8 그러니 지금 나의 법전을 읽고 깨우치
는 백성 너희들이야말로 어떠한 백성
들이더냐?
9 내가 원하는 길이요, 내가 가고자 하
는 그 길을 역사함이니, 너희들의 육
은 지금 살아 있으나 너희들의 영혼은
하늘나라를 넘나드는 그와 같은 은혜
와 영광을 받은 것이 너희들임을 알라.
10 그리하여 내가 너희들에게 무어라 말
하였느냐?
11 너희들이 원하는 것, 너희들이 갈구하
는 것, 너희들은 모르나 나 여호와가
너희들을 사랑하기에 내가 너희들이
그 원하는 뜻을 너희들이 노력한 만큼
이미 상을 준다 하지 않았더냐?
12 너희들이 악습을 백 개 중에서 열 개
를 버린 자, 스무 개를 버린 자, 서른
개를 버린 자, 그 버린 수만큼 너희들
은 모르나 내가 너희들이 바라고 원
하는 그와 같은 것을 이미 이루어 주
는 그와 같은 은혜를 받는 것이 너희
들이라 하였음이니라.
13 이는 바로 나의 아들을 따르는 너희들
은 오늘의 그 깨달음이요, 변하는 삶
으로 인하여 그 누구도 넘을 수 없는
그 강을 넘어 너희들이 강뚝에 와 서
있는 백성들이라 함이니,
14 너희들이 하늘의 소리를 들을 수 있으
며, 또한 하늘의 소리요, 하늘의 지혜
를 얻을 수 있는 것은 무엇이더냐?
15 너희들이 하는 말을 내가 들을 수 있
으며, 너희들 생각을 내가 들어주고
있다는 것을 알라, 사랑하는 나의 아
들딸들아!
16 너희들이 오늘의 변화되는 그 삶이 너

희들이 인간 세상을 넘어서 하늘나라
에 진입한 그와 같은 삶을 살며 그 영
광 속에 있다는 것은, 바로 너희들이
하는 이야기를 내가 들어주고 있음이
요, 듣고 있는 것이니라.
17 강을 넘지 못한 그 백성들이 울부짖는
소리는 내가 듣지 아니하며 들리지 아
니한다 했으니,
18 그리하여 너희들이 그 강을 넘지 못한
인간의 자세, 천사와 같은 마음으로
아름답게 살아가고자 하늘에 오르는
길에 너희들이 들어서지 못한 백성,
19 아무리 너희들이 기도하고 울고불고
해도, 나는 바닷가에 바위에 부서지는
파도 소리요, 개구리 울음소리만도 못
하며 풀벌레 울음소리만큼도 들리지
아니하며 관계없는 것이라 내가 그리
한 그 뜻을 알겠느냐?
20 그러니 너희들이 더 변하고 변하고자
하는 그와 같은 마음으로써 살아가야
너희들이 영원히 나의 뜻을 들을 것이
며,
21 너희들이 변한 만큼 내가 너희들에게
보이지 않는 상이요, 은혜를 반드시
너희들에게 내린다는 것, 이게 하늘의
법도이니라.
22 너희들이 이루지 아니한 것은 내려 줄
수 없으며 이루지 않은 것은 내가 너
희들에게 특별히 어떠한 것도 베풀어
줄 수 없는 것이 나 여호와의 뜻이라
는 것을 너희들은 깨우쳐 행하도록
그리하라, 사랑하는 나의 아들딸들아!
23 너희들은 너희 스스로 강을 건너야 되
며, 너희 스스로 모두를 이루어야 되
며, 너희들이 이룬 것만큼만을 받는다
는 것,
24 사악한 짓만을 한 자, 그 죄의 대가를
반드시 치르는 것이며,
25 선함을 행한 자, 너희들이 선함의 상
을 반드시 받음이니,
26 이는 너희들이 어떠한 길을 선택하느
냐 하는 것은 너희들의 자유의지에 달
렸다 함을 전하느니라.

10,682 번째 하나님 말씀

2004년 4월 21일 06시 54분

1 사랑하는 나의 아들아!
2 "네, 아버님! 말씀하옵소서."
3 내가 너희들에게 무어라 말하였느냐?
4 너희들의 가장 큰 은혜요, 영광이요,
축복이라는 것은,
5 너희들이 세상에 생명으로 나와 너희
들이 지은 죄를 용서받을 수 있으며,
너희들이 거듭날 수 있으며, 하늘에
오를 수 있는 그 기회를 얻고 있는 백
성, 너희들이 그것보다도 더 큰 은혜
요, 영광이 없다 하였음이니,
6 너희들이 무엇을 더 바라며 무엇을 더
원하는가?
7 나는 나의 아들을 통하여 너희들의 마
음 자세요, 너희들이 역사할 길을 깨
우쳐 주었느니라.
8 내가 뭐라 말하였느냐?
9 모든 은혜요, 모든 영광은 너희들이
거저 받은 것이라 내가 그리하지 아니
하였더냐?
10 너희들의 생명이요, 그 모두요, 너희
들이 살아가는 오늘의 삶이요, 지혜
요, 너희들이 모든 생각할 수 있는 판

단력이 있으며, 그와 같은 능력,
11 그리고 너희들이 역사할 수 있는 것,
너희들이 노력하여 거둬들이는 하나
서부터 만 가지까지 너희들의 전체가
다 나로부터 거저 받은 은혜가 아니더
냐?
12 그러니 거저 받은 그 은혜는 내가 무
어라 말하였느냐?
13 너희들이 대가 없이 돌려주는 것이 나
의 백성이 가는 길이요, 너희들이 행
할 것이라 하였음이니,
14 너희들이 오늘의 힘들고 어려운 그 모
두요, 그것이 다 너희들의 축복이요,
영광이라 그리 생각하라.
15 이는 바로 무엇이더냐?
16 너희들이 너 스스로 죄를 사할 수 있
으며 너를 다스려 갈 수 있기 때문이
니라.
17 너희들이 고통스럽고 힘든 시련 속에
서 너 자신이 하늘을 향하여 한 점의
부끄러움이 없는 삶을 산다는 것, 그
것보다 너희들이 더 큰 은혜요, 영광
이 없는 것을 너희들은 알아야 될 것
이니라.
18 너희들이 목숨을 나로부터 거저 받았
으니, 너희들의 목숨을 남을 위하여
던져 줄 수 있는 그와 같은 마음 자세
로써 세상을 살며 세상을 보고 있다면,
19 너희들이 못 이룰 것이 없으며 못 역
사할 것이 없을 것이니라.
20 내가 나의 아들을 통하여 나의 새로운
성경에 기록하여, 너희들이 나로부터
받은 모든 것은 다 거저 받았으니 거
저 주는 마음으로 살라 하였으나,
21 오늘의 종교 집단이요, 지도자 그들이
무어라 하느냐?
22 단상에서 강론하는 것도 내 뜻이며,
나의 성경을 가지고 저희들이 그리 장
사를 하며,
23 그들은 반드시 그 대가를 거둬들이며,
대가를 거둬들이지 아니하는 것이 없
으니,
24 그것이 사탄의 자식이요, 잘못된 종교
집단이요, 지도자들이요,
25 그의 강론을 들을 필요도 없으며 그
설교를 들을 것이 없으며 그들과 대화
할 가치도 없는 것이 그들이라는 것을
어찌하여 모른단 말이더냐?
26 나 여호와가 짓지 말라 하는 교회를
짓는 것이 죄라 말하였음이니라.
27 그러니 내가 너희들이 나로부터 받은
것은 다 거저 받았으니, 그 받은 은혜
를 보답하기 위해서는 너희들이 모두
를 거저 주라 하였으나,
28 한 발짝 뗄 때마다 금화와 은화를 생
각하며 거둬들이는 그와 같은 길을 가
는 것이 사탄이요, 사악한 자들이거
늘, 어찌하여 그들이 나 여호와의 목
자며 나 여호와의 뜻에 의해 역사하는
백성이라 너희들이 그리하느냐?
29 내가 너희들에게 내린 것은 다 너희들
의 생명까지 모두이니라.
30 그러니 그 생명까지도 너희들이 나를
위하여, 남을 위하여 바칠 수 있으며
던져 줄 수 있는 그와 같은 마음을 가
지고 변하는 것, 그것만이 나의 백성
이니라.
31 그리고 너희들이 고통과 시련 속에서
나에게 한 점의 부끄러움이 없는 그
마음을 지키는 것보다 더 큰 은혜와

영광이 없음이니라.
32 내가 너희들에게 무어라 말하였느냐?
33 '하늘을 향하여 한 점의 부끄러움이
없이 살라, 나의 아들딸들아!' 그리하
였음이니,
34 그는 너희들이 보지 않는 곳에서 부끄
럽지 않은 행위를 하는 것, 어떠한 악
조건에서도 너희 자신을 무너트리지
않으며 팔지 않는 그와 같은 마음이요,
35 그리고 남들이 보지 않는 순간적인 상
황에서 너희들이 하지 않으면 그 고비
를 넘길 수 없을 때도,
36 너희들이 부끄러운 행위를 하지 아니
하고 너희들의 노력으로써 헤쳐 나가
는 그와 같은 백성이 나의 백성이요,
나의 뜻을 지키는 백성이라 하였음이
니,
37 이와 같은 나의 가르침을 너희들이 연
구하고 또 연구하라.
38 내가 일찍이 열여섯 권의 법전을 나로
부터 듣고 나의 아들로부터 듣는 강론
이요, 그 모두를 뼈에 살을 붙여 너희
것으로 만들라 했던 것을 잊지 말라.
39 오늘의 고통과 시련에서 너희들이 바
로 서는 것은 그만큼 영광이요, 은혜
요, 축복이 너희들에게 있음이니 그리
알라, 사랑하는 나의 아들딸들아!

10,683 번째 하나님 말씀

2004년 4월 21일 06시 59분

1 사랑하는 나의 아들아!
2 "네, 아버님! 말씀하옵소서."
3 오늘의 160권의 새로운 성경이 세상
에 빛을 봄이니, 이보다 위대한 역사
를 이루는 것은 없음이니라.
4 이 위대한 역사를 이루는 너희들에게
내가 과연 너희들을 버리며 저버리겠
는가?
5 너희들은 나의 160권의 법전을 역사
하는 데 얼마만큼 나에게 은혜를 보답
하는 마음으로 역사했으며 공로가 있
었는가 생각해 보라.
6 누가 무어라 해도 160권의 법전이 세
상에 나오는 데 너희들이 얼마만큼 공
을 들였으며, 네 모두를 다 바쳐 역사
했느냐, 너희들이 가슴에 손을 얹고
스스로 평가해 보라.
7 그 노력한 만큼 은혜를 받을 것이며
노력한 만큼 축복이 있을 것이니라.
8 내가 가장 미워하며 가장 저주하는 백
성이 누구인 줄 알겠느냐?
9 오늘의 믿음의 길을 가는 백성처럼 말
로써만 하나 행동은 그리하지 않는 자,
10 이중적인 두마음을 가진 자가 내가 제
일 사랑하지 아니하며 저주하는 백성
이라 그리하였으며, 그는 결코 나의
나라에 오를 수 없는 백성이라 하였음
이니라.
11 너희들이 말로써는 160권의 법전을
사랑하며 세상에 나오기를 원한다 하
나,
12 너희들이 160권의 법전이 세상에 나
오기 위하여 얼마나 노력했으며, 얼마
나 연구했으며, 너희들의 모두를 바쳐
충성을 다하는 길을 갔는가?
13 그것을 스스로 너희들이 깨우쳐 보면,
너희들이 나에게 오늘에 받고 못 받는
그 은혜요, 영원히 죽어 와 나에게 심
판을 받을 때 받고 못 받는 것을 알게

될 것이며,
14 그때는 후회해도 아니 된다 하였느니
라.
15 나의 법전이 과연 무엇이더냐?
16 열여섯 권의 법전을 만들어 또 내가
기초를 다져, 160권이라는 내 하늘의
뜻을 기록하여 새로운 성경이요, 새로
운 법전이라 하여 이 기본을 만드니,
이는 어디로 가는 줄 알겠느냐?
17 이 모두는 이리 떼 속으로 던져지는
고깃덩어리와 같은 형국으로 던져지
니,
18 그것에 물리지 아니하며 거기서 먹지
않는 것으로써 변화되는, 그리하여 감
히 그를 먹지 못하는 그와 같은 위대
한 빛으로써 승화되고 변화되지 아니
하면 아니 되는 것이 나의 법전이니라.
19 나의 법전은 이리 떼 속에 던져지느니
라.
20 그 사악한 이리들의 소굴에 던져짐이
니, 그 던지는 것이 누군 줄 알겠느냐?
21 나의 아들을 따르는 제자 너희들이니
라.
22 그 법전을 너희들이 던짐이니, 그 법
전을 던지는 너희들이 어떠한 마음으
로써 어떠한 자세로 던지느냐 하는 것
에 달렸으니,
23 너희가 완벽하지 않으면 그것이 고깃
덩어리로 그 사탄들에게 먹여질 것이
며,
24 너희들이 바르고 천사와 같은 마음으
로 나의 법전을 이리 소굴에 던졌을
때, 그 법전은 빛이 되어 감히 그를 먹
지 못하는 그 무서운 형국으로 변화될
것이니라.
25 이리 떼 속에 나의 법전은 던져져야
될 것이며, 던지는 것은 바로 나의 아
들을 따르는 제자 너희들이니, 너희들
이 어떠한 백성이 되어야 되겠는가?
26 완벽하지 아니하면 나의 법전이 이리
떼 속에 떨어져 그 이리들이 그 먹이
요, 그 사탄들이 그를 가지고 세상을
더 혼돈하게 하며 혼란하게 만들 것이
요,
27 너희들이 천사와 같은 마음으로 던지
면 나의 법전은 그 내용이 그대로 전
해져, 그들이 변화되어 하늘에 오르는
길을 볼 수 있는 그 대역사를 이룰 것
이니,
28 오늘의 너희들의 마음 자세와 행동에
달렸음을 절대 잊지 말라 그리 전하라.
29 모두가 너희들의 손에 달렸느니라.
30 그러니 너희들이 나의 법전을 가슴에
안고 정독하는 자세요, 나의 법전을
만드는 데 과연 너희들이 나로부터 거
저 받은 몸과 마음이요, 그 충성의 모
두를 다 바쳐 역사했는가 스스로 깨우
쳐 보라.
31 그리한 자 내가 너희들을 버리지 아니
할 것이며, 너희들에게 고통이 없을
것이니라.

10,684 번째 하나님 말씀

2004년 4월 21일 07시 33분

1 사랑하는 나의 아들아!
2 "네, 아버님! 말씀하옵소서."
3 이 세상에 너희들이 살아가면서 가장
귀하고 소중한 것이 무엇이더냐?
4 수천 년 동안 믿음의 길을 오는 그 백

성들이 갈구하고 소원하는 것은 거듭
나는 너희들의 생명을 얻음이니라.
5 그러니 너희들이 거듭나는 생명을 얻
는 것이 가장 소중하고 귀한 것이라
그리 말을 하며, 그를 행하여 너희들
이 모두를 바치고 가는 믿음의 길을
가는 백성들이 있음이니라.
6 그러나 너희들은 말은 그리하면서도
어찌하여 그와 같은 거듭나는 생명의
삶을 위하여 너희들의 모든 삶을 살지
아니하고,
7 이미 태어나 너희들이 살아가고 있는
그 육의 생명에 대하여 너희들의 모두
를 바치는 그와 같은 삶을 산단 말이
더냐?
8 지금의 믿음의 길을 가는 백성들을 가
르치는 종교 집단 지도자들이, 너희들
이 이 세상에서 가장 귀하고 소중한
것이 너희들이 거듭나는 생명의 영광
이라는 것을 말로만 하지 아니하며,
현실로 그와 같은 것을 위하여 사는
삶을 산다면, 그리고 거듭나는 생명의
길이 무엇인가를 안다면,
9 그것이 성령으로 임하는 길이요, 성령
으로 임하는 길은 너희들이 어찌 살아
가는 것이며 어찌 행하려는 것인가를
너희들이 진심으로 깨우치고자 했다
면,
10 오늘과 같이 험악한 세상은 되지 아니
하였으며,
11 오로지 이미 태어나 살아가는 육의 생
명의 제한된 시간 속에서 제한된 시한
부의 삶을 사는 너희들이 거기에 모두
를 다 바치는 그와 같은 어리석은 삶
은 결코 살지 않았을 것이니라.
12 너희들이 영원히 거듭나는 생명에 대
해서는 너무나 소홀한 삶을 살며, 너
희들은 이를 지워 버렸으며 의식지 아
니하고 사는 것이니라.
13 이미 태어나 너희들이 시한부의 인생
이요, 그 정해진 시간을 살아가는 거
기에 너희들의 그 생명이 거듭나는
것, 너희들이 아름답게 사는 것, 그것
이 나에게 오는 길이요, 그 짧은 삶을
그리 바치고 살라 하였거늘,
14 너희들이 어찌하여 그리 살지 아니하
며, 인간의 향락이요, 인간의 즐거움
을 위하여 너희들이 인간의 욕심이라
는 것을 벗지 못하고 그리 살아가는
백성이란 말이더냐?
15 나는 여기서 너희들에게 물어보고자
하느니라.
16 내가 너희들을 얼마나 사랑하며 내가
너희들을 얼마나 소중히 아끼며, 공의
의 하나님 내가 너희들에게 얼마나 은
혜의 영광이요, 축복을 주었는가?
17 너희들이 거듭나는 세상이요, 죽지 않
는 이 세상에 와 너희들이 영원토록
거듭나는 삶을 위하여 아름다운 삶을
살며,
18 그리고 하늘나라에 와서도 너희들이
죄와 악이 있어서 그 죄를 버리고 악
을 버리고 선을 선택하는 삶을 사는
것이 영원히 사는 하늘나라의 삶이라
면,
19 결코 너희들은 그를 견디고 가는 백성
이 없으며 중간에 다 무너질 것이니라.
20 그러나 내가 너희들에게 영원히 사는
나라는 악과 선이 구분되어 있는 것이
아니요, 오로지 사랑이요, 선만 있으

며, 그리고 천국의 낙원이라는 것만이
존재하는 삶을 살도록 내가 만들어
주었으며,
21 다만 너희들이 악과 선이 존재하는 것
은 내가 너희들에게 생명을 내려 준
그 시한부의 인생이요, 그것을 너희들
이 거기서 바로 살고 나에게 오면 되
는 것이니,
22 내가 너희들을 얼마나 사랑하는 것이
며, 내가 너희들을 얼마나 아끼는 것
이냐?
23 너희들은 그리 말하느니라.
24 아버지께서 이 악을 다 쓸어 없애 버
리고 선한 사람들만 살게 하면 천국이
지상에 이루어질 것을 어찌하여 그리
못 하는가 그리하나, 너희들은 여기서
들으라.
25 내가 너희들에게 영원히 악과 선이 싸
우는 삶을 살도록 만들었다면 너희들
은 나를 원망할 것이며 그와 같은 소
리를 할 수 있으나,
26 너희들에겐 시한부의 인생으로서, 그
시한부 동안만 너희들이 선하고 아름
답게 살라 내가 명하였으니,
27 악을 쓸어버리고 선만 존재하는 그 기
준이 거기에 있으며, 그 역사가 거기
있다는 것을 알라.
28 이제 나의 아들을 따르는 제자 너희들
은 알겠느냐?
29 너희들이 악과 선과 싸우며 사랑을 베
풀며 살며, 악하게 사는 것, 사악한 짓
을 하는 것, 천사와 같은 삶을 사는 것
이 영원히 그 속에서 너희들이 싸워
이겨서 그 선을 선택하라는 것이 아니
요,
30 내가 정해진 시한부 그 짧은 인생 속
에서, 하늘의 법도에 따진다면 너희들
이 백 년의 삶은 얼마나 짧은 세월인
가 생각해 보라.
31 그러니 그 짧은 세월 동안에 너희들이
모두를 다 지탱하여 아름답게 살며,
악을 다 뿌리치며 죄악의 뿌리를 뽑아
버리라는 것이 나 여호와의 뜻이거늘,
32 너희들이 하늘의 법도의 생각에서 계
산하며, 너희들이 나로부터 받아 나간
그 생명이 과연 무엇이더냐?
33 그러니 그 세월이 과연 얼마나 길더냐?
34 너희들이 하루 살다 마는 그 하루살이
만도 못한 그 너희들의 짧은 생활 속
에서 내가 악을 선택하지 말며 선을
선택하여, 그리고 천사와 같은 삶을
살라 내가 너희들에게 과제를 주었으
니, 그것이 그리도 잘못되었단 말이더
냐?
35 너희들이 하늘의 법도에 따라서 백 년
이고 천 년을 살아야 너희들이 하늘에
오르는 길이라 하여 그리 살도록 했다
면, 너희들은 나를 원망할 수 있을 것
이니라.
36 그러나 너희들은 하루살이가 사는 그
시간만도 못한 삶을 아름답게 살고 선
하게 살라 했으니,
37 너희들이 마음 한 번 굳게 먹으며 눈
감고 악을 저버리고 선을 선택하면,
너희들이 영원히 사는 나의 나라에 올
수 있는 것을,
38 영원히 사는 그 세상에서 악과 싸워
너희들이 살게 만들었다면 나 여호와
가 잔인하나,
39 너희들이 한 번 눈을 질끔 감고 악을

버리고 선을 선택하는 시한부 인생을
산다면 영원히 사는 세상에 올 수 있
도록 했으니, 이것이 얼마나 더 큰 은
혜요, 얼마나 영광이더냐?
40 너희들이 일순간에 악을 지워 버리고
선만 선택하는 세상을 만들어 달라 하
나,
41 하늘에 비추어 너희들의 그 생명을 따
질 때 1초도 안 됨이니,
42 1초도 안 되는 그 시간을 너희들이 악
을 보지 말며 선을 행하여 살라 명한
것이 무엇이 그리 공의의 하나님이 아
니며, 내가 너희들을 고통스럽게 했는
가 한번 생각해 보라, 사랑하는 나의
아들딸들아!
43 그러니 너희들이 영원히 거듭나는 생
명을 위해 사는 삶을 산다면 아무것도
아닌 길을, 너희들이 그리 복잡하고
어렵게 사느니라.
44 너희들이 거듭나는 생명이요, 거듭나
는 삶을 너무나 소홀히 생각하며 그
삶을 함부로 접어 두고, 육의 향락만
을 위해 쫓아가는 너희들이기 때문에
그러니라.
45 거듭나는 생명의 소중함과 위대함을
너희들이 너무나 모르며 이를 소홀히
하는 자들이니라.
46 이를 귀하게 생각하며 소중히 생각하
는 백성 너희들이 마음 한 번 정하면,
악은 너희들에게 뿌리가 뽑힐 것이며
선만이 존재함이니, 그때 영원히 사는
세상에 와서 영원히 살 수 있는 기회
를 주었거늘,
47 시한부 인생 그 속에서 싸워서 이기라
는 그것도 싸우지 아니하며, 그 공도
없이 너희들이 천국의 내 나라에 다시
올 수 있다는 생각을 지워 버리라.
48 너희들이 그 욕심이요, 사악한 마음의
근원이며 나를 원망하는 것이 나를 능
멸하는 것이요, 나를 욕되게 하는 행
위라, 내가 법에 의하여, 정도에 의하
여, 하늘의 뜻에 의하여 내린 것을 너
희들이 거역하는 자라는 것을 알라.

10,685 번째 하나님 말씀

2004년 4월 21일 07시 39분

1 사랑하는 나의 아들아!
2 "네, 아버님! 말씀하옵소서."
3 거듭나는 생명의 소중함을 모르며 그
길을 가지 못하는 백성은 죽음이요,
사망의 길을 가고 있는 것임을 너희들
은 알아야 될 것이니라.
4 나 여호와가 너희들에게 명함이니, 거
듭나는 삶이요, 그 길을 향하여 오는
삶을 살지 않는 백성은 너희들이 곧
죽음이요, 지옥의 길로 가는 그와 같
은 사망의 길로 가는 것,
5 하늘에 오르고 못 오르는 것은 오(O)
와 엑스(X)요, 너희들이 비진리요, 진
리로 구분되어 있는 엄연한 사실이라
는 것을,
6 그 양지택일하여 너희들이 모두를 다
바치고 와야 된다는 것을 절대 잊지
말라.
7 사랑하는 나의 아들딸들아!
8 육의 세상의 안락과 향락을 위해 사는
것은 영적인 것을 죽이는 것이며 영적
인 삶의 거듭남을 너희들이 모두가 다
죽이는 것이니라.

9 그러니 육의 향락이 결국 무엇이더냐?
10 육의 삶을 너희들이 죽이는 것이요,
그리고 거듭나는 영혼을 다 죽이는,
둘 다 양쪽을 다 죽이는 삶이 지금의
너희들의 삶이니라.
11 그러니 향락 중에 너희들이 욕심의 뿌
리를 뽑지 못하는 그와 같은 삶을 살
지 말도록 그리하거라.
12 지금의 믿음의 길을 가는 백성 너희가
바로 무엇인 줄 알겠느냐?
13 너희들이 나의 진리를 따르는 것이 아
니요, 비진리요, 인간의 교리를 가지
고 지금 인간의 지혜로써 모두를 역사
함이니,
14 너희들이 육의 향락을 위하는 것에 모
든 초점을 맞추고 살아가는 자들이니
라.
15 그러니 부귀영화를 위하여 너희들이
살아가며 희생과 봉사가 아니니라.
16 너희들이 남을 돕는 것, 그리고 남을
위해 육으로 하는 것만이 봉사고 희생
이 아니라는 것을 너희들은 알라.
17 그 봉사보다도 더 위대하고 더 큰 봉
사가 무엇이더냐?
18 너희들이 영혼을 위한 삶이요, 영혼을
위하여 남에게 깨우쳐 주고 전해 주는
그 위대함이 또한 너희들의 그 봉사의
위대함을 알라.
19 그러니 오늘의 믿음의 길을 가는 그
백성 너희들이 나에게 영혼을 구원해
달라, 남의 것까지도 빼어서 제 앞에
달라는 그와 같은 중언부언하는 기도
요, 짜깁기하는 기도 소리, 그것이 바
로 무엇이더냐?
20 육과 영혼을 다 죽여 버리는 그와 같
은 삶을 사는 것이 오늘의 종교 집단
이요, 지도자들이니,
21 그를 따르는 자, 너희들은 구원의 길
을 올 수 없다 함을 명심하도록 그리
하라.
22 각자 개인이 누구든지 성령 안에서 살
고자 노력을 하는 백성, 그와 같은 백
성이야말로 너희들이 나에게 오를 수
있는 백성이니라.
23 믿는다, 믿지 않는다 하는 것은 관계
가 없음이니라.
24 다만, 나의 아들딸로서 세상에 태어났
으니, 너희들이 나의 아들딸이라는 당
당한 자신이 있지 않으냐?
25 그러니 너희들이 나의 아들딸이거늘,
너희들이 믿고 안 믿고 간에 너희들이
스스로 나를 믿는 것이며 나를 버리지
아니하고 사는 백성이니, 이방인이라
삼방인이라 하지 말라.
26 내가 생명을 주어 내 모두를 나의 아
들딸이라 했으니, 그들은 나의 아들딸
이라는 것이 중요하며, 내 이름을 가
지고 내 성을 가지고 나간 백성 그것
이 소중한 것이지,
27 그는 믿고 안 믿는 것이 관계없음이
니, 그들이 나를 믿고 있는 것은 엄연
한 사실이거늘,
28 그것도 모르고 어리석은 백성들이 믿
지 않는 자는 이방인이요, 믿는 자는
저희들 백성이라 그리 말하니, 세상에
이러한 것이 어디 있단 말이더냐?
29 너희들이 열 자식을 두었으니, 그 열
자식 중에 못된 일을 하고 살아가는
자식과 착한 일을 하며 살아가는 자식
이 있을 때,

30 악한 자라 하여 제 아비라는 것을 모
르며 누구 자식이라는 걸 모르고 악한
짓을 한단 말이더냐?
31 그러니 그들은 제 아비를 믿으며 제
어미를 믿느니라.
32 아무리 악한 짓을 한다 해도 제 어미
를 인정하지 아니하고 아비를 인정하
지 않는단 말이더냐?
33 다 인정하지 않느냐?
34 그와 같은 것이니, 지금 나의 아들딸
이 이방인이라 하여 너희들이 가고 있
는 잘못된 종교 집단의 믿음의 길을
가지 아니한다고 해서 그들이 나를 아
버지라 믿지 아니하며 내가 존재함을
믿지 않는 것이 아니니라.
35 그들의 육의 생각으로써는 믿지 않으
나 그들의 영혼은 이미 나를 아버지라
믿고 있으며, 그는 내가 존재함을 다
아니,
36 이방인이요, 삼방인이요, 하는 얘기가
너희들이 얼마나 기가 막힌 얘기고 허
황된 자요, 무식하고 못난 자들이 하
는 소리인 줄 알겠느냐?
37 그 영혼들은 다 내가 아버지임을 알고
있느니라.
38 그러니 너희들이 그와 같은 짓을 하지
말라.
39 그러니 그들이 나를 아버지라 믿고 있
는 걸 어찌하여 아버지라 믿고 안 믿
는 것으로써 이방인이라 정하느냐?
40 육의 세상에서 너희들의 눈으로 보이
는 것이 믿고 안 믿는 것이 아니라, 더
위대한 영혼의 세상에서 그들은 나를
믿고 있으며 나를 인정하고 있음이니,
41 위험하고 어려울 때, 나 아버지를 찾
는 것이 바로 무엇이더냐?
42 너희들이 모든 종파를 떠나 너희들이
다급할 때 나를 찾음이니, 그것이 바
로 너희들이 믿고 있는 증거이니, 이
방인이라는 소리를 하지 말라.
43 그 어리석은 자요, 얼마나 무식한 자
들이 하는 짓인가를 너의 제자들에게
깨우쳐 주라, 사랑하는 나의 아들아!
44 너희가 성령 안에서 살고 있다는 것을
알라.
45 그러니 성령 안에서 살고자 하는 그
백성은 무엇이더냐?
46 너희들이 죽어져 가는 지옥으로 가는
그 삶에서 벗어나고자 하는 백성이요,
거듭나는 길을 위하여 노력하는 백성
들이니라.
47 그러니 나는 그와 같은 나의 아들딸을
바라는 것뿐이니라.
48 성령의 뜻을 떠나 비진리의 길을 찾아
가고 있다면, 곧 그것이 너희들이 사
망이라는 것을 단정해도 될 것이며,
49 나를 정녕 모르는 자요, 그와 같은 나
의 뜻을 여기는 자가 바로 너희들이
나를 무시하는 자요, 나를 능멸하는
자가 내 뜻을 모르며 나의 아들이 아
니며 그를 부정하는 자이니라.
50 이방인이라 해도 그 영혼들은 아버지
내가 존재하며 나의 아들딸이라는 것
을 다 알고 있음이니, 그들이 나를 다
믿고 있는 것이요,
51 육으로 너희들이 보이는 것으로써 믿
고 안 믿는다 그리하지 말라.
52 육으로 보이는 너희들의 믿음이 더 사
악한 자요, 간악한 자의 그 흉악한 것
을 다 감당치 못하는 것이 너희들이니

그리 알라 전하라, 사랑하는 나의 아
들아!
53 이제 이방인이요, 너희들이 버린 자식
이라는 소리를 해서는 아니 됨을 알겠
는가?

10,686 번째 하나님 말씀

2004년 4월 21일 07시 44분

1 사랑하는 나의 아들아!
2 "네, 아버님! 말씀하옵소서."
3 너희들이 죽어 오니 그 넘어야 될 강
이 있다 하였으니, 그 강을 넘으려면
너희들이 어찌해야 한다 했느냐?
4 나의 아들이요, 그 제자들처럼 너희들
이 강한 훈련이요, 그리고 물고기의
밥이 되지 않는 그 방법을 대비하여
훈련을 거듭하고 거듭해도 그 강을 건
널까 말까 한다 하였으나,
5 지금의 믿음의 길을 가는 그 종교 집
단이요, 지도자들은 그저 무조건 뛰어
들기만 하라, 그러면 예수의 보혈로
써, 하나님의 사랑으로써 강을 건네
준다 하니,
6 그들이 결국은 고기밥이 되며 그들이
허우적거리다 죽는다 하지 아니하였
더냐?
7 이것이 오늘의 믿음의 길을 가는 자들
이요, 무모한 짓을 하는 것이 종교 집
단의 지도자들이니라.
8 그리하여 그들은 지금 짜깁기의 명수
라 했으며, 그리고 편법의 명수라 하
였음이니라.
9 너희들이 운동 경기라는 것을 함이니,
그 점수를 똑같이 땄다 해도 부정한
방법으로 하는 자가 그 영광을 차지하
던가?
10 그는 결국 탈락되지 않느냐?
11 너희들이 멀고 먼 길을 달려오는 그
운동 경기가 있으니, 너희들은 똑같은
시간에 테이프를 끊어서 똑같이 우승
을 했다 하자.
12 그래도 한 사람은 제 규정대로 그 모
두를 다 피나는 노력으로써 그 코스를
달려왔으며,
13 한 사람은 편법으로써 남의 힘을 빌려
제가 남을 속여서 그와 같이 했다 하
면, 과연 그것은 누가 영광의 명예를
차지할 수 있겠느냐?
14 편법을 쓰고 온 자는 결국 차지할 수
가 없으니, 남의 자전거를 타고 오며
남의 차를 타고 오며 그리고 숨어서
중간에 끼어들어 오는 그와 같은 사악
한 짓을 했다면,
15 결국 그것이 진정한 우승이요, 그를
우승자라 인정해 주더냐?
16 바로 오늘의 믿음이 그러하니라.
17 나의 법전이요, 새로운 성경이요, 너
희들이 제 규정이요, 제 법도를 배워
깨우쳐 오지 아니하고,
18 지금은 다 너희들이 그저 편법으로써
모두를 이룰 수 있으며 지름길로써 너
희들이 구원을 받을 수 있다 그리 가
르치는 자들이니, 그것이 바로 반칙의
왕이요, 반칙의 제왕의 행위를 하고
있음이니,
19 그 반칙으로써는 결코 우승의 영광을
차지하지 못하고 결국은 탈락됨이니
라.
20 너희들이 테이프를 끊고 모든 사람이

환호하는 것은 그 순간에 받을 수 있
으나, 그 부정이 밝혀지며 편법이 밝
혀졌을 때, 그는 비참하기가 말할 수
없음이니,
21 오늘의 너희들이 구원을 받으며 하늘
에 올 수 있는 자격이 있다 하여 너희
들이 꽃가마 타고 지금 춤을 추고 있
으나,
22 너희들이 나에게 왔을 때, 내가 모른
다 하는 것이 너희들의 그 형국이니,
23 내가 한 장의 그림으로 보여 주는 것
은 너희들이 편법으로 우승을 차지하
여 그 영광을 차지하나,
24 그 진정한 우승자가 나타났을 때 너희
들의 그 몰골이 얼마나 초라하고 비참
한 것인가, 너희들은 그를 통곡할 것
이니라.
25 그러니 오늘의 잘못 간 믿음에 구원을
받았다며 축복을 받았다 너희들이 하
는 그 행위가 얼마나 추하고 잘못된
것이며,
26 차라리 그와 같은 말을 믿지 아니하고
그와 같은 믿음의 길을 가지 아니하였
으면 알았을 것이라 하여 땅을 치며
통곡하나,
27 그때는 이미 때가 늦었음이니 그리 알
라, 사랑하는 나의 아들딸들아!

10,687 번째 하나님 말씀

2004년 4월 21일 07시 50분

1 사랑하는 나의 아들아!
2 "네, 아버님! 말씀하옵소서."
3 구원이요, 거듭나는 것, 그리고 하늘
의 영광이요, 그 모두를 너희들이 얻
고 못 얻는 것이 무엇인 줄 알겠느냐?
4 그것이 간단함이니라.
5 나 여호와가 친필로 써 내린 나의 십
계명이요, 그 계명을 잘 지키고 잘 행
하고 사는 백성만이 살아 있는 백성이
요,
6 곧 살아 있는 백성만이 그 모든 영광
을 얻을 것이며 거듭나는 그와 같은
은혜를 입는다는 것을 너희들은 알아
야 될 것이니라.
7 살아 있는 백성이요, 생명이 살아 있
는 백성이라는 것을 명심하고 또 명심
하도록 그리하라.
8 나의 십계명을 지키지 아니하며, 지금
내가 내리는 새로운 성경을 너희들이
떠나서 그를 지키지 아니하며 이를 사
탄이요, 이단이요, 지킬 수 없다 말하
는 자,
9 너희들은 세상적인 삶에 의해서 사는
것은 곧 사망이요, 죽음이라는 그 의
미를 알아야 될 것이니라.
10 나의 계명이요, 내가 새로 내리는 나
의 성경을 벗어나 그를 떠나서 그를
지워 버리고 사는 모든 삶은 너희들이
세상적인 삶이라는 그 무서운 삶임을
알라.
11 이제 내가 너희들에게 명함이니, 하나
의 줄을 긋고 보라.
12 오른쪽이 나의 십계명이요, 나의 새로
운 성경을 지키고 가는 길이요, 그러
니 그 선을 벗어나 왼쪽에 너희들이
그 속에서 산다면 바로 무엇이더냐?
13 너희들이 세상적인 향락의 삶을 사니,
그는 사망이요 죽음이요 거듭남이 없
는 것이니, 그 선을 하나 놓고 결정하

도록 그리하라.
14 그러니 너희들이 어느 선 쪽을 선택하
고 살아가느냐 하는 것은 너희들의 의
지에 달렸음이니라.
15 너희가 성경에 새로운 구원이요, 너희
들이 새로 태어남이요, 새 생명을 얻
는 그 모두가 기록된 성경의 가르침이
바로 무엇이더냐?
16 거기에 결론은 무엇이라 기록하였느
냐?
17 너희들은 '성령을 받으라!' 그리 가르
치고 전하지 않더냐?
18 그러니 성령을 받으라는 것이 너희들
의 구원이요, 새로운 생명이요, 구약
과 신약에 기록된 내용들, 그 모두가
다 '성령을 받으라!'로 끝남이니라.
19 그러니 성령을 받으라 하여 나 여호와
가 나의 아들 예수를 통하여 가르친
그 뜻은 무엇이더냐?
20 성령을 받으라 했으니, 너희들이 성령
을 무조건 받는 것이 믿음으로써 받는
것이라 생각하니, 여기서 너희들이 오
류를 범했느니라.
21 착하게 거듭나 성령을 받을 수 있는
백성으로 거듭나는 삶을 살아 성령을
받으라 하는 그 가르침을 너희들이 어
찌하여 기록에서 제했으며 그를 버렸
단 말이더냐?
22 이제 내가 너희들에게 말하니 구약이
요, 신약이요, 새로운 성경의 그 모두
는 너희들이 성령을 받으라 하는 것이
며, 그 모두가 집약된 것이 '성령을 받
으라!' 하는 것이니라.
23 그러니 너희들은 구약과 신약의 '성령
을 받으라!'는 그것을 믿는 것으로써
그 성령을 받는 것이라 말하나,
24 너희들이 실상을 그대로 기록하지 아
니한 자들이니라.
25 성령을 받으라 함은, 성령을 받을 수
있는 백성으로서 천사와 같이 거듭나
는 자가 받을 자격이 있으니, 자격이
있는 자에게 받으라 함이니, 자격이
없는 자에게 받으라 함이 아님을 너희
들은 알라.
26 인간 세상에서 너희들이 상을 주며 그
모두를 베푸는 것도 무엇이더냐?
27 노력하여 대가 있는 자에게 상을 받으
라 명하는 것이요, 꼴찌 한 자요, 그
자격이 없는 자에게 상을 받으라 한단
말이더냐?
28 그러니 내가 성령을 받으라, 그리고
성령을 받으라 하는 것이 구약이요,
신약이요, 지금까지 모두 몇천 년 동
안 역사한 그 결과의 답이라면, 받을
수 있는 자가 되라는 것이요, 받을 수
있는 자에게 성령을 받으라 내가 명함
이니라.
29 너희들이 전도를 하며 기도원에서 모
두를 하며 그리 말하느니라. '성령을
받으라!' 너희들이 함이니,
30 그 성령을 받으라 명할 자격도 없는
자요, 성령을 받으라 했을 때, 받을 자
격이 없는 자가 받으려 하니 나가떨어
지는 것이며 뒹구는 것이 아니더냐?
31 그러니 너희들이 이것이 잘못된 것이
며 이것이 너희들이 사기극을 벌이는
것이니라.
32 너희들이 나가떨어지는 것이 성령을
받은 것이라 그리 생각하나, 나가떨어
진 자가 성령을 받을 수가 없으니, 전

기에 감전되어 떨어지듯이 그와 같은
형국인 것이 너희들이니라.
33 그러니 받을 자격이 없는 자가 명하
며, 받을 자격이 없는 자가 받으려 대
드니, 그걸 받을 수 있겠는가, 이 어리
석은 백성들아!
34 성령을 받으라는 말은 누구도 할 수
없으며, 나 여호와만이 할 수 있느니
라.
35 '성령을 받으라!' 이는 자격이 있는 자
가 받으라 함이니, 바로 무엇이더냐?
36 성령을 받을 자격이 있는 백성이 먼저
되라는 것을 너희들이 삭제했으며 지
웠음이니라.
37 그리하여 지금 내가 새로운 성경이요,
나의 법전에 기록하여 전하기를, 너희
들이 성령을 받을 수 있는 자격의 기
준이 무엇인가를 여기다 기록하여 전
함이니,
38 바로 구약과 신약 모두를 결집하여
'성령을 받으라!' 그것을 위하여 모두
가 역사함을 알라.
39 나의 법전을 읽고 깨우치지 아니하면
성령을 받을 자격이 없으며 받을 수가
없으니,
40 '성령을 받으라!' 거짓 선지자가 소리
지르니, 나가떨어지는 자는 받을 자격
이 없기에 전기에 감전되어 죽는 순간
이라는 것을 알라 그리 전하라.

10,688 번째 하나님 말씀

2004년 4월 21일 07시 58분

1 사랑하는 나의 아들아!
2 "네, 아버님! 말씀하옵소서."
3 모든 믿음의 길을 가는 자들, 그리고
잘못된 자들이 너희들과 대화를 하지
아니하며 시시비비를 하지 아니하려
는 것이 무엇인 줄 알겠느냐?
4 너는 그 마음을 알고 있는가?
5 "네, 아버님! 저는 그를 알고 있사옵
나이다.
6 저의 제자들이 하는 이야기가 너무나
가슴에 와 닿으며, 저희들의 지금까지
믿음이 너무나 잘못되었다는 것이 너
무 당황스럽고 당혹스러워서, 그들은
고개를 흔들며 그를 부인하려 하며 듣
지 않으려 하는 것이옵나이다.
7 또한, 그들의 마음에는 저의 제자들이
전하는 것이요, 법전에 전하는 그 내
용대로 살 수 없으며 살아갈 수 없기
때문에,
8 살지 못하는 것이요, 살지 못하는 그
고통의 괴로움을 겪느니, 차라리 듣지
않는 것이 나으며 모르는 것이 낫다
그리 생각하는 마음에서 그들은 듣지
않으려 하며, 법전을 읽으려 하지 아
니하는 것을 알고 있사옵나이다."
9 그러니 그들이 얼마나 불행하고 가련
한 백성들이더냐?
10 그러니 그들의 마음을 알았다면 너는
과연 어찌해야 되겠느냐?
11 "그들이 저의 제자들과 대화를 피하
고 악을 쓰며 언성을 높이는 것은, 저
희들은 감히 갈 수 없는 그 길을 가고
있는 백성에게 시기요, 질투요,
12 그리고 그 길을 가자니 제가 모두를
다 버려야 하며, 이것이 하늘의 뜻이
라면 모든 인간의 향락을 다 저버리고
가야 됨이니,

13 그 아픈 마음이요, 갈 자신이 없으니,
그들이 악을 쓰는 것이라 그리 생각되
옵나이다.
14 참진리요, 비진리요, 하나님 말씀이
맞고 아니고를 따지기 전에, 저희들이
갈 수 없기 때문에 차라리 듣지 않는
것이 낫다 생각하기 때문에, 법전을
보지 않으려 하며, 읽다 가도 두려워
서 덮는 것이 그들의 마음이라 그리
생각되옵나이다."
15 사랑하는 나의 아들아! 그러하니라.
16 그러니 너는 어찌하여 세상의 꽃들이
요, 모든 사물이 너와 대화하는 것을
막으려 하는가?
17 바로 너도 그와 같은 심리로써 그를
막으려 하는 것이 아니더냐?
18 네가 그들이 하는 이야기요, 그들이
너에게 요구하고 전하는 것은 너무나
아름답고, 너 자신이 그를 지킬 수 없
다 하여 네가 그를 듣지 않으려 하며
귀를 막으려 하니,
19 그리해서는 아니 되는 것이니라, 사랑
하는 나의 아들아!
20 "네, 아버님! 그렇사옵나이다.
21 저희 화장실에 걸려 있는 두 점의 그
림이 저에게 말을 하옵나이다.
22 이제는 화장실에서 저희들을 좀 탈피
해 주고 이 화장실이 아닌 다른 곳에
서 저희들 그림을 좀 붙여 달라 하오
나,
23 제가 그 그림을 놓을 자리가 없으며
그 그림을 붙여 놓을 곳을 찾지 못하
며 그리하니,
24 제가 그 소리를 듣지 않은 것처럼 고
개를 선들선들 흔들며 제가 듣지 않
으려 하옵나이다.
25 어디에 놓고 어디에 붙여야 될 것인
가, 그리고 세상사의 하나서부터 백까
지 모두를 그리할 수가 없으며 지킬
수 없는 것이라 제가 그리 고개를 흔
드는 것이옵나이다."
26 그러니라, 나의 아들아!
27 어찌하여 모든 종교 집단이요, 지도자
들이 바로 가는 길을 가지 못하고 저
희들이 두려워 고개를 흔들며 듣지 않
으려 하는 것처럼,
28 네가 자연의 무생물이요, 생물들이 너
에게 하는 그 대화를 막으려 하느냐?
29 막지 말라, 막아서는 아니 됨이니라.
30 막지 말며 그들의 말을 듣고 그들이
원하는 것을 들어주고 행하면, 네 마
음이 변할 것이며 네가 천사와 같이
똑같이 되는 것이거늘,
31 그들은 천사이며 천사의 마음이니, 이
제 귀를 막지 말며 눈을 감지 말라, 사
랑하는 나의 아들아!
32 네가 피하고 피한다 해서 그것이 안
이루어지는 것이 아니며, 그는 가야
되고 이루어지는 것이며,
33 그들의 뜻을 들어 행함이 바로 하늘의
뜻이요, 천사의 뜻이라는 것을 알라,
사랑하는 나의 아들아!

10,689 번째 하나님 말씀

2004년 4월 21일 08시 03분

1 사랑하는 나의 아들아!
2 "네, 아버님! 말씀하옵소서."
3 세상의 무생물 모두가 너에게 대화를
하며 너에게 전함이니, 네가 그를 막

으려 하며 고개를 돌리며 눈을 감지
말라.
4 네가 나에게 기도하며 경배하여 나의
성령을 받기 위하여 네가 수없이 물을
마심이니, 그 물컵이 너에게 무어라
말하느냐?
5 "네, 아버님! 저는 그를 듣고 싶지 아
니하오며, 그를 알고 싶지도 아니하옵
나이다. 그리고 그것이 두렵사옵나이
다."
6 어찌하여 네가 물컵이 너에게 말하는
것을 듣지 아니하려 하며 네가 피하
려 하느냐?
7 그 물컵이 너에게 무어라 말하느냐?
8 "아버님! 그 물컵은 제가 지킬 수 없
는 것, 할 수 없는 것을 요구하며, 그
것을 바라고 있사오니,
9 제가 그 말을 듣지 아니하려 하며 그
를 보지 아니하려 하는 것이옵나이
다."
10 뭐라 그가 말하느냐?
11 "네, 아버님! 그렇사옵나이다.
12 저보고 기도를 하며 그 컵 속에 제 몸
에 들어 있는 물을 마시려거든, 제가
한 입 가지고 두말하지 말며, 한 입 가
지고 지키지 못할 약속의 말을 하지
말며, 남에게 들어서 불쾌한 이야기를
하지 말며, 남에게 욕된 이야기를 하
지 말며,
13 그와 같은 말을 하는 입술은 절대 그
물컵에 대지 말라, 그리고 제 몸이 더
러워진다 그리 말하니,
14 저는 지킬 수 없으며 갈 수 없고 행할
수 없음이니, 그를 듣고 그 물을 안 마
실 수도 없사오며, 그리고 그대로 지
킬 수도 없사오니, 어찌하겠사옵나이
까, 아버님!
15 다른 물컵을 갖다 놓는다 해도 그 물
컵이 또 그리 말할 것이니, 제가 지키
지 못하고 행하지는 못함이요,
16 아직도 한 입 가지고 두말을 하며 지
키지 못할 약속을 함부로 하며, 남에
게 감정을 사는 이야기를 많이 하며,
욕심된 이야기를 많이 함이니,
17 아직은 아버님! 제가 그를 지키고 그
리 행하지 못하겠사옵나이다."
18 그러면 네가 그 컵의 뜻을 들어 그 컵
에 입을 대지 말라.
19 그가 대기 싫다는 것을 왜 네가 대며,
그 안에 있는 것을 네가 마시는가?
20 그러니 둘 중의 하나는 네가 선택하라.
21 네가 그가 얘기하는 대로 지키고 갈
것인가, 그렇지 않으면 네가 물을 마
시지 말고 갈 것인가, 그것은 네가 알
아서 할 일이지,
22 어찌하여 그가 하는 말을 듣지 아니하
려 하며 귀를 막으려 하며 고개를 돌
려 설레설레 흔드는가?
23 네가 과연 나의 아들이더냐?
24 그가 가르치는 것이 잘못된 것이며 그
가 가르치는 것이 너에게 잘못된 것을
말하던가?
25 그러니 네가 나의 법전을 가지고 만백
성에게 전하면서 네가 말하느니라.
26 '이 법전에 거짓된 것이 있으며 잘못
된 것이 어디 있으며 잘못 가르치라
한 것이 어디 있느냐?' 네가 그리 내
세우니,
27 그들이 지키는 것이 두렵고 너와 똑같
은 심정이라 거부하는 걸 이제 알겠느

냐?
28 그러니 네가 지키는 것이 타당한 길이
요, 네가 지키지 아니하고 물컵의 말
대로 물컵에 입을 대지 않는 것이 네
가 가야 할 길인가, 이제 네가 알아서
하라, 사랑하는 나의 아들아!
29 그것은 나도 모르느니라.

10,690 번째 하나님 말씀

2004년 4월 21일 08시 06분

1 사랑하는 나의 아들아!
2 "네, 아버님! 말씀하옵소서."
3 네가 정녕 지킬 수 없거든 그 물컵을
네가 깨부수든, 망치로 그를 찌그려
버리든, 집어던지든, 아니면 지키든,
둘 중의 하나를 해야 될 것이니라.
4 그렇다 해서 다른 물컵이 왔을 때, 또
그는 그보다 더 원하는 것이 클 것이
며 강할 것이니라.
5 그러니 어찌 행하든 네가 알아서 하라.
6 사랑하는 나의 아들아!
7 "네, 아버님! 어찌해야 될지 저는 모
르겠사옵나이다.
8 아버님! 저에게 조금만 시간을 주옵
소서.
9 그리고 제가 깨닫고 지킬 수 있는 시
간을 주옵소서.
10 그때 들을 수 있으며 지켰을 때, 그의
음성을 듣고 그들이 말하는 것을 들으
면 아니 되겠사옵나이까?"
11 나의 아들아! 절대 안 되느니라.
12 나의 아들 예수가 그리 무어라 했느
냐? '아버님! 정녕 이 잔을 받지 아니
하오며 이것을 피하게 할 길은 없사옵
나이까?'
13 그는 죽어 가는 그 생명 앞에서 그 잔
을 받지 아니하며 그 길을 가지 아니
하면 안 되겠느냐고 나에게 기도했을
때, 내가 그에게 무어라 했느냐?
14 나는 그를 거절했느니라.
15 그는 그리할 수 없다 그리 말하지 않
느냐?
16 사랑하는 아들의 목숨이요, 죽음을 보
면서도 그걸 내가 용서하지 아니하며,
그걸 받아들이지 아니하며, 그를 내가
눈감았음이니,
17 네가 지금 살아가는 마음이요, 마음
하나 다스리면 되는 것을, 그 마음 하
나 다스리는 것을 내가 더 기다려 주
고 용서할 것 같으냐?
18 더 이상 기다릴 수 없으며 내가 더 이
상 용서할 수 없으니, 둘 중의 하나를
선택하라.
19 네가 한 입 가지고 두말을 하지 아니
하며, 네가 한 입 가지고 지키지 아니
할 약속의 말을 하지 아니하며, 네가
네 입 가지고 남에게 욕된 말을 아니
하며 남이 들어서 불쾌한 이야기를 하
지 아니하며, 남에게 감정 사는 말을
하지 아니하는 그와 같은 삶을 살든지,
20 그렇지 않으면 네가 물컵을 망치로 때
려 부숴 다시는 네 앞에 물컵을 놓지
말며, 나에게 경배할 때 네가 아무리
목이 타고 말라도 물을 마시지 말든
둘 중의 하나를 선택하라.
21 그러나 결국 네가 망치로 물컵을 부순
다 해서 그 물컵이 하나뿐인 줄 아느
냐?
22 결코 아니 될 것이니라.

23 더한 것을 너에게 가르쳐 줄지도 모르
느니라.
24 그러니 네가 그리 가도록 노력하라.
25 그것만이 네가 갈 길이니, 어리석은
기도를 하지 말며, 어리석은 마음으로
하지 말라.
26 내가 너에게 기도하지 말며 소원하는
말을 하지 말라 했거늘,
27 네가 어찌하여 좀 더 시간을 달라 말
하며 더 기회를 달라 하며, 변할 시간
을 달라 네 입으로 그리 말할 수 있는
것이냐?
28 이러니 내가 너를 더 용서할 수 없으
니, 너 스스로 그 물컵을 망치로 깨 그
말을 듣지 말든지, 네가 바로 네 그 물
컵이 너에게 요구하는 것을 따라 듣든
지, 그것은 네가 할 일이니 그리 알라.
29 나는 너에게 기회를 더 줄 수 없으며,
너에게 더 이상 기다릴 수 있는 시간
이 없다 함을 알라, 사랑하는 나의 아
들아!

10,691 번째 하나님 말씀

2004년 4월 21일 08시 12분

1 사랑하는 나의 아들아!
2 "네, 아버님! 말씀하옵소서."
3 나의 아들 네가 항상 어린아이며 걸음
마를 하는 아이라 생각하느냐?
4 너는 이제 걸음마를 벗어나서 달리고
있는 나의 아들로 성장하였음이니, 네
가 지금 걸음마를 할 때, 말귀를 못 알
아듣는 나의 아들 너를 다스리고 어르
듯이, 지금도 내가 너에게 그리 어르
고 다스리기만을 바라느냐?
5 나는 너에게 매로써 다스릴 것이며,
내가 네 생명으로써 다스릴 것이니 그
리 알라.
6 이제 네가 어린아이가 아님을 알라.
7 내가 무어라 말하였느냐?
8 나의 법전이요, 새로운 성경은 내가
무엇이라 말했느냐?
9 이 법전은 너의 것이 아니요, 네가 내
리는 것이 아니요, 네 입을 빌려 네 몸
을 빌려 나 여호와가 전하는 것이요,
하늘의 말씀이라 하지 아니하였더냐?
10 그러니 곧 나 여호와 하나님이요, 나
의 명령이요, 나의 성령을 전하고 전
하는 네가 한 점의 부끄러움이 있는
그 삶을 사는 것이 언제까지 내가 용
서할 것이며, 그것이 너에게 용납될
것이라 생각하는가?
11 이제 네가 160권의 법전을 만들어 세
상에 전하는 날이 머지않았으니,
12 네가 이 160권의 법전으로 계산하면
지금 140권이 나왔음이니, 네 나이가
어느 나이인가 한번 생각해 보라.
13 어찌하여 네가 아직도 철들지 못하며
네가 걸음마요, 아직 말도 못하는 아
이라 생각하는가?
14 너는 아니 됨이니 내가 용서하지 아니
함이니 그리 알라.
15 그리하여 네 컵이 말하기를 한 입 가
지고 두말하며, 지키지 못할 약속을
하며, 네가 쓸데없는 말을 하는 그와
같은 추하고 더러운 입은 그 물컵, 그
깨끗하고 신선한 제 몸에 대지 말라
하였으며, 그 안에 담고 있는 물은 더
욱이 마실 생각도 하지 말라 함이니,
16 그것이 바로 네가 오늘의 성장한 증거

요, 네가 변화된 것이니라.

17 그러니 거기에 대하여 네가 바로 서려 하지 아니하며, ‘나에게 시간을 주십사’ 하며 ‘나에게 기회를 더 달라.’ 하며 네가 변할 시간을 달라는 어린아이 같은 말을 하지 말라.

18 네가 지금 나의 법전 160권을 만드는 이 모두가 누구의 것이라 하였느냐?

19 바로 네 가슴이요, 네 입을 통하여 역사한다 하여도 이것은 창조주 아버님의 말씀이라 하지 않았느냐?

20 너희들이 나 여호와 창조주의 말씀이요, 아버님의 말씀을 듣기 위하여 모두를 다 바치고 살아가는 그들에게, 너는 그것을 전해 주고 깨우쳐 주는 그 대명을 받은 자가, 아직도 어린아이 같은 마음으로 이를 역사하려 생각하지 말라.

21 이제 너는 꿈에서 깨어나야 할 것이니라.

22 내가 더 이상 너를 어린아이로 취급하지 아니하니, 네 나이가 어떻게 되었기에 아직도 아이 같은 소리를 하느냐?

23 네 것이 아닌 내 것을 가지고 전하며 나 여호와의 뜻을 가지고 전하는 네가, 그 자세 하나도 바로 서지 못하며 그 하나를 다스리지 못한다면,

24 어찌하여 곧 나 여호와의 성령이요, 창조주 아버님의 말씀이 세상에 나가 그 빛을 볼 수 있단 말이더냐?

25 너는 가슴에 새기라.

26 그리고 너의 제자들 또한 가슴에 새기라 하라.

27 너의 제자들도 지금은 아이가 아니며 다 성년이 되었으니,

28 이 법전은 나의 아들을 통하여 나의 아들이 인간으로서 만드는 것이 아니요, 너희들의 지혜로써 만들어지는 것이 아니요,

29 나 여호와의 말씀이요, 나 여호와의 뜻이요, 나의 성령으로써 내가 내리는 것을 너희들은 기록하고 만드는 것이요,

30 나의 아들은 전하는 그 임무로써 끝나는 것이라는 귀하고 소중함을 알도록 그리하라, 사랑하는 나의 아들딸들아!

31 그리하여 내가 너희들에게 무어라 말하였느냐?

32 법전을 전함에 있어 어렵고 힘들다 하여도, 너희들이 견디며 구원해 주는 만백성이 되라 했으며,

33 너희들이 나로부터 생명을 받은 것이 은혜요, 그 죄로써 뒤범벅이 된 너희 생명을 오늘 당장 내가 불러 심판하지 아니함이 너희들의 은혜요,

34 그리고 그 죄를 용서받을 수 있는 은혜를 받은 것이 누구보다도 더한 축복이요, 영광이라 하였거늘,

35 너희들이 어찌 태만하며 너희들이 다른 생각을 할 수 있는가?

36 나의 아들서부터 그를 따르는 제자, 너희들은 이제 내가 너희들의 나약한 마음이요, 잘못됨을 용서하지 아니할 것이니 그리 알라.

37 너희들이 이제 성년이 되었으니, 안될 때는 매로 다스릴 것이며 벌로 다스릴 것이라는 걸 명심하고 또 명심하도록 그리하라, 사랑하는 나의 아들딸들아!

10,692 번째 하나님 말씀

2004년 4월 21일 08시 46분

1 사랑하는 나의 아들아!
2 **"네, 아버님! 말씀하옵소서."**
3 너희가 구원의 길에 들어서려면, 그리
고 너희들이 구원을 받으려면, 무엇보
다도 나의 아들 예수가 역사했음을,
그 예수에 대한 것을 잘 알아야 한다
너희들은 그리 가르치느니라.
4 그것은 예수 자체의 태어남과, 하늘에
오름과, 그리고 부활과, 하늘에서 너
희들을 심판하러 다시 내려와 재림한
다는 것이니,
5 너희들은 그와 같은 것을 아는 것이
중요한 것이 아니니라.
6 오늘의 믿음의 길을 가는 백성들이요,
신앙생활을 하는 너희들이 무엇이더
냐?
7 나의 아들 예수를 잘 알며, 그를 알아
야 너희들이 하늘에 오른다 함이니,
8 그러니 예수가 이 세상에 와 전하고자
했던 그 뜻이요, 역사하고자 했던 그
뜻이요, 지혜의 가르침이 무엇인가를
너희들이 생각하는 것이 아니라,
9 예수가 어찌 태어났으며, 그리고 어찌
부활했으며, 그리고 하늘에 어찌 올랐
으며, 다시 재림하여 온다는 그것만을
매달리고 연연하는 믿음과 신앙이 거
기에 상주하고 있는 것이 너희들이 오
늘의 길이니라.
10 그러나 너희들이 그리해서는 아니 됨
이니라.
11 예수를 알라 함은, 너희들은 그를 통
하여 나 여호와가 전하려 했던 성령의
뜻을 알아야 하는 것이니라.
12 그런데 너희들은 거기에 최선을 다하
며 그를 알려 하지 아니하며 그를 깨
우치려 하는 것이 아니요,
13 엉뚱한 외형적인 것에, 진리와 아무런
관계없는 것, 그리고 하늘에 오르는
길이요, 깨달음과 관계없는 그와 같은
외형적인 것에만 매달리며,
14 그것을 가지고 위대한 것이요, 귀한
것이요, 나의 아들 예수요, 창조주 아
버님의 아들이기 때문에 역사했다는
것,
15 거기에 너희들이 모든 초점을 맞추고
가는 신앙이요, 믿음의 길이니, 그것
이 잘못되었음이니라.
16 나의 아들 예수를 알려거든 그가 전하
려 했던 그 지식이요, 그 성령의 뜻을
알도록 너희들이 노력하며 최선을 다
해야만 너희들이 그를 알 수 있는 백
성이라는 것을 알라.
17 너희들이 나의 아들 예수를 영생이라
하며, 주 예수만이 영생이요, 그 안에
영생이 있다 너희들이 그리 전하고 가
르치는 그것이 다 무엇이더냐?
18 성령이 임하는 백성이요, 하늘의 지혜
를 얻는 백성이 되라 함임을 너희들은
알라.
19 그러니 너희들이 그 예수가 영생이요,
그 영생 안에 너희들이 존재하는 것,
그 모두는 너희들이 성령이 임하는 백
성이 되어야 되며,
20 하늘의 지혜를 얻어 하늘에 오르는 그
것을 아는 백성들이 그 모두가 다 더
불어 같이할 수 있는 것이라는 것을
잊어서는 아니 됨이니라.

21 이제 내가 나의 아들을 통하여 너희들
에게 전함이니, 예수가 살아온 행적이
요, 예수가 그와 같이 태어나고 이와
같은 일대기를, 그리고 다음에 이루어
질 것이라는 그것에 너희들이 연연하
지 말며,
22 예수가 말한 성령으로써 임한 백성이
되도록 하며, 하늘의 지혜를 얻을 수
있도록 하며, 사랑을 베풀며 역사하고
전하고자 했던 그 지혜의 뜻, 그것을
알고자 노력하는 것,
23 그것을 아는 백성이 바로 너희들이 구
원의 길에 들어서는 백성이요, 나에게
오를 수 있는 백성이라는 것을 알아야
될 것이니 그리 전하노라, 사랑하는
나의 아들딸들아!

10,693 번째 하나님 말씀

2004년 4월 21일 08시 49분

1 사랑하는 나의 아들아!
2 "네, 아버님! 말씀하옵소서."
3 지금의 모든 믿음이요, 지금 이 험악
한 세상이요, 지금까지 흘러와 너희들
이 말세요, 종말의 시대라 너희 스스
로 입으로 말하며,
4 도둑이 들끓는 세상이요, 인간이 살
수 있는 세상이 아니라 너희들이 그리
말하는 것이 무엇이더냐?
5 그 모두는 성경의 그 비밀이요, 성경
의 비유의 뜻을 아는 백성이 없어 제
대로 가르치지 못하였기 때문에 오늘
의 이와 같은 형국이 되었다는 걸 너
희들은 잘 알고 있을 것이니라.
6 그러니 성경의 비밀을 알 수 없기 때
문에, 지금까지 비진리를 가지고 믿음
의 길이요, 신앙의 길을 온 백성들이
요, 종교 지도자가 그리 지도하고 이
끌어 왔기 때문에, 너희들이 이리 잘
못되었음을 알아야 될 것이니라.
7 그리하여 내가 너희들을 바로잡기 위
하여 나의 법전을 세상에 내려보내며
160권으로써 근거하는 책을 내보내,
너희들 자신의 믿음을 재조명해 보며,
오늘의 너희들의 믿음을 다시 비춰 보
는 그와 같은 기회를 내가 주고 있음
을 너희들은 알아야 될 것이니라.
8 그러니 너희들이 정녕 구원이요, 하늘
에 오르고자 한다면, 내가 내리는 새
로운 성경의 그 의미요, 그 뜻을 아는
데 최선을 다해야 될 것이며,
9 어찌하여 이와 같은 160권으로써 새
로운 성경이 내려왔는가 하는 것을 너
희들이 여기서 깨우쳐 들여다보지 아
니하면 절대 아니 됨을 알라.
10 너희들이 중요한 것은 무엇인 줄 알겠
느냐?
11 너희들이 과거의 역사에서 흘러온 현
재까지의 그 믿음을 재론하며 그 관
계 개선을 위하여 그 끈을 놓지 못하
며 지금 몸부림치는 종교 집단이요,
지도자가 있는 한 너희들은 거듭날 수
없으며 변할 수 없는 것이니라.
12 그러니 가장 무섭고 두려운 것이요,
잘못된 것은 과거의 관습이요, 너희들
이 지금까지 흘러온 그 믿음을 재론하
며 그 판을 짜,
13 너희들이 거기서 변하지 아니하려는
종교 집단이요, 지도자요, 그 신도들,
그들로 하여금 가장 무서운 현실이 오

늘의 역행함임을 너희들은 알라.
14 나 여호와는 변하기를 원하며, 변하는
새로운 시대를 이미 열고 역사하거늘,
15 그를 따르는 자들까지 방해하며 그를
막는 것이 바로 너희들이 과거를 재론
하며 과거의 믿음이요, 그 관습에서
벗어나지 못하는 자들임을 알라.
16 그리하여 성경을 제대로 알지 못하며
해석하지 못하며 오늘의 암흑의 세상
이 흘러온 너희들에게, 나의 아들을
통하여 새로운 160권의 법전을 내려
보내니,
17 이를 읽고 깨우친 자는 성경의 비밀을
열 수 있는 모든 열쇠를 받는 자들이
라 하였거늘,
18 그를 열어 읽고 깨우치는 백성들의
그 길마저 막는 것이 오늘의 종교 집
단이요, 지도자들 너희들이니, 그 죄
가 얼마나 무섭고 두려운 것이며,
19 그들이 있음으로 인하여 새로운 변화
의 새 시대가 열릴 수 없음이니, 결국
저희들이 변하지 아니하면 그들을 단
죄할 수밖에 없으며,
20 지금의 모든 교회요, 성전이요, 성막
이요, 그 모든 문을 닫으며 거미줄을
치고자 하는 것이 나 여호와이니,
21 너희들은 이 두려운 사실을 알아야 될
것이니라.

10,694 번째 하나님 말씀

2004년 4월 21일 08시 52분

1 사랑하는 나의 아들아!
2 "네, 아버님! 말씀하옵소서."
3 내가 너희들에게 전하여 무어라 하였
느냐?
4 나의 법전을 전함이 어렵고 힘들며,
그 견디는 것이 어렵고 힘들다 하였음
이니라.
5 그러니 그것보다도 더 어렵고 힘든 것
이 무엇이더냐?
6 일반 백성들이 잘못 가는 믿음의 그
신도들을 바로 깨우쳐 하늘에 오르는
길을 인도한다면, 과연 그것이 가능한
가?
7 너희들은 절대 가능할 수 없음이니라.
8 그러니 너희들이 나의 법전에 기초를
둬, 나의 법전을 가지고 대화하며 깨
우쳐도 그들이 돌아설까 말까 하며 그
들이 돌아서기가 그리 어려운 것이니,
9 과연 너희들이 지금 나의 법전을 가지
고 전하며 전하는 것이 힘들고 어렵다
하여, 너희들은 나의 백성 피조물 만
백성들이 잘못 가는 신앙이요, 거기에
굳어진 마음을 돌리는 것보다도 더 어
렵고 힘들겠느냐?
10 그러니 너희들이 너희 형제요, 한 백
성을 구한다 생각하며, 나의 법전을
전함이 어렵고 힘들다 해도 너희들이
견디고 이기는 승자가 되어야 될 것이
니라.
11 다시 한 번 내가 너희들에게 명하니,
모든 믿음의 길을 가는 백성이 잘못되
었으며 그들을 바로잡고자 하니,
12 너희들이 나의 법전이요, 새로운 성경
이 없이 그들에게 접근하여 그들을 깨
우친다면 무엇으로 깨우치며 그들을
구할 수 있느냐?
13 절대 아니 됨이니라.
14 그는 있을 수 없는 현실이며, 너희들

이 되려 넘어지면 넘어졌지, 그들을
구할 수 없는 것이 오늘의 믿음의 길
을 가는 백성들의 말장난이요, 그 말
재주임을 너희들은 알아야 될 것이니
라.
15 그러니 그와 같은 자를 깨우치고 바로
세우기 위해서는 나의 법전밖에 역사
할 수 없으며, 나의 법전이 아니면 그
를 역사할 수 없으니,
16 나의 법전을 만드는 오늘의 고통을 너
와 그 제자들도 어렵고 힘들다 하지
말며, 이를 가지고 전하는 너희들이
어렵고 힘들다 하지 말라.
17 너희들이 전하는 것보다 어렵고 힘든
것은 구원하고 깨우치는 것이 어려우
니,
18 그래도 너희들은 전함으로써 그들을
깨우치며 변화될 수 있으며, 너희들을
따르는 수많은 그 백성들이 구원에 오
르는 길을 너희들이 안내할 수 있음이
니,
19 그러니 너희들이 그들을 아무것도 갖
지 아니하고 아무것도 알지 못하는 세
상에서 깨우치는 것보다, 너희들이 나
의 지혜요, 나의 뜻을 가지고 전하는
그 역사가 위대함을 알라, 사랑하는
나의 아들딸들아!

10,695 번째 하나님 말씀

2004년 4월 21일 08시 57분

1 사랑하는 나의 아들아!
2 "네, 아버님! 말씀하옵소서."
3 만백성이 이제 정신을 차리며 바로 서
도록 해야 될 것이니라.
4 지금의 믿어 온 백성 그들은 오늘의
구약 시대는 출발의 시대로서 출발의
준비를 한 것이요,
5 신약 시대에 나의 아들 예수는 중간의
시대의 중간 주자로서 최선을 다했으
며 그 임무를 다했으며 책임을 다했다
는 걸 인정하고 그를 믿고 가야 될 것
이니라.
6 너희들은 나의 아들 예수의 보혈이요,
그 죽음이 너희들이 만병통치약이요,
하늘에 오르는 것을 역사하는 것이요,
하늘이요, 땅에까지 모두를 지배하는
위대한 힘이 있는 것이요, 역사라 그
리 말하나,
7 너희들은 그와 같이 생각해서는 아니
됨이니라.
8 나의 아들 예수의 죽음은 중간 주자로
서 그 책무요, 책임을 다하였으니, 그
배턴을 마지막 주자에게 넘겨주는 것
으로써 그 소명을 다했음을 너희들은
알아야 될 것이니라.
9 그러니 너희들이 그것이 완벽한 것이
요, 신약이 너희들을 구원의 길에 역
사하는 것으로 그리 보지 말라.
10 중간주자로서 모두가 역사함이니라.
11 그리하여 성경의 비밀을 열어 주지 아
니하였으며, 신약 시대에 성경의 비밀
을 알 수 있는 자가 없었음이니라.
12 마지막 주자요, 마지막 주자에게 배턴
을 넘겨 그를 받아 가지고 달리는 자
가 있음이니, 그와 같은 자에게 모든
성서의 비밀이요, 감춰진 모두를 전하
여 깨우쳐, 너희들이 바른길을 오게
하고자 하는 것이 지금의 역사함이니
라.

13 마지막 주자는 나 여호와가 직접 그를
받아 가지고 역사함이니, 나의 법전이
세상에 내려가는 것을 무엇이라 하였
느냐?
14 나의 법전의 책장을 넘길 때, 바로 너
희들과 내가 같이하며 내가 역사한다
하지 않았더냐?
15 이 말을 너희들이 깊이 깨우쳐 알아듣
지 아니하면 아니 됨이니라.
16 내가 너희들에게 그리하여 무어라 했
느냐?
17 지금의 믿음의 그 길이요, 너희들이
고통스러운 그 길을 가지 말며,
18 내가 내리는 새로운 성경이요, 나의
법전을 하나님 말씀이요, 나 여호와의
뜻이라 너희들이 굳게 믿고, 나의 법
전을 가슴에 안고 정독하는 자,
19 너희들이 심판을 받을 때 그 상을 알
게 될 것이며 그 상이 반드시 있다 하
였거늘,
20 이 간단하고 편안한 길을 내가 너희들
에게 제시해 주고 가르쳐 주거늘,
21 어찌하여 너희들이 어렵고 힘들게 빙
빙 돌아, 돌아, 돌고 돌다 너희들이 나
에게 오지 못하며, 지쳐서 쓰러지는
그와 같은 길을 간단 말이더냐?
22 내가 열여섯 권의 법전 속에 기록한
내용을 다시 한 번 너희들이 들여다보
라.
23 나의 법전은 하나님의 말씀이라, 그리
고 창조주의 말씀이라 그를 믿는 것,
그것으로써 너희들이 죽음의 심판을
받았을 때 그 상을 알게 되며 그 은혜
가 무엇인가를 알게 될 것이라 내가
그리 전하였으니,
24 이 세상에 존재하는 것은 나 여호와의
뜻에 의하여 존재하는 것이라는 걸 너
희들이 매일 말하며 입으로 전하면서,
그것을 너희들이 믿지 아니하며 행하
지 아니하는 어리석은 백성들이 된단
말이더냐?
25 이 세상의 독벌레까지도 나 여호와의
뜻이요, 내가 주관하지 아니하는 것이
없으며,
26 너희들의 머리카락 하나, 몸에 나는
솜털 하나까지도 다 그 모두가 나 여
호와의 주관하에 하는 것이니,
27 나의 법전이요, 새로운 성경이라는 것
이 얼마나 위대하고 큰 것인데도 너희
들이 새털만큼도 여기지 아니하며,
28 그 모두는 나 여호와의 뜻이라 하면서
이 위대한 나의 새로운 성경은 내 것
이 아니라 너희들이 그리 거부하느냐?
29 그러기에 너희들이 이것은 모두가 나
여호와가 주관하며 창조하는 것이라
는 내 진리요, 내 뜻의 가르침을 그대
로 너희들이 받아들인다면,
30 나의 법전을 보기에 거부할 이유가 없
으며, 그를 너희들이 보는 데 두려움
이 없을 것이니라.
31 그러니 이를 읽고 깨우쳐 너희들이 바
른길을 본다면, 너희들이 변하지 아니
한다 해도 나의 법전을 읽고 이것이
나 여호와의 뜻이라는 것을 믿는 그것
으로써 너희들이 심판대에 서서 그 상
을 안다 하였거늘,
32 이 간단하고 편안한 그 뜻을 너희들이
어찌 따르지 아니하려 그리하느냐?
33 여기에 너희들은 내가 기록한 그 내용
을 다시 한 번 상기해 보라.

34 그리하여 그와 같은 길을 행하는 자,
나로부터 구원의 역사를 얻을 수 있는
길이 거기 있거늘,
35 이 간단하고 편안한 답을 주었거늘,
이를 거부하는 자, 이를 듣지 아니하
는 어리석은 백성 너희들이 너희 자신
을 들여다보도록 그리하라.

10,696 번째 하나님 말씀

2004년 4월 21일 09시 00분

1 사랑하는 나의 아들아!
2 "네, 아버님! 말씀하옵소서."
3 부모가 여러 자식을 두었음이니, 그
자식들이 그 부모의 말을 알아듣지 못
하며 그를 듣지 못하는 자식이 있다
면, 그 부모의 마음이 얼마나 답답하
고 답답하겠는가?
4 너희들은 말 못 하는 자식이요, 듣지
못하는 자식만이 듣지 못하는 것이요,
말 못 하는 것이 아니라 함을 알라.
5 입은 있되 너희들이 아름다운 말이요,
나 여호와의 뜻이 아니요, 거역된 말
을 하는 자는 너희들이 사탄의 말을
함이니,
6 이는 입이 있어도 말하지 못하는 자만
못하며, 그는 입이 있어도 말하는 것
이 아니니라.
7 너희들이 나 여호와의 뜻에 의해 선행
을 하는 자, 아름다운 말을 하는 자,
그가 입이 있어서 말하는 자요,
8 내 뜻을 거역하는 자, 사탄의 말을 찬
양하는 자, 그와 같은 자는 입이 있어
도 말을 하는 것이 아니요, 사탄의 노
예요, 사탄의 종으로서 역사함이니,
나와 관계없다는 것을 너희들은 알라.
9 나 여호와가 160권의 법전에 기록하
며, 하늘에 오르는 길이요, 너희들의
깨달음의 길이요, 그리고 거듭나는 나
의 아들딸로서 내 품에 올 수 있는 그
모두를 나의 아들을 통하여 강론으로
써, 그리고 설교로써, 그리고 나의 책
으로써 너희들에게 전함이니,
10 어찌하여 이를 듣지 못하며 알아듣지
못하며 들으려 하지 아니하며, 이를
너희 것으로 만들려 하지 아니하느냐?
11 그러니 듣지도 못하고 말도 못 하는
그 자식을 둔 마음보다도 나 여호와의
마음이 더 고통스럽고 아픔을 너희들
은 알겠느냐?
12 이제 이 세상의 모두는 나의 주관하에
이루어지지 아니하는 것이 없다 함이
니,
13 이 세상의 모두는 너희들이 소중하며
값있는 것이라 생각하여, 읽어 보고
또 들여다보도록 그리하라, 사랑하는
나의 아들딸들아!

10,697 번째 하나님 말씀

2004년 4월 21일 11시 09분

1 사랑하는 나의 아들아!
2 "네, 아버님! 말씀하옵소서."
3 내가 너희들이 그리 목매달고 있으며
하늘에 오르는 길이라 하며, 너희들이
그리 매달리는 구약과 신약의 그 성서
의 가르침이 무엇이라 말하였느냐?
4 하늘에서 내가 내리는 진리요, 내가
가르치는 그 뜻에 비유한다면,
5 백사장의 모래알만도 못한 작은 것이

구약이요, 신약의 성서 속에 기록되어
있는 모든 내용들이라 내가 그리하지
아니하였더냐?
6 그와 같이 너희들이 하늘의 뜻은 끝이
없으며 그 진리는 한이 없음이니,
7 그리하여 너희들이 성서를 가지고 매
달리는 것은 나 여호와의 뜻의 작은
부분을 너희들이 이제 깨닫기 시작하
며, 그 보는 눈을 띄워 주는 그 길을
안내한다 하였느니라.
8 그리하였거늘, 지금 믿음의 길을 가는
그 백성들 너희들이 어찌 가더냐?
9 신도라는 자, 너희들이 말하는 안식일
이요, 재물을 바치는 날 하루를 빠져
도 너희들이 그는 지옥으로 가는 자
요, 하늘의 뜻을 거역하는 자요,
10 그날 당장 체벌을 받으며 그 죄를 받
는다 너희들이 그리 공포 분위기를 만
들어 끌고 가지 않더냐?
11 여기서 내가 너희들에게 깨우치고자
하느니라.
12 종교 지도자가 너희들에게 가르치는
그날의 가르침이 무엇이더냐?
13 1년 전에 가르쳤던 것을 저희들이 또
돌리고 또 돌려 그와 같이 가르치는
것이니, 30년을 다닌 자는 30년 동안
너희들이 그 수많은 날을 들은 것이
아니더냐?
14 그것을 너희들이 하루를 안 듣고 한
번을 안 듣는다 하여 너희들이 어찌
지옥을 가며, 내가 너희들에게 체벌을
한단 말이더냐?
15 저희들이 가르치는 설교는 1년 전에
한 이야기요, 그 설교는 그대로 또 재
탕하고 재탕하지만,
16 이 자연 속의 위대함이요, 자연 속에
서 얻은 너희들의 깨우침은 얼마나
위대하던가?
17 그들은 이 세상의 이 자연에서 너희들
이 듣고 배우는 것이 더 위대하며 더
방대하다는 것을 모르는 어리석은 자
들이니라.
18 너희들이 일주일에 하루를 주일이라
하며 설교를 듣지 않는다 하여 너희들
이 벌을 받으며 체벌을 받는다는 그와
같은 공포 분위기요, 그 사악한 자들
의 말에 현혹되지 말라.
19 너희들이 자연에서 얻어지는 것이 더
위대하며, 1년 전에 가르친 것을 재탕
하고 또 재탕해서 귀가 따갑게 듣는
그 속에서 깨우침이 어디 있고 배움이
어디 있겠느냐?
20 자연 속에서 너희들이 보고 느끼는 그
위대한 깨달음이 더 소중하고 귀한 것
이며,
21 너희들이 1년 전에 가르친 것, 2년 전
에 가르친 것을 재탕하고 또 재탕하는
것보다 더 위대한 깨우침이요, 가르침
이 자연 속에 있다 함을 알라.
22 그러니 저희들이 하는 곳에 재물을 바
치지 아니할까 봐, 저희들에게서 물이
흐르듯이 빠져나갈까 봐 두렵고 그들
이 그 공포를 견디지 못하여 하는 말
이 무엇이더냐?
23 지키지 아니하고 빠지면 그저 체벌을
받으며 벌을 받는다 그리 공포 분위
기를 조성하여 나의 백성들을 끌고 가
니,
24 제가 1년 전에 한 말을 똑같이 듣는
것과, 자연이 한 번 흘러가면 다시 오

지 않는 아름다운 자연 속에서 너희들
이 깨달음을 얻는 것,
25 그리고 여행을 하며 얻는 것, 너희들
이 일을 하며 얻는 것, 움직이면서 얻
는 것, 형편에 따라서 너희들이 활동
하면서 얻는 것이 얼마나 더 위대하고
귀하고 소중한 것이던가?
26 재탕, 재탕하는 것보다는 천배 만배
더 깨달음이 있으며, 자연의 선생이
요, 자연의 품에서 너희들이 위대한
깨달음을 얻을 수 있거늘,
27 그를 제가 가르치는 것, 재탕하는 것
보다 위대하지 못하다 말하는 자, 그
게 얼마나 저 자신의 부족함을 막기
위해서, 그를 덮어 나가기 위해서 하
는 행위인 줄 알겠느냐?
28 이제 나의 아들을 따르는 제자들이요,
믿음의 길을 가는 백성, 너희들은 알
라.
29 몇십 년 동안 재탕하고 재탕한 것을
또 듣고 듣는 것보다, 너희들이 자연
속에서 깨달으며, 너희들의 눈으로 보
고 체험하여 얻는 그 변화무쌍함을 얻
는 것, 거기서 너희들이 얻는 것이 진
리요, 깨달음이니라.
30 지나가는 자에게 듣는 진리의 한마디
가 너희들이 몇십 년 동안 재탕하고
재탕하는 소리를 듣는 것보다 더 위대
한 깨우침이요,
31 너희들이 그 변화의 역사가 거기 있다
는 것을 모르지 아니할 것이니, 그 뜻
을 너희들이 알도록 그리하라.
32 그렇다면 너희들이 그저 그날이요, 주
일에 오지 아니하며 헌금을 바치지 아
니하면 당장 체벌을 받으며,
33 거기다 너희들이 넘어져 그저 손 한
번 조금 상처 나는 것도 너희들이 그
날 오지 아니하여 죄진 것이라는 그
어리석고 불쌍하고 사악한 자들 앞에,
너희들이 어찌하여 그 현명함을 바치
고 있단 말이더냐?
34 정녕 내가 보기에는 그 종교 집단이
요, 지도자들보다도 너희들이 더 높은
지혜요, 더 위대한 지혜를 가지고 있
는 자라 내가 그리 봄을 알라, 사랑하
는 나의 아들딸들아!

10,698 번째 하나님 말씀

2004년 4월 21일 11시 12분

1 사랑하는 나의 아들아!
2 "네, 아버님! 말씀하옵소서."
3 너희들이 믿음의 길을 가는 백성들이
요, 내 뜻을 역사하며 성서의 한 획도
한 자도 고치지 아니하고 그리 지키며
철저한 믿음으로 가는 자,
4 그리하여 너희들은 구원을 받은 자들
이요, 당연히 구원을 받는다는 그 착
각 속에서 헤매는 백성, 너희들이 나
의 뜻대로, 계명대로 살지 아니하며
그리할 수 없다 말함은, 과연 어떠한
것이더냐?
5 그러니 너희들이 과연 누구이기에 창
조주 나 여호와가 직접 불로 써 내린
나의 친필이요, 나의 십계명을 지킬
수 없으며 그 뜻을 따를 수 없다 하며,
내 뜻을 거역하는 행위를 하는가?
6 과연 너희들이 그와 같이 말하는 것이
나의 자식이요, 나의 아들딸이라 말할
수 있겠는가?

7 그와 같은 것을 말하는 자, 가르치는
자가 나의 백성이요, 나의 목자라 너
희들이 과연 말할 수 있는 것이냐?
8 내 뜻을 거역하는 행위를 할 수 있는
자, 과연 네가 누구이기에 감히 나의
계명을 지킬 수 없다며, 나의 새로운
법전이요, 새로운 성경대로 살 수 없
다 그리 말하는가?
9 그러니 너희들의 그 행위가 얼마나 사
악한 짓이며, 얼마나 나를 능멸하는
짓인가, 너희들이 한번 돌이켜 보지
아니하면 아니 될 것이니,
10 너희들이 오늘에 하고 있는 그 생활이
요, 그 죄상을 한번 들여다보도록 그
리하라.
11 너희가 누구이기에 창조주 나 여호와
의 뜻을 거역하며 그리 행하고 살 수
없다 하며,
12 내가 지금 나의 아들을 통하여 내리는
새로운 성경이요, 그리고 그 계명을
너희들이 지킬 수 없다 말하니,
13 그것이 너희들이 누구이며 너희들의
한계가 누구이기에, 너희들이 과연 나
의 아들딸이며 나의 백성이라 말할 수
있으며 나의 목자라 말할 수 있느냐?
14 그러니 모두가 잘못되었으며 모두가
잘못 흘러갔으며, 모두가 다 거꾸로
되었으며, 모두가 썩어져 있으며, 모
두가 무너져 있는 이와 같은 형국이
되었음이니라.
15 그리하여 너희들이 가르치는 설교는
그 썩은 냄새가 하늘을 진동함이니,
이를 막고자 하는 것이 나 여호와의
뜻이라 하여 내가 지금 오늘의 대장정
의 역사를 이룸이니라.
16 그러니 너희들이 누구기에 감히 거역
할 수 있으며, 누구기에 감히 계명을
지킬 수 없으며, 누구기에 내가 내리
는 새로운 성경을 지킬 수 없다 말하
느냐?
17 그 너희들이 얼마나 오만한 자들인가
그를 알 날이 머지않았을 것이니라.

10,699 번째 하나님 말씀

2004년 4월 21일 11시 17분

1 사랑하는 나의 아들아!
2 "네, 아버님! 말씀하옵소서."
3 모든 사랑하는 나의 백성 너희들이,
그런 너희들은 무엇이냐?
4 나 여호와가 너희들을 쓰고자 하여 세
상에 내보냈으며, 내가 너희들을 부리
고자 했으며, 내가 부릴 수 있는 백성
이 너희들임을 알라.
5 그러니 너희들이 지금 내 뜻에 응하지
아니하며, 내가 원하는 길을 가지 아
니하며,
6 내가 이루려 직접 내린 계명이요, 나
의 새로운 법전이요, 새로운 성경대로
지키지 아니하고 이를 거부한다면, 너
희들은 이를 인정치 아니하며 이를 행
하고 따를 수 없다 하면, 과연 너희는
누구더냐?
7 내가 너희들에게 물어보고자 하느니
라, 너희들이 과연 누구인가를.
8 너희는 이 세상에 살아가면서 한 가지
말을 가지고도 그 말이 어떠한 의미
에서 하느냐에 따라서 그것이 다르다
하지 않더냐?
9 너희들이 똑같은 말도 귀한 마음으로

써 하는 말은 귀한 말이 되는 것이며, 천하고 악한 마음을 가지고 하면 악한 말이 된다 아니하였더냐?
10 귀하고 천한 관계가 이루어지는 것이
너희들이 어떠한 생각이요, 어떠한 마음을 가지고 하느냐에 달렸다 하였느니라.
11 내가 너희들에게 묻고자 하느니라.
12 내가 너희들에게 물으니, '내가 누군
데' 이와 같은 말 한마디를 가지고 너희들이 한번 생각해 보라.
13 너희들 스스로 '내가 누군데' 하는 그
말이 너희들이 가장 높은 자의 표현으로써 그를 쓰고자 하며, 모두를 거부하며 '나를 당할 자 없다, 그리고 나를 이길 자 없다.'는 말로써 너희들이 표현하면,
14 '내가 누군데' 그 말이 그와 같은 형국
으로 받아들일 것이며 그와 같이 전해질 것이니라.
15 그러나 너희들이 '내가 누구인데, 보
내신 이가 있으며 보내 준 자가 바로 있으니, 나는 가장 낮은 자요, 명한 자의 명을 따라 살아가는 그것이 나이니라.' 하여
16 '내가 누군데 이리 함부로 살 수 있
나?' 그와 같이 생각을 한다면, 이것은 하늘과 땅의 차이로 너희들이 엇갈리는 대화요, 표현이 아니더냐?
17 '내가 하나님으로부터 명받은 자요,
내가 하나님으로부터 부름을 받은 자요, 내가 하나님으로부터 선택된 자요, 나는 하나님의 명에 따라 살아가는 자요,
18 그러니 내가 누군데 하나님의 뜻이요,
창조주의 뜻을 거역하며 감히 사악한 짓이요, 죄를 짓고 살겠느냐?' 그리 생각한다면, 오늘의 세상은 광명천지가 되었을 것이니라.
19 그러나 모든 종교 집단과 지도자들이
요, 그 신도, 너희들이 어찌 생각하는가?
20 전자를 따르고 그를 행하며, 너희들이
똑같이 그리 말하느니라.
21 '내가 누구인데' 하는 말이 너희들을
추종할 자가 없으며, 너희들을 따를 자가 없으며, 너희들을 역사할 자가 없으며,
22 너희들이 가장 위대한 자요, 가장 훌
륭한 자요, 그리고 하늘에 오르고 못 오르는 그 권한까지 너희들이 가졌다는 사악한 자들이요, 그 추종자들이 지금 하고 있는 행위이니,
23 정녕 너희들이 하는 행위는 그와 같은
행위요, 그와 같은 뜻에서 모든 말을 함이니라.
24 그러니 그게 바로 오늘의 믿음이요,
나의 피조물 만백성을 하늘에 오르게 한다는 그와 같은 자들이 바로 '내가 누군데 나를 당할 자 없다.'는 그와 같은 마음 자세로써 오늘까지 믿어 왔으며, 신앙생활의 뿌리가 젖어 있으며, 그것이 귀에 젖어 있기 때문에,
25 너희들이 변하지 못하고 겸손하지 못
하며 하늘의 두려움을 모르며, 하늘 높은 줄 모르고 지금 그와 같은 행위를 하고 있는 것이 너희들이라는 걸 잊지 말라.
26 '내가 누군데' 하는 똑같은 그 말 한마
디가 그와 같이 무서운 차이가 있듯이,

27 선하고 아름다움이요, 낮은 쪽이요, 겸손한 쪽으로 사용하지 아니하며,
28 너희들이 높고자 감히 감당할 수 없으며 당할 수 없는 자라는 오만방자함 속에서 너희들이 오늘의 그 말을 하는 자들이니,
29 믿음의 가는 길이요, 믿음을 행하는 것도 너희들이 똑같은 자들이니 그리 알라.

10,700 번째 하나님 말씀

2004년 4월 21일 11시 25분

1 사랑하는 나의 아들아!
2 "네, 아버님! 말씀하옵소서."
3 너희들의 믿음의 길은 정녕 무엇이더냐?
4 너희들의 믿음의 길의 지도자요, 선생이라는 것은 나 여호와의 뜻에 의하여 행하는 삶을 사는 자가 가장 위대한 선생이요, 지도자라 함이니라.
5 나의 지도자요, 나의 뜻에 의해 가는 목자는 너희들 인간 세상이 주는 자격증이요, 그와 같은 호화롭고 명예로운 것으로써 너희들이 말하는 것이 아니라,
6 지혜요, 깨달음을 아는 자, 성령으로 임한 백성이요, 신실된 믿음으로 하늘에 오르는 길을 오는 그 백성이 바로 지도자요, 선생임을 너희들은 알라.
7 정녕 너희들이 돌이켜 한번 오늘의 믿음의 현실을 보라.
8 믿음이란 진정한 믿음의 길을 가는 백성이요, 그가 선생이요, 지도자라 내가 그리 말하였으니,
9 지금의 오늘의 종교 집단 지도자 너희들보다 더 열성적인 신도가 있으며 더 열성적인 백성이 있다면 너희들은 과연 어찌하겠느냐?
10 너희들보다도 더 정열적인 믿음으로 가는 자, 그리고 너희들보다 더 진실된 믿음으로 가는 자, 그리고 참진리의 길을 가는 자가 있다면 과연 너희들은 어찌 말할 수 있겠느냐?
11 그러니 너희들이 지금의 가는 그 종교 집단 지도자들이 더 열성적이고 더 진실하게 가는 그 제 신도를 가르칠 수 있으며 너희들이 설교할 수 있는가?
12 그러니 너희들이 그들보다도 못하다면 그는 곧 거짓 지도자요, 사기극을 벌이는 자라 함을 너희들은 알라.
13 목사라 말하는 자보다 기도함이 더 강하며 기도를 더 열성적으로 하며, 그리고 더 진한 마음으로써 기도를 드리는 백성이 있다면, 너희들은 어떠하겠는가?
14 그가 나에게 기도를 드리는 것은 내가 들을 수 있을 만큼 피보다 진한 땀을 흘리며 기도하는 그와 같은 신도가 있다 하면, 목사 네가 무어라 말하겠느냐?
15 그리고 철야 기도를 드리는 것도 너보다 더 많이 더 열성적으로 기도를 드리고 그가 깨달음의 길을 간다면, 목사라는 자 네가 무슨 자격으로 그에게 기도해 줄 수 있느냐?
16 산 기도요, 또한 기도원의 기도요, 금식 기도요, 그리고 새벽 기도요, 너희들이 그와 같은 모든 것을 종교 지도자요, 목사보다 더 진실된 마음으로

더 진실된 자세로써 기도를 더 많이
하고 더 역사한다면,
17 과연 네가 그들을 가르치는 선생이요,
지도자라 말할 수 있겠느냐?
18 너희들이 선행을 하는 것, 사랑을 베
푸는 것, 이웃을 용서하는 것, 자기 희
생을 하는 것이 목사라 하는 자 너희
보다 더 앞서가는 그 신도가 있으며,
더 열성적인 신도가 있으면,
19 과연 네가 그를 가르칠 수 있으며 그
들 앞에 선생이라 말할 수 있느냐?
20 너희들보다 더 열성적이고 진솔된 자
앞에서 너희들이 사기극을 벌이는 것
임을 알라.
21 그러니 너희들보다 진심인 그들을 가
르칠 자격이 있느냐? 없음이니라.
22 그러니 너희들이 하는 말이 무엇이더
냐?
23 더 이상 너희들이 거짓 할 수 없으며
속일 수 없기 때문에, '나는 기름 부음
을 받은 자요, 나는 명받은 자요, 기름
을 흠뻑 부어 젖은 자라' 그리 말하니,
24 더 이상 너희들이 사기 치지 말라, 가
련한 백성들아!
25 거기에 넘어가는 자, 너희들이 또한
그 대가를 치를 것이니 그리 알도록
전하라.

10,701 번째 하나님 말씀

2004년 4월 21일 11시 28분

1 사랑하는 나의 아들아!
2 "네, 아버님! 말씀하옵소서."
3 나의 사랑하는 백성들이 겸손하며 낮
은 자세로 살며, 그리고 저보다 남을
더 사랑하며 사랑을 베풀고 사는 마음
을 가진다면,
4 그리고 내가 내려 준 나의 모든 법도
요, 내가 내려 준 그 규정을 지키고 산
다면,
5 그 모든 은혜를 너희들이 진심으로 감
사하며 진심으로 고마운 마음으로 살
아간다 하면, 너희들은 바로 그것이
무엇이더냐?
6 하늘에 오를 수 있는 천사가 되는 것
이니라.
7 그러니 천사와 같이 되는 자, 하늘에
오름이거늘,
8 어찌하여 너희들은 이와 같이 내가 명
한 것은 지키지 아니하며 행하지도 못
하면서, 너희들이 하늘에 오를 수 있
는 백성이요, 구원을 받았다 그리하는
가?
9 내가 내려 준 모든 명한 것을 지키지
아니하며 그 은혜에 감사하지 아니하
는 백성 너희들이 바로 무엇이더냐?
10 저 자신이 오만하고 교만하기 때문이
니라.
11 그러니 너희들이 교만하고 오만한 자
는 바로 무엇이더냐?
12 나에게 오르는 천사와 같은 삶이 아니
요, 너희들은 그 천사의 삶에서 떨어
져 나감이니, 곧 떨어지는 것은 무엇
이더냐?
13 너희들이 바로 지옥으로 보내지는 그
와 같은 삶을 산다는 그 엄연한 사실
을 어찌하여 너희들은 인정하지 아니
하려 하며 그 가르침을 전함을 그리
듣지 않는단 말이더냐?
14 내가 나의 아들을 통하여 지금 전하는

것이 무엇이 틀렸느냐?
15 사람이란 너희들이 겸손하며 낮은 자
세로 사랑을 베풀며, 나 여호와가 내
려 준 모든 은혜요, 영광을 진심으로
감사하는 마음으로 감사할 줄 알며 산
다면, 곧 천사가 되는 길이요,
16 그와 같이 천사가 되는 자 하늘에 오
를 수 있다 하였음이니,
17 이를 거역하고 이를 지키지 아니하는
자, 너희들이 바로 무엇이더냐?
18 오만한 자요, 교만한 자이기 때문에
인간의 교리를 앞세워 그 모두를 너희
들이 능가하려 하는 자이니, 그와 같
은 자가 곧 너희들이 하늘에 오르는
길에서 떨어지는 자요,
19 떨어지는 자는 지옥으로 바로 간다는
그와 같은 진리가 무엇이 잘못되었으
며, 내가 가르치는 나의 새로운 성경
이 무엇이 잘못되었는가?
20 그리고 그는 모두가 사실이며 그와 같
이 엄연히 이루어지는 것을 알라, 사
랑하는 나의 아들딸들아!

10,702 번째 하나님 말씀

2004년 4월 21일 11시 33분

1 사랑하는 나의 아들아!
2 "네, 아버님! 말씀하옵소서."
3 너희들이 귀하고 귀하다는 그와 같은
성경이요, 그를 내가 세상에 내려보내
고 너희들에게 전하도록 그리하였으
나, 너희들은 어찌하는가?
4 이를 들을 자격이 있는 자가 없으며,
이를 볼 자가 없으며, 깨달을 자가 없
기에 너희들이 깨닫지 못하며 보지 못
한다 내가 하지 아니하였더냐?
5 그러니 아무리 귀하고 소중한 것이 있
으면 무엇하느냐?
6 보지 못하며 그를 볼 줄 모르며 그를
읽을 줄 모르면 무엇하겠느냐?
7 그리하여 그 가련하고 불쌍한 나의 피
조물 만백성들에게 내가 단 한 번의
마지막 기회를 주어 한 사람의 선생을
세상에 내려보냈음이니라.
8 그러니 내가 나의 아들이요, 너희들의
모든 선생이라 하여 한 선생인 나의
아들을 세상에 내려보냈으니,
9 그 강론을 들으며 그 가르침을 받는
너희들이야말로 곧 무엇이더냐?
10 너희들은 한 형제가 되어야 함을 알라.
11 내가 만백성을 구하기 위하여 불쌍하
고 가련한 너희들에게 단 한 번의 기
회를 주기 위하여 나의 아들을 한 선
생으로 세상에 내려보냈으니,
12 그 강론을 들음은 나의 뜻을 듣는 것
이요, 나의 법전을 읽는 것은 나의 성
령을 너희들이 읽는 것이요,
13 그러니 한 선생 밑에서 공부하는 너희
들은 한 형제라는 것을 잊어서는 아니
될 것이니라.
14 가장 사랑하는 형제요, 가장 소중한
형제가 되라 내가 함이 거기 있음이니,
15 그리하여 너희들이 하나가 되라 함이
니라, 사랑하는 나의 아들딸들아!
16 이제 나의 아들을 따르는 제자들이요,
너희들은 한 형제라 했으니,
17 그 형제 중에서 누구든지 자기가 더
높고자 하는 자는 결코 나에게 용서받
지 못할 것이며, 나로부터 내린 은혜
에 그 영광의 축복을 모두 받을 수 없

다는 것을 알라.
18 그 형제 중에서 가장 낮은 자가 되고
자 하는 것, 가장 낮은 자가 되는 그
길을 선택하는 자,
19 그는 나로부터 축복이요, 영광을 받을
수 있을 것이며, 모든 은혜를 받을 것
이며, 가장 높은 자리요, 가장 영광된
자리에 오를 수 있다는 걸 절대 잊지
말라.
20 나의 사랑하는 백성들이 욕심이라는
것 때문에, 그리고 너희들이 옛것을
버리지 못하는 그 구습이요, 그 아집
이요, 그 너희들의 악습 때문에,
21 아무리 새로운 성경에 참진리를 내려
보내도 너희들이 듣지도 못하며 깨닫
지도 못하며,
22 2천 년 동안 내가 내린 그 성경의 뜻
을 알지도 못하고 보지도 못하여, 너
희들이 웅크리고 끌어안고 그저 '주
여, 주여!' 구원이요, 예수님 보혈로써
구원을 받았다 울고불고 그리 휘둘렀
음이니,
23 성경의 내용에 있는 그 참뜻을 모르고
그저 성경책의 그 모양만을 가지고 너
희들이 몸부림치고 거기에 매달려 오
는 어리석은 삶을 살아온 백성들이니,
24 내가 너희들을 불쌍히 여겨, 세상에
하나의 선생을 내려보냈음이니라.
25 그것이 곧 나의 아들이니라.
26 그리하여 그 아들로 하여금, 그 선생
으로 하여금 나의 성령의 내 뜻을 책
으로 만들어 만백성을 가르치며 그 제
자들을 육성함이니,
27 거기에 제자로 선택된 너희들은 다 한
형제라는 것, 한몸이라는 것, 너와 내
가 아니라는 것을 너희들은 절대 잊지
말라 그리 전하노라.
28 내가 너희들이 하나가 되었을 때는 그
것이 무엇이라 했느냐?
29 네 오른손에 가지고 있는 것을 왼손으
로 옮기니, 네 몸에서 옮기는 것이라
했으니,
30 네 형제가 가지고 있는 것을 너에게
전하는 것, 네가 가지고 있는 것을 네
형제에게 전하는 것, 그것이 똑같아야
되며,
31 너희들이 슬픔이 있고 괴로움이 있어
도 아니 되며, 거기에 감정이 있고 높
고 낮음이 있어도 아니 되며,
32 너희들이 더 갖고자 덜 갖고자 하는
것이 있어서도 아니 되며, 시기 질투
하는 그와 같은 마음으로써 너희들이
존재해도 절대 아니 됨이니 그리 알라.
33 내가 너희들에게 다시 말함이니, 이제
나의 아들이요, 하나의 선생을 내려보
내 내가 대업을 이루고자 하니,
34 거기에 선택된 제자 너희들이 누구든
지 자기를 놓고 영광된 자리에 앉고자
하면 내가 용서치 않을 것이요,
35 가장 낮은 자리요, 뒷자리요, 남들이
앉는 자리를 앉겠다는 그와 같은 마음
으로 자신을 낮추고 살아가는 자는 가
장 영광된 것이요, 축복된 자리를 내
가 너희들에게 줄 것이니 그리 알라,
사랑하는 나의 아들을 따르는 제자들
아!
36 너희들은 한 형제라는 것을 절대 잊어
서는 아니 됨이니, 너희들은 한 형제
요, 너희들이 하나의 몸체라 그리 전
하라.

10,703 번째 하나님 말씀

2004년 4월 21일 11시 43분

1 사랑하는 나의 아들아!

2 "네, 아버님! 말씀하옵소서."

3 지금의 믿음의 길을 가는 백성들이 어떠한 형국이더냐?

4 옛것에 대한 그것을 버리지 못하며, 그 고정관념을 버리지 못하고, 그를 뛰어넘지 못하는 어리석은 백성들이니라.

5 그러니 자신의 아집과 자신의 그 아성을 지키고자 하며, 그 모두를 다 지키는 것만이 나에게 오르는 길이요, 다른 길은 절대 용납되지 아니한다는 그와 같은 생각을 가지고 있기에,

6 너희들이 지금 모두를 다 이전의 그와 같은 믿음으로 갔으며, 그리하여 신약 시대가 또 열어지지 아니하였더냐?

7 그러니 지금의 신약 시대를 가는 백성들은 또 어떠한 것이더냐?

8 너희들이 그와 똑같은 전철을 밟고 있음이니라.

9 너희들 것만이 최고요, 너희들 것만이 위대한 것이라 하여 그 고정관념을 버리지 못하는 어리석은 삶에서 허덕이기 때문에, 너희들 또한 모두를 다 잃어 가고 있는 것이며,

10 새로운 성경이요, 새로운 법전이라 하여 하늘과 땅의 교통할 수 있는 그 모든 지혜를 내가 깨우쳐 주며 성서를 볼 수 있는 그 비밀의 문을 열 수 있는 열쇠를 손에다 쥐여 주나 그를 받으려 하지 아니하니,

11 너희들이 성서의 그 위대함을 어찌 안단 말이더냐?

12 지금의 종교 집단과 지도자 그 백성 너희가 우리 속에 갇혀 있는 짐승과 같음이니라.

13 그러니 너희들 사람이 기르는 그 짐승이야말로 인간이 만들어 놓은 그 우리 속에 사람이 가둬 놓았기에, 그는 가둬 놓아 주는 대로 먹고사나,

14 너희들은 지금 너희들 스스로가 만든 그 우리 속에 갇혀 있는 그와 같은 형국이요, 세상의 위대함을 모르고 모두와 담을 쌓고 사는 것이 너희들이 아니더냐?

15 그러니 너희들이 구원의 길이 아닌 길을 가다 죽음을 맞이하는 것은 당연한 것이며,

16 너희들이 구원의 길이 아닌 그 길을 가다 죽음을 맞이하니, 그것은 너희들이 그리도 가기 싫어 몸부림치는 지옥의 문을 통과하는 것이 너희들의 운명이라는 걸 절대 잊지 말며 지우지 말라.

17 너희들이 지금의 그와 같은 길을 가는 삶이 전부요, 그 삶이 아니고는 너희들이 살 수 없으며, 그 삶이 아닌 것은 지탱할 위치가 없으며 존재할 가치가 없다 너희들이 그리 말하여, 다른 백성들까지도 그리 끌고 가며,

18 의사가 같지 아니하며 뜻이 같지 않은 자를 너희들이 적으로 대적하는 그와 같은 무서운 형국이 되었음이니라.

19 내가 보는 오늘의 믿음의 길을 가는 백성 너희들은 무엇이더냐?

20 야생동물을 길들여 먹이를 주고 그를 길러 그를 세상밖의 밀림 속으로 내

보내 자유롭게 살라 하나,
21 제가 길들여진 것 때문에 제가 살 능
력이 없기에 인간 세상으로 그 먹이를
찾아 그 주인을 찾아 계속 오는 그와
같은 짐승의 형국보다도 더 무섭게 길
들여진 자며 더 나약한 자들이며,
22 너희들 자신이 거듭날 수 없으며, 거
듭나는 그와 같은 자력도 없는 자들이
라, 그리고 옳고 그른 것을 볼 수 있는
그것도 잃어버린 자들이니라.
23 그러니 오로지 너희들이 그저 가르치
는 자, 그리고 잘못된 지도자들이 주
는 단물이요,
24 너희들이 넓은 길로 하늘에 오르는 길
이라 가르치는 그 편안한 길만을 가고
자 지금 몸부림치며, 그것이 나에게
오르는 길이라 하나,
25 나의 성서에 기록한 것은 그 대가를
치르며 좁은 길이요, 좁은 문을 오지
아니하면 아니 된다는 그 너희들의
가르침을 다시 한 번 깨우쳐 보도록
그리하라.

10,704 번째 하나님 말씀

2004년 4월 21일 11시 46분

1 사랑하는 나의 아들아!
2 "네, 아버님! 말씀하옵소서."
3 너희들이 고정관념이요, 옛것을 버리
지 못하면, 세상의 모든 고민과 망상
과 고통, 그 모두를 다 짊어지고 살아
가는 그 백성의 삶을 자조하는 것이
바로 너희들의 삶이라는 것을 만백성
에게 전하도록 그리하라.
4 너희들은 새로운 변화요, 새로운 시대
가 역사함이니라.
5 그리고 믿음이요, 하늘에 오르는 길로
내가 출발 주자와 중간 주자와 마지막
주자가 단계적으로 이렇게 계승되어
있다 하지 않더냐?
6 물이 흐르듯이 너희들이 처음서부터
또 흘러 흘러내려 와 마지막에 생명수
가 될 수 있는 그와 같이 흐름의 방향
으로써 모두가 다 역사함이니라.
7 그러니 너희들이 옛것만을 생각하며
옛것의 망상에서 지금 아우성치는 자
는 만백성이요, 모든 동식물의 생명수
가 될 수 있는 흐르는 물을 막고자 하
며 막으려 대드는 자들이라는 걸 알라.
8 흘러내려 가야 되며 흘러 전해지며 변
하고 변화되는 그와 같은 너희들의
믿음이요, 신앙 속에서 너희들이 하늘
에 오르는 길을 알 수 있으며, 내가 역
사하는 길을 알 수 있으며,
9 6천 년 전에 너희들이 살아가야 할 그
형태요, 너희들이 해야 할 그 책무와
2천 년 전에 너희들이 해야 할 책무와
너희들의 소망과 너희들이 할 수 있
는 것이 다 구분되어 있음이니,
10 너희들이 6천 년이 흐른 지금에 와서
역사할 수 있는 백성들이요, 그 책임
을 가진 백성이 달라지며 그 일을 시
행할 자가 달라지며 그 내용이 달라
지는 것은 당연한 것임을 너희들은 알
아야 될 것이니라.
11 모두가 제 것만을 고집하는 이와 같은
어리석은 삶에서 너희들이 변화될 수
없으며, 새로운 시대를 알 수 없으며,
새로 변하는 그 물결을 알 수 없는 어
리석은 백성들임을 알라.

12 너희들은 흘러간 세대며, 너희들은 오늘의 생명수를 위하여 만백성이요, 동식물이 먹을 수 있도록 그 길을 터 놨으며, 중간까지 너희들이 흘러오는 그 임무가 너희들의 소명이요, 대명이지,

13 그 흐르는 물을 너희들의 고집과 아집으로써 막는 것이 너희들이 해야 할 일이 아니며 너희들이 역사하는 것이 아니라는 것을 알도록 그리 전함이니, 명심하도록 하라.

10,705 번째 하나님 말씀

2004년 4월 21일 20시 39분

1 사랑하는 나의 아들아!

2 **"네, 아버님! 말씀하옵소서."**

3 너희들이 밤하늘의 별을 바라보라.

4 그 별의 숫자보다도 더 많고 많은 것이 나의 백성들이라 하면 너희들이 믿겠느냐?

5 그러니 그 많은 백성 중에서 나로부터 부름을 받은 자요, 내 명을 대역하는 그와 같은 임무를 받은 너희들이 얼마나 은혜와 영광 속에 태어난 백성이며, 나로부터 축복을 받은 백성인가, 너희들은 그를 알아야 될 것이니라.

6 그와 같은 너희들이 그 깨달음이요, 그 의미를 모른다 하면, 너희들은 정녕 흔들리는 바람에 떨어지는 낙엽처럼 너희 자신을 지키지 못하며, 너희들이 무너지고 또 떨어져 나가는 그와 같은 삶을 살게 될 것이니라.

7 내가 사랑하는 나의 아들을 따르는 제자 너희들에게 법전에 기록하여 무어라 말하였더냐?

8 나의 아들이 너희들에게 그리 말하였느니라.

9 나 여호와를 찾는 것도 내가 입을 열어 주며 '앗, 하나님!'이라 내가 입을 열어 부를 수 있을 때, 너희들이 나를 찾을 자격이 있다 그리 법전에 일찌이 기록하여 전했느니라.

10 그와 같은 말을 들을 때 다 정신 나간 자요, 미친 자라 너희들이 그리 말할 것이니라.

11 너희들은 다 나의 아들딸이요, 나의 자식이니,

12 너희들이 아버지라 부르는 것 또한 너희들이 내가 입을 열어 줘야 부르며, 내가 그와 같이 역사를 해야만 부를 수 있다는 말은 이해하지 못하며,

13 너희들이 나의 아들의 가르침이 잘못된 것이 아닌가 그리 생각할 것이며,

14 나의 아들을 공격하는 자요, 이단이요, 사탄이라 하는 자는 정신 나간 자의 말이라 그리할 것이니라.

15 그러나 너희들은 여기서 들어야 될 것이니라.

16 너희들이 나를 아버지라 부르는 것도, 자격을 갖춘 자만 부를 수 있으니, 자격이 없는 자는 나를 아버지라 부를 수 없다는 그 무서운 사실을 알라.

17 모든 종교 집단이요, 믿음의 길을 가는 그 백성들이 무어라 말을 하든, 나의 아들을 따르는 제자들이요, 나의 법전을 읽고 깨우친 만백성 너희들은 자식으로서 그 자격을 갖추지 아니하면 나를 아버지라 부를 수 없음이니,

18 누가 무어라 해도 너희들은 피나는 노력을 괴로워하지 말며, 어렵고 힘든

길을 가는 것을 고통이라 생각하지 말
며,
19 나를 아버지라 부를 수 있는 자격을
갖춘 나의 아들딸로서 거듭나기 위하
여 너희들은 최선의 노력을 다하도록
그리하라.
20 그것만이 너희들이 나에게 오를 수 있
는 길이며, 나의 아들딸로서 너희들이
나를 아버지라 부를 수 있는 자격을
얻게 됨이니라.
21 내가 성서에 기록하여 일찍이 너희들
에게 전하지 아니하였더냐?
22 종은 주인의 뜻을 알 수 없으며, 종은
아무리 무어라 해도 그 주인의 의미
요, 주인의 자리를 지킬 수 없으며, 주
인이 될 수 없다 한 말을 너희들은 기
억하느냐?
23 그 성서의 가르침을 내가 무슨 의미로
써 너희들에게 전했겠느냐?
24 너희들이 나를 아버지라 부를 수 있는
자격을 갖추지 아니한 자는 내 뜻을
알 수 없으며, 나의 아들딸이 될 수 없
다는 의미가 거기 있음이니라.
25 너희들이 종으로서는 주인의 의미를
알 수 없으며, 주인의 뜻을 따를 수 없
으며, 주인을 능가할 수 없다 하지 아
니하였더냐?
26 그러니 주인의 자격이 없는 자는 그
주인의 역사를 알 수 없는 것이요,
27 그리하여 그 아들이 아닌 자는 또 주
인을 보고 아버지라 부를 수 없다는
그 의미를 너희들이 돌이켜 생각해 보
면 그를 알 것이니라.
28 종은 종으로서 존재함이니, 너희들이
나를 아버지라 부를 수 있는 자격을
획득하지 못한 자는, 자격을 갖추지
못한 자는 종과 같으니,
29 종이 주인이 될 수 없으며, 주인의 뜻
을 알 수 없으며, 주인을 능가할 수 없
다는 그 가르침이 바로 그 의미임을
너희들은 알라, 사랑하는 나의 아들을
따르는 제자들아!
30 성서의 가르침이 그 의미이니라.
31 그러니 너희들이 아들이 될 수 있는
그 자격이 먼저 되어야만 너희들이 나
를 아버지라 부를 수 있는 것이요,
32 종으로서 너희들이 존재한다면 나를
아버지라 부를 수 없음이니,
33 내 뜻을 따르지 아니하며 내 뜻을 모
르며 내가 원하는 그 길을 가지 아니
하면 나의 자식이 아니지 않더냐?
34 내 자식이 아니니라. 될 수 없음이니
라.
35 그러니 내가 너희들에게만 명하느니
라.
36 누가 무어라 해도 너희들은 나의 계명
을 지키며 새로 내리는 나의 성경을
지켜 하나하나 그리 행하는 삶을 살라.
37 그것이 너희들이 나의 아들딸이 될
수 있는 자격을 획득하는 것이니, 그
를 획득한 자만이 나를 아버지라 부를
수 있음이니,
38 아버지라 부르는 자에게 내가 황금
같은 그 천국의 문을 열어 주며, 나를
아버지라 부르지 못하는 자에게 내가
어찌 그 문을 열어 주며 그가 내 품에
들어올 수 있단 말이더냐?
39 그러니 종은 주인이 될 수 없다는 그
너희들의 가르침을 가슴속에 깊이 새
기라.

40 너희들이 주인의 뜻을 모르는 종으로
서 남을 것인가,
41 내 뜻을 따라 행하여 나의 아들딸로
서 거듭나 나를 아버지라 부르는 자
격을 획득하며, 그 자격을 갖춰야만
하늘에 오를 수 있다는 그 무서운 뜻
을 이제 너희들이 알아들을 것이며,
42 내가 이리 가르쳐도 너희들이 나의 아
들에게 잘못된 가르침이라 말하지 않
을 수 있는 경지에 올라 있기에, 내가
오늘 너희들에게 가르쳐 줌이니, 그를
명심하도록 하라.
43 내가 나를 아버지라 부르는 입을 열어
주는 자만이 아버지라 부를 수 있는
자격의 의미를 이제 알았을 것이며,
44 나를 아버지라 부를 자격을 갖추는
자만이 나에게 오를 수 있다는 이 무
서운 사실을 너희들은 가슴 깊이 지우
지 말며, 너희들이 그 길을 가도록 최
선의 노력을 다하라.
45 그것만이 너희들이 거듭나는 영광을
얻을 수 있음이니라.

10,706 번째 하나님 말씀

2004년 4월 22일 06시 30분

1 사랑하는 나의 아들아!
2 "네, 아버님! 말씀하옵소서."
3 나의 피조물 만백성 너희들이 나의 법
전을 가슴에 안고 정독하며 그 의미를
깨우쳐 하늘에 오르는 길을 보지 아니
하면,
4 너희들이 나에게 오를 수 있는 그 구
원이요, 너희들이 그리 갈구하는 소원
은 결코 이루어질 수 없다는 그 무서
운 뜻을 알아야 될 것이니라.
5 이는 곧 나 여호와 창조주요, 내 뜻에
의하여 너희들이 출발의 단계에서 중
간의 단계요, 마지막 단계로 이와 같
이 변화되는 역사에 의하여 오늘이 마
지막 단계라 내가 나의 아들을 통하여
나의 법전에 기록하여 너희들에게 전
하지 아니하였던가?
6 그러니 너희들은 이 마지막 단계라는
말을 소홀히 들어서는 아니 될 것이니
라.
7 마지막 주자이기 때문에 마지막 시대
요, 너희들에게 마지막 기회를 주는
것이요,
8 이후는 너희들에게 이와 같은 기회가
없을 것이며, 새로운 성경이라 하여
하늘의 뜻을 기록하여 전하는 일도 없
을 것이니라.
9 그러니 너희들이 오늘에 이 마지막 심
판의 기본이요, 근본이요, 기준이라는
것, 그리고 이를 깨우쳐 읽지 아니하
면 너희들이 결코 나를 볼 수 없다는
그 무서운 사실을 어찌 받아들이는가?
10 그저 이는 사탄이요, 이단이 하는 이
야기요, 지나가는 자가 하는 말이라
너희들이 그리 소홀히 생각함이니, 모
든 백성 너희들은 들어야 될 것이니라.
11 내가 나의 아들을 통하여 다시 말함이
니, 이는 마지막 기회요, 마지막 너희
들에게 선택할 수 있는 여지를 주는
것이요,
12 그리고 이와 같은 오늘의 나의 법전
을 읽고 깨우쳐 너희들이 바로 서지
아니하면, 결코 너희들은 구원의 길을
역사할 수 없다는 것을 명심하도록 그

리하라.
13 너희들이 이를 소홀히 들으며 이를 깊
이 새겨듣지 아니하여 너희들이 오늘
의 믿음이 지금의 가는 구습을 버리
지 못하고 그 길을 고집하며 그 길을
역사하고자 한다면,
14 결코 너희들은 아무런 역사도 이루어
질 수 없다는 것을 알라.
15 몇천 년 동안 너희들이 흘러온 그 역
사요, 오늘의 가르침이 과연 어찌하여
하루아침에 물거품이며, 잘못된 것이
라 하는지 너희들이 당혹스럽고 당황
할 것이나, 이는 엄연한 사실임을 알
라.
16 모든 종교 집단이요, 지도자들이 믿음
이요, 하늘에 오르는 그 이치를 깨우
치는 것이 아니라, 너희들이 인간의
그 교리를 벗어나지 못했으며,
17 너희들이 보통의 인간의 사업장처럼
나의 교회요, 성당이요, 성막이요, 모
든 회막을 다 사업장으로 둔갑시킨
자들이요, 사업을 하는 자들이 지도자
라 나서서 오늘날까지 나의 피조물
만백성들을 이끌어 왔기에, 나와 아무
런 관계없는 그와 같은 것이라 하였음
이니라.
18 그리하여 내가 나의 마지막 법전이요,
새로운 성경을 세상에 내려보냄이니,
19 너희들이 이를 보고 깨우쳐 연구하지
아니하면 결코 아무것도 볼 수 없으며
이룰 수도 없으며, 나와 관계없다는
그와 같은 무서운 사실을 너희들이 깊
이 명심하여, 나의 법전을 들여다보지
아니하면 아니 될 것이니 그리 전하라.

10,707 번째 하나님 말씀

2004년 4월 22일 06시 34분

1 사랑하는 나의 아들아!
2 "네, 아버님! 말씀하옵소서."
3 너희들 인간 세상에 자격증이 있어서
그 자리를 지켜야 하는 자, 그것이 또
한 너희들의 법도가 아니더냐?
4 그러니 자격증을 지켜야 할 자가 그
자격증이 없는 자요, 그와 같은 공부
를 한 사실이 없으며 그와 같은 훈련
을 한 사실이 없는 자가 자격증이 있
는 것처럼 그 자리를 지키며 그와 같
이 행사를 한다면, 이는 바로 무엇이
더냐?
5 너희들이 무면허라 하여 면허증이 없
는 자가 하는 그 행위와 똑같지 않더
냐?
6 그러니 지금의 모든 종교 집단이요,
목자 너희들이 하늘로부터 나의 피조
물 만백성을 구원하는 자격증이 있는
것이 아니요, 자격증을 가지고 있는
자가 없으며,
7 자격증을 가질 수 있는 그 공부요, 그
자격이 없는 자, 오늘의 너희들이 자
격증을 가지고 있는 자의 흉내를 내고
있는 것이니,
8 오늘의 너희 거짓된 행위요, 거짓된
자가 가르치기에 나의 사랑하는 피조
물 만백성이 구원의 길을 오지 못하
며, 너희들이 나에게 오르는 길과는
반대로 지금 이끌어 가고 있음이니라.
9 자격증을 소유하지 아니한 자가 자격
증이 있는 것처럼 너희들이 그리 행사
하니,

10 의술을 배우지 않는 자가, 자격증도
없이 거짓 흉내 내는 의사가 의술을
펴고 있으며 환자를 본다면, 과연 그
건 어떠한 자더냐?
11 사람을 살리는 것이 아니요, 사람을
죽이는 그와 같은 행위를 하는 것이
의사의 자격증이 없는 자가 자격증이
있는 행세를 하는 것이 아니더냐?
12 그러니 의사의 자격증이 있는 자가 소
정의 교육 과정을 거쳐 사람을 치료한
다면, 그것은 의술을 펴는 것이며 죽
은 자를 살리는 그와 같은 역사를 하
는 것이나,
13 그와 같이 중요한 자, 자격증이요, 그
의사의 교육을 받지 않는 자가 거짓
자격증을 가지고 환자를 치료한다면,
그는 사람을 죽이는 그와 같은 짓을
하는 것이 아니더냐?
14 오늘의 내가 보는 모든 종교 집단이
요, 지도자 너희들이 하고 있는 짓이
하늘에 나로부터 만백성을 구하는 자
격증을 받지 않은 자들이 지금 나의
피조물 만백성을 구원한다며 인도하
니, 그것이 바로 너희들이 무엇이더냐?
15 죽음의 길이요, 지옥의 길로 인도하는
것이니라.
16 그리하여 지금 내가 나의 아들을 통하
여 160권의 법전을 세상에 내려보내
어, 하늘의 자격증이 있는 전사들을
지금 만들어 세상에 내려보내고 있으
니,
17 너희들이 그들의 수술을 받으며 그들
의 치료를 받으며 그들과 더불어 역사
하지 아니하면, 너희들은 결코 지금
잘못된 악습이요, 그 폐습을 버릴 수
없으니,
18 너희들이 병들어져 가는 몸을 고칠 수
없다는 뜻이 바로 여기 있으니,
19 그리하여 나의 법전을 읽고 깨우치지
아니하면 너희들이 정녕 구원의 길을
역사할 수 없다 함이 여기에 있음을
알도록 그리하라.

10,708 번째 하나님 말씀

2004년 4월 22일 06시 39분

1 사랑하는 나의 아들아!
2 "네, 아버님! 말씀하옵소서."
3 내가 너희들의 오늘의 믿음의 길을 가
는 것이 무어라 하였느냐?
4 너희들이 믿음의 길을 가는 그 자체가
너희들이 안식일이라 하는 것은 사람
을 위하여 그 안식일이 존재하는 것이
라 하였음이니라.
5 그러나 너희들은 안식일을 위해 사람
이 있는 것처럼 그와 같은 오늘의 그
행위요, 너희들의 성서 또한 어찌하는
가?
6 너희들이 성서에 이 세상의 모든 것은
다 너희들을 위하여 존재하는 것이라
그리하였거늘,
7 너희들은 사람보다도 성서를 더 소중
히 생각하며 성서를 더 위대하게 생각
하는 그와 같은 환경이 되어 있음이니
라.
8 내가 이 세상에 하나의 의인을 얻음으
로 세상 모두를 다 주고도 바꾸지 아
니한다 하였거늘,
9 너희들은 하나의 생명이요, 하나의 나
로부터 명을 받아 나간 그 백성의 소

중함과 귀함은 뒤전이요,
10 오로지 너희들이 성서, 성서요, 그 성
서 앞에 사람의 생명이요, 사람의 가
치를 무가치하게 계산하고 있는 것이
오늘의 종교 집단이요, 지도자 너희들
이 가고 있는 길이니,
11 이 근본이요, 이 자체부터 너희들이
잘못되었다 함이요,
12 그리하여 내 뜻을 모르는 자요, 내가
역사하고자 하는 것을 모르고 가는 길
의 백성이라 내가 함이 여기 있음을
너희들은 알아야 될 것이니라.
13 사랑하는 나의 아들아!
14 나의 법전 160권이 세상에 내려감이
니, 네가 밤과 낮을 가리지 아니하고
이를 역사해도,
15 이는 나의 사랑하는 아들딸이요, 너희
들이 어떠한 형제의 한 사람의 생명
을 구하는 것보다 더 소중하지 아니하
며,
16 그 생명을 구하는 것이 더 소중하고
귀함을 너희들은 알아야 될 것이니라.
17 그러니 너희들이 그 믿음의 길을 가는
자가 어떠하더냐?
18 너희들은 안식일에 손끝 하나도 움직
여도 안 되며, 안식일에 어떠한 일을
해도 안 되며,
19 너희들이 불행한 것을 다스리며, 너희
들이 긴급 상황에 대한 것을 처리하
는 것, 먼저 그를 행하는 것, 이와 같
은 것도 너희는 안식일에는 안 된다
그리 가르치는 자니,
20 이게 너희들이 얼마나 황당한 것이며
잘못된 것이냐?
21 내가 나의 아들을 통하여 160권을 세
상에 내려보내는 이 성령이요, 새로운
성경도 너희들의 한 사람의 생명을
구하는 것보다, 한 사람을 너희들이
바로세우는 것보다 내가 그를 바꿀
수 없으며,
22 그것이 나의 성령이요, 새로운 성경보
다 하나의 생명을 구하는 것이 천배
만배 더 소중하고 귀하다 내가 너희들
에게 전함이니,
23 오늘의 너희들이 성경이요, 그 모두가
사람의 생명이요, 인간의 삶보다 더
귀하고 소중한 것처럼 그리 착각하며
지금 그리 가르치고 그리 가고 있는
그것이 모두가 잘못되었음을 알라.
24 그러니 이제 나의 아들을 따르는 제자
들이요, 나의 법전을 읽고 깨우친 만
백성, 너희들은 이 세상의 어떠한 것
도 너희들의 생명보다 더 귀하고 소중
한 것이 없으며,
25 한 사람의 생명과 모두를 바꿀 수 없
는 것이 그와 같은 것이라는 것을 너
희들은 알라.
26 그러나 지금의 믿음의 길을 가는 자들
이 과연 그리 가는가?
27 그러니 너희들이 그와 같이 잘못되었
다면 그게 나와 관계없는 짓이요, 내
뜻을 모르는 백성들이 하고 있는 짓이
라 함이 거기에 있음이니, 그를 깨우
치도록 그리하라.

10,709 번째 하나님 말씀

2004년 4월 22일 08시 52분

1 사랑하는 나의 아들아!
2 "네, 아버님! 말씀하옵소서."

3 나 여호와가 너에게 가장 엄히 내린
명이 무엇이더냐?
4 "네 아버님!
5 작은 거짓말도 하지 말라 하셨사옵나
이다.
6 그리고 아버님께서 말씀하시기를, 죽
은 자가 되라 그리 말씀을 하셨사옵나
이다."
7 그러니 사랑하는 나의 아들아!
8 과연 너희들이 작은 거짓말이요, 그와
같은 것을 한마디도 하지 아니하고 사
는 너희들로 지금 변화가 되었는가?
9 너희들이 그와 같이 변화가 되지 아니
하였다면, 모든 종교 집단이요, 지도
자요, 그들이 잘못 가고 내 뜻이 아니
요, 나의 뜻을 거역하는 사탄의 종이
요, 노예로서 살아간다는 것을 알겠느
냐?
10 그들이 바로 그러니라.
11 작은 거짓말 하나 지키지 못하기 때문
에, 그것 하나 행하지 못하는 자들이
기 때문에 그들이 다 무너졌음을 너
희들은 알아야 될 것이니,
12 너희들이 그와 같이 아직도 그 하나
지키며 완벽하게 가지 못한다면, 너희
들은 나의 가르침이요, 나의 뜻을 들
은 것이 과연 어디에 무엇을 배웠으며
무엇을 얻었다 할 수 있겠느냐?
13 내가 나의 아들을 따르는 제자들이요,
그리고 나의 법전을 읽고 깨우친 백
성, 너희들에게 죽은 자가 되라 하였
으니, 과연 너희들이 지금 죽은 자가
되어 있는가, 너희들이 죽은 자의 삶
을 사는가 한번 들여다보도록 그리하
라.
14 모든 종교 집단이요, 지도자 그들이
또한 오늘같이 나로부터 버림을 받으
며, 내가 그들의 기도 소리요, 그들의
중언부언하는 소리가 나와 관계없다
하며,
15 그들이 가는 그 열성적이고 그 모두를
다 바쳐 가는 믿음이 나와 관계없다
내가 말하는 것이 무엇인 줄 알겠느냐?
16 그들 또한 죽은 자가 되어야 하거늘,
죽은 자가 되지 못하였기 때문이니,
너희들이 정녕 죽은 자로서 거듭나지
못한다면 무엇한단 말이더냐?
17 이제 나의 법전이요, 나의 강론을 들
은 백성 너희들은 정녕 죽은 자가 무
엇인가를 생각해 봐야 될 것이니라.
18 너희들이 말하느니라, 죽고 싶다, 그
리고 인내하기 쉽지 않다, 견디기 쉽
지 않다, 어렵다 그리 말하느니라.
19 또한, 나의 아들 너도 그러니라.
20 오늘의 160권의 법전을 역사하며 얽
히고설킨 인간 세속의 삶이요, 또한
너희 제자들 또한 얽히고설킨 그 삶에
때로는 너희들이 죽는 것이 나으며 죽
음을 선택하는 것이 낫다 말을 그리함
이니,
21 과연 너희들이 죽은 자가 어떠한 것인
가를 생각해 보았느냐?
22 너희들이 말로 죽은 자가 되고 싶으며
죽고 싶다 말을 한다면, 정녕 죽은 자
가 한번 되어 보라.
23 그러면 너희들이 세상에 못 이룰 것이
없으며 못 얻을 것이 없음이니라.
24 그리고 너희들이 고치기 어렵고 버리
기 어려운 그 악습이요, 그 모두를 다
버릴 수 있는 것이거늘,

25 어찌하여 너희들이 악습을 버리지 못
하며 그 습관을 버리지 못하며, 나를
향하여 한 점의 부끄러움이 없는 삶을
살지 못하는 너희들 자신을 자책하여
너희들이 죽고 싶다는 말을 그리하는
가?
26 정녕 너희들이 나의 뜻에 따르지 못하
며 너희들이 행하지 못하여 그 자책하
는 마음으로 죽고 싶다 하면,
27 정녕 너희들이 죽은 자는 어떠한 것인
가를 한번 깊이 깨우쳐 생각해, 스스
로 너희들이 죽은 자가 되어 보도록
그리하라.
28 죽은 자는 말이 없다 하지 아니하였느
냐?
29 그러니 너희들이 죽은 자가 된다면 말
이 필요 없을 것이며, 죽은 자는 욕심
이 없다 하지 아니하였느냐?
30 그러니 너희들이 죽은 자가 되면 그
욕심이 어디 있겠는가?
31 죽은 자는 사랑하는 사람이 와서 통곡
하고 울고불고해도 그를 알 수 없다
하지 않느냐?
32 그러니 바로 너희들이 죽은 자가 되어
사랑하는 사람, 그리고 소중한 사람,
울고불고할 만한 사람, 그 모두를 다
너희들이 지우고 살아갈 수는 없는가?
33 꼭 죽어야만 너희들이 그 모두를 그리
행할 수 있단 말이더냐?
34 아무리 반가운 사람이 와도 반가움을
모르며, 계절이 바뀌어도 계절의 바뀜
을 모르는 것이 죽은 자의 삶이라 하
였으니,
35 너희들이 그와 같이 동요되지 않는 마
음으로써 거듭난다면 세상에 못 지킬
것이 어디 있으며 못 이룰 것이 어디
있단 말이더냐?
36 그러니 정녕 너희들이 나의 뜻을 따르
지 못하며 너희들이 변하지 못하는 것
을 후회하며 자책하여, 정말 죽고 싶
다 말하는 만큼 너희들이 그리 죽고
싶다 할 정도로 고통스럽다면,
37 너희들 스스로 죽은 자가 되어 보도록
그리하라.
38 죽은 자가 어떠한 것인가를 너희들이
깨달아, 스스로 매사에 죽은 자라 생
각하고 행동하면 못 버릴 것이 없으며
못 지울 것이 없으며,
39 어떠한 악습도 너희들 앞에는 그 아무
것도 아님을 알게 될 것이니, 내가 '돌
이 되라, 죽은 자가 되라.'는 그 뜻을
이제 너희들은 알 것이며 충분히 이해
할 것이니라.
40 그러니 정녕 너희들이 생활에 있어 먼
저 죽은 자가 되는 그와 같은 죽은 자
로서의 삶을 실제로 행하고 살아가도
록 그리하라.
41 그리하면 너희들이 바로 하늘에 오르
는 길이요, 너희들이 그리 고통스러워
하며 자책하는 괴로움이요, 고통도 다
지워질 것이니,
42 너희들은 말로써는 그리 죽은 자가 되
어야 하며 죽은 자가 되겠다 하면서
도, 너희들의 삶의 행동은 죽은 자가
정녕 되지 못하기에, 고통스럽다 하며
그리고 자책하는 것이며,
43 악습을 버리지 못하며 버려야 할 너희
들의 추하고 더러운 그 생각을 떨어
버리지 못하여 너희들이 후회하고 가
슴 아파함이니,

44 정녕 죽은 자로서 너희들이 생각해 보
라.
45 이제 나의 아들을 따르는 제자들이요,
나의 아들 너희들은 모두 죽은 자이
니, 죽은 자로서 너희들이 세상에 사
는 자요, 죽은 자로서 거듭난 자라 생
각을 하며,
46 죽은 자의 처신이요, 죽은 자의 행동
이요, 그가 느끼고 그가 받는 모두를
다 너희들이 그리 생각하고 한번 행하
고 살아 보라.
47 그러면 지우지 못할 것이 없으며 버리
지 못할 것이 없으며, 너희들이 고통
이요, 시련이요, 그것도 아무것도 없
는 것이거늘, 어찌하여 너희들이 그리
모르느냐?
48 내가 작은 거짓말도 하지 말라 하였으
며, 죽은 자가 되라는 것이 얼마나 귀
하고 소중하면 나의 열여섯 권의 법전
안에 너희들이 그것도 1권 속에 그 모
두를 내가 너희들에게 가르쳤겠는가?
49 그러니 너희들이 내가 전하고 가르치
는 것을 그냥 흘려듣지 말라 함이니라.
50 너희들이 깨닫고 깨달아서 하늘의 지
혜를 얻어 뼈에 살을 붙이라 하지 않
았더냐?
51 그러니 너희들이 정녕 자책하며 괴로
워 나 여호와에게 부끄러움이요, 너희
들이 한 점의 부끄러움이 없는 삶을
살 수가 없어 그 자책이요, 반성하고
회개하는 마음이요, 죽고 싶다 말하거
든,
52 너희들은 정녕 죽은 자가 되어 보도록
먼저 그리하라.
53 그리 너희들이 세상을 살아간다면 못
지킬 것도, 못 이룰 것도, 못 버릴 것
도 아무것도 없느니라.
54 이제 나의 아들 네가 고통스러워하며
그 번민함을 아느니라.
55 네가 다스리지 못하며, 갈 길은 멀고
변할 길은 수없이 많으나, 그를 변하
지 못하며 네가 가지 못하는 것을 가
슴 아파하며,
56 너 스스로 목숨을 끊어서라도 나의
법전이 하늘의 뜻이요, 내 뜻이요, 그
리고 이를 지키라는 것을 만천하의
만백성에게 전하고 네가 그 길을 가고
싶어 하는 마음 또한 내가 아느니라.
57 그러나 정녕 그것으로써 네가 예수처
럼 죽음으로써 만백성을 구하는 길이
요, 그들을 깨닫게 하는 것이 아니니
라.
58 네가 스스로 죽은 자가 되어 그리 행
하고 삶을 먼저 살도록 하라.
59 그러면 네가 괴로울 것이 없으며, 그
멀고도 먼 길이 가까울 것이니,
60 네가 지키지 못하고 괴로워하고 자책
하는 그 모두가 일순간에 봄에 눈이
녹듯이 모두 녹을 것이며, 너희에게
행복과 영광의 축복이 있을 것이니,
61 죽은 자가 어떠한 것인가를 생각하고
연구하여 죽은 자가 한번 되어 오늘의
하루의 삶을 살아보라.
62 그러면 네가 모두를 알게 될 것이니
라, 사랑하는 나의 아들아!

10,710 번째 하나님 말씀

2004년 4월 22일 08시 54분

1 사랑하는 나의 아들아!

2 "네, 아버님! 말씀하옵소서."
3 너희들이 죽었을 때, 너희들의 그 육
이 땅에 묻힘이니, 네 누울 자리만큼
네가 파고들어 가 거기에 묻혀짐이니
라.
4 그러니 죽은 자가 그것이 아니더냐?
5 그러니 땅속에 묻혀 있는 그 고통이
요, 그것이 어떠하겠는가?
6 과연 너희들이 지금의 더움을 알 수
있으며 찬 것을 알 수 있으며, 배가 고
프고 배가 부르며, 고급스러운 것이
요, 고급스럽지 아니한 것을 찾고 구
분할 수 있는 그와 같은 것이 거기에
있겠는가?
7 너희들이 살아서 땅에 묻혀 있는 그
형국이라 한번 생각해 보라.
8 너희들이 거기서 숨을 쉬고 있는 그
자체만으로써 너희들이 어떠한 것과
도 바꿀 수 없다 할 것이거늘,
9 그리고 그 고통 속에서도 너희들이 과
연 더 화려한 것, 더 좋은 것, 그리고
더 위대한 것을 찾고자 하는 그와 같
은 마음이 있겠는가?
10 너희들은 그와 같은 마음으로써 거듭
나지 아니하면 아니 될 것이니,
11 너희들은 묻혀 있는 너희 자신을 한번
생각해 보도록 그리하라.
12 묻혀 있는 그 자신이 무엇을 바라고
무엇을 더 원하고 무엇을 이루고자 하
는 것이 과연 있겠는가?
13 그와 같이 죽은 자가 되지 아니하면
너희들이 나의 뜻을 알 수 없으며 변
화될 수 없음이니라.
14 다만, 너희들이 그와 같은 자로서 네
삶을 살아가며, 너희들이 그와 같은
자로서 거듭나는 생을 산다 하면,
15 너희들은 못 다스릴 것이 없으며, 못
이룰 것이 없으며, 못 버릴 것이 없을
것이니 그리 알라 전하라, 사랑하는
나의 아들아!

10,711 번째 하나님 말씀

2004년 4월 22일 08시 58분

1 사랑하는 나의 아들아!
2 "네, 아버님! 말씀하옵소서."
3 나의 백성들이 세상을 살아감에 너희
들이 귀를 열고 눈을 떠 세상의 이치
의 그 모두를 듣고 보고 그와 같은 삶
을 살아야 하되,
4 너희들이 그것이 선한 것이요, 천사의
삶이요, 천사의 행함, 그쪽에 귀를 열
고 눈을 뜨고 그를 듣고 보는 것이 너
희들이 변화되는 그와 같은 백성의 길
을 갈 수 있으니라.
5 그러나 너희들은 귀를 열고 있으며 눈
을 뜨고 있되, 너희들이 듣는 것은 사
악한 것을 들으며, 너희들이 보는 것
은 악한 것을 보며 그를 즐겨 하는 그
와 같은 삶으로 산다면,
6 너희들은 바로 어떠한 것도 이룰 수
없다는 것을 스스로 잘 알고 있을 것
이니라.
7 그러니 오늘의 종교 집단과 지도자,
지금 모든 백성들을 가르치며 하늘에
인도한다는 그와 같은 자, 너희들이
세상에 살면서 귀는 열려 있고 눈을
떠 있되,
8 너희들이 세상의 모든 것을 바로 보
고 듣고 그리고 나의 피조물 만백성을

깨우쳐야 되나, 내가 너희들이 귀가
막힌 자요, 눈이 덮인 자라 함이 무엇
이더냐?
9 너희들은 아름다운 것을 들으려 하지
아니하며 귀한 것을 보려 하지 아니하
고, 너희들이 아름다운 천사와 같은
삶이요, 천사와 같은 그 모두를 듣고
보려 하는 것이 아니라,
10 악한 것이요, 사탄들이 하는 짓을 너
희들이 보고 즐겨 하며, 거기에 눈을
뜨며 귀를 열고 있음이니,
11 차라리 막히고 감은 자만 못한 것이
너희들이라 함을 알겠느냐?
12 이제 너희들은 이 세상의 모두를 듣고
모두를 바라보되, 천사와 같은 삶이
요, 천사와 같은 역사하는 것을 볼 수
있는 그와 같은 하늘의 눈이요, 하늘
의 귀가 열리지 아니하면 아니 됨이니
라, 사랑하는 나의 아들딸들아!
13 너희들이 그리되는 것, 그와 같은 삶
을 사는 것, 그게 바로 너희들이 죽은
자의 삶이요, 세상의 모두를 다 덮어
두고 사랑으로 용서할 수 있는 그 마
음이 거기서 열리게 됨을 알아야 될
것이니라.
14 그러니 지금의 살아가는 모든 종교 집
단이요, 시도자들이 어찌 살아가느가?
15 제 것만이 옳다 주장하며 제 것만이
위대하다고 주장하며 제 것만이 최고
라 너희들이 그 싸움하기에 바쁘며 그
를 지키고 그를 부르짖기에 바쁜 그와
같은 너희들의 마음이니,
16 귀는 너희들이 악한 것을 들으며 눈은
악한 행위를 보는 것보다도 더 너희들
이 무너져 있으며, 너희들이 더 일그
러져 있는 그와 같은 형국이 바로 제
것이 최고요, 제 것만을 주장하는 너
희들,
17 그리고 남의 것을 들으려 하지 아니하
며 보려 하지 아니하는 것, 천사의 행
동이요, 천사의 가르침도 듣지 않으려
하는 것,
18 너희들이 그와 같은 삶을 살아가는 것
이 오늘에 잘못되었음을 알아야 될 것
이니라.
19 어찌하여 너희들이 천사의 음성이요,
천사의 행동을 보고 듣는 데는 모두를
바치지 아니하며,
20 악한 자들이 하는 이야기요, 악한 자
들이 하는 그 행동에만 너희들이 눈을
뜨며 귀를 쫑긋 세워 그를 제 것으로
배우고 깨우치는 데는 어찌 그리 쉽게
너희들이 그를 행할 수 있단 말이더냐?
21 이것이 바로 너희들의 오늘의 삶이니
라.
22 그러니 너희들이 그와 같은 것을 차라
리 그 악한 것이요, 악한 행위를 보고
들으려거든 귀를 막고 눈을 감는 것만
못하다는 것이 나 여호와의 뜻이니 그
리 전하도록 하라.

10,712 번째 하나님 말씀

2004년 4월 22일 09시 02분

1 사랑하는 나의 아들아!
2 "네, 아버님! 말씀하옵소서."
3 지금 참진리요, 하늘에 오르는 길에
너희들이 천사의 삶에 귀가 막혀 있으
며 눈이 감겨 있기에, 성경이라는 것
을 가지고 공부를 한다 하며,

4 너희들이 한마디의 성경 내용도 그를
버리지 아니하며 그를 역사하며, 지우
지도 아니하며 빼지도 더하지도 아니
하고 그리 공부한다고 하느니라.
5 그러나 너희들이 귀가 닫혀 있고 눈이
감겨 있는 자들이기에 성경의 내용을
제대로 보지 못하며 듣지 못하는 것이
니라.
6 그러니 그 속에 들어 있는 참진리를
너희들이 찾을 수 없으며 그를 알 수
없는 것이 오늘의 형국이니라.
7 내가 너희들에게 무어라 하였느냐?
8 너희들이 성서에 기록되어 있는 그 내
용이요, 그 모두를 보려 하거든, 너희
들이 성령으로 임하는 백성이요,
9 그 뜻이 무엇인가를 찾고 연구하는 피
나는 노력이 있을 때 그를 들여다볼
수 있다 하지 아니하였더냐?
10 오늘의 믿음의 길을 가는 집단이요,
종교 지도자 너희들은 성서 속에 숨어
있는 그 참진리요, 나 여호와가 원하
는 것이 무엇이며 전하고자 하는 것이
무엇인가를 깨우쳐, 너희들이 만백성
을 구하는 선생으로서 거듭나는 길이
아니요,
11 제 목소리를 내는 데만 너희들이 모두
를 바치고 있음이니라.
12 그러니 목청이 큰 자, 소리 높여 지르
는 자, 소리가 큰 자, 그와 같은 자가
나로부터 선택된 백성이라 너희들이
지금 착각하며, 그가 만백성들 중에
나로부터 선택된 백성이라 너희들이
그리 말함이니,
13 수천 년 동안 흘러오면서 너희들이 소
리 높은 것, 목청을 높이는 것, 그것으
로써 너희들이 지금 모두를 일관한 믿
음이요, 참진리로 연구한 백성이 없음
이니라.
14 그러니 모든 종교 집단 지도자들이 위
선으로써 너희들이 맹종 맹신하는 그
와 같은 형국으로 만들었음을 알아야
될 것이니라.
15 모든 믿음의 길을 가는 백성들이 가르
치는 자도 위선이니,
16 거기서 배우고 듣는 백성도 위선자의
가르침을 받으며 위선 속에 너희들이
맹신이요, 맹종하는 그와 같이 일그러
져 버린 백성이 되었다 하는 것을 절
대 잊지 말라.
17 여기서 너희들은 내가 새로 내리는 나
의 새로운 성경이요, 이를 가슴에 안
고 정독하여 그 의미와 뜻을 깨우쳐
너희들이 하늘에 오르는 길을 보지 아
니하면 절대 아니 됨이니라.
18 내가 나의 아들이요, 그리고 그 아들
을 따르는 제자 너희들에게 말했느니
라.
19 모든 종교 집단이요, 지도자 그들이
왜 무너졌으며, 정도의 길을 가지 아
니하였으며, 그들이 중언부언하는 그
기도 소리가 바위에 부딪쳐 부서지는
파도 소리만큼도 못하다 내가 너희들
에게 그리 말한 그 의미를 아느냐?
20 그들이 내 뜻대로 내가 원하는 것으로
가지 아니하며, 아무것도 알 수 없으
며 그 의미를 깨닫지 못하기 때문이라
는 것을 너희들은 알아야 될 것이니라.
21 그저 목청만 높이고 소리만 높이는 데
모두를 바쳐 온 자들이요, 참진리요,
하늘에 오르는 길을 연구하지 아니한

자들이기 때문이니,
22 너희들은 이를 명심해야 할 것이며,
만백성에게 너희들이 이를 전해야 될
것이니라.
23 그러니 그들이 거짓된 것 하나도 지키
지 못했으며, 작은 거짓말도 하나 하
지 아니하고 살아가는 것을 살지 못한
자들이요,
24 그리고 죽은 자와 같은 삶을 사는 것
이 종교 집단이요, 지도자들이나 저희
들이 그와 같은 삶을 살지 못한 자들
이니라.
25 그와 같은 삶을 살지 못하며 소리만
높이는 위선자들이 되어 버렸으니, 그
속에 진리가 어디 있으며, 나의 백성
들을 구원할 길이 어디 있단 말이더냐?
26 그러니 너희들도 작은 거짓말을 해서
그를 행하며 그를 또 하는 자가 되어
서는 아니 되며,
27 죽은 자가 되지 아니하면, 모든 종교
집단이요, 지도자들이 소리 높여 악을
쓰는 것으로 참진리요, 나로부터 선택
된 백성이라 하는 그 위장되고 위선된
자들과 너희들이 다름이 없음이니, 이
를 명심하도록 그리하라.

10,713 번째 하나님 말씀

2004년 4월 22일 09시 06분

1 사랑하는 나의 아들아!
2 "네, 아버님! 말씀하옵소서."
3 지금의 수천 년 역사가 흐르는 종교
집단이요, 그 지도자들이 과연 나의
뜻에 의하여 모두를 역사했는가?
4 하나도 나의 뜻에 의하여 내가 원하는
것을 역사한 자들이 아니니라.
5 그러니 내가 이루고자 하는 것을 하는
것이 하나도 없으며, 전혀 그들은 나
와 관계없는 그 길을 간다는 이 내 아
픈 사연을 너희들은 어찌 듣느냐?
6 나 여호와가 역사하고자 하는 것을 깨
닫지도 못하다 보니, 저희들이 사랑의
실천이요, 그를 역사하는 것, 내 뜻을
전하고자 했던 예수의 그 죽음이요,
또한 예수가 행하고자 했던 것, 가르
치고자 했던 것, 그 모두는 간 곳이 없
어진 그와 같은 형국이 되어 버렸느니
라.
7 위선된 자요, 거짓만이 판을 치는 세
상을 만들어 버렸으니, 지금의 오늘의
이 세상이 어떠한 세상이 되었느냐?
8 이 세상이 인간이 만든 종파요, 종교
의 그 교리를 가지고 너희들이 그 모
든 지파들을 지금 팔고 사는 종교 시
장이 되어 버렸음을 알라.
9 내가 보는 이 세상은 가짜 종파들이
그 교리를 가지고 그를 팔고 사는 종
교 시장으로 전락되었음을 너희들은
알아야 될 것이니라.
10 특히나 내가 선택하여 내 언어로써 그
습관으로써 만백성을 다스리려 하는
동양의 이 작은 나라는 더하니라.
11 그러니 내가 오죽하면 동양의 작은 나
라를 종교의 백화점이라 했겠느냐?
12 종교의 백화점이 결국 무엇이더냐?
13 너희들이 종교를 팔고 사는 시장이 되
어 버렸다는 말이 아니더냐?
14 이 동양의 작은 나라가 어떠한 곳보다
도 먼저 종교를 팔고 사는 시장으로
타락되었음이니,

15 내가 여기서부터 다스려 나가며 모두
를 잡아 나가는 그 역사가 너희들이
어렵고 힘든 길을 가야 하는 것이며,
16 동양의 작은 나라가 종교를 팔고 사는
가장 큰 시장으로서 변화되었으며 대
표적인 시장이 되었음을 너희들은 알
라.
17 이제 내가 전하는 뜻을 알겠느냐?
18 나 여호와의 뜻을 전하며 예수의 죽음
을 숭고하게 따라 만백성을 구하는 너
희들이 한 길을 온 것이 아니라, 수백
수천 가지의 이름을 가진 종파가 지금
세상에 난립하니,
19 이것이 너희들이 아니라 해도 너희들
은 종교를 팔아먹는 종교 시장이 되어
버린 것이 이 아름다운 세상이요,
20 그중에서도 가장 너희들이 무서우리
만큼 그 장삿속에 이골이 났으며 장사
수완이 능란하며,
21 그와 같은 모든 종파요, 어떤 종파든
누가 사고자 하면 여기서 팔지 못하는
종파가 없으며, 구하고자 하는 종파를
구하지 못하는 것이 없이 모두를 다
구하는 종합 시장이 바로 동양의 작은
나라의 오늘이라는 것을 알라.
22 그러니 너희들이 그 속에서 어찌 말하
는가?
23 너희들은 빛과 소금이 되어야 한다며
그리 말하나,
24 정녕 빛과 소금이 되는 지도자요, 그
와 같은 역사를 이루는 백성이 하나도
없으며 지도자가 하나 없다 함이니라.
25 모든 세상에 종교를 팔고 사는 시장이
되어 버렸으며, 특히나 동양의 작은
나라에는 너희들이 없는 종교가 없이
팔아먹는 그와 같은 형국이 되었으니,
26 동양의 모든 종교 집단이요, 지도자들
이 가장 양의 탈을 쓴 이리의 대표자
들이요, 너희들이 그 종교 장사의 우
두머리가 되어 있다는 것을 알라.
27 이 모두를 내가 태울 것이며, 이 모두
를 유황불에 던져 버릴 것이니,
28 너희들이 스스로 변하지 아니하여 유
황불에 들어가는 그 고통을 당하지 아
니하려거든, 너희들이 나의 법전을 읽
고 깨우치라.
29 이제 종교를 팔고 사는 그 백화점이
문을 닫을 것이며, 종교를 팔고 사는
동양의 작은 나라를 다 다스릴 것이니
그리 알라.

10,714 번째 하나님 말씀

2004년 4월 22일 09시 11분

1 사랑하는 나의 아들아!
2 "네, 아버님! 말씀하옵소서."
3 선택된 동양의 작은 이 나라가 종교를
팔고 사는 가장 큰 시장이요, 종교 백
화점이 되었다는 그 말을 어찌 생각하
는가?
4 그리고 이 지상의 아름다운 세상에 다
종교 시장으로 변화되었다 하니 너희
들은 이를 어찌 생각하는가?
5 지금 나의 피조물 만백성 너희들이 이
종교 시장에서 이를 사고팖이니,
6 사는 자도 너희들이 가짜라는 것을 알
며, 파는 자도 가짜라는 걸 알면서, 서
로가 가짜라는 걸 알면서 묵인하에 장
사를 하고 있는 것이니라.
7 너희들이 가짜를 사 가도 밥 먹고 사

는 데 지장이 없으며, 부귀와 영화를
누리는 데 관계가 없음이니,
8 가짠 줄 알면서 그 가짜를 사 가는 자
요, 가짜인 줄 알면서 파는 자들이니
라.
9 그가 나가서 나의 피조물 만백성을 어
찌하든 간에 가짜를 가지고 장사하는
자가 그것을 생각한단 말이더냐?
10 남을 속이는 자가 그리고 정품이 아닌
비품을 가지고 팔고 사는 자가 과연
그 사 간 사람의 손해요, 그 사 간 사
람이 어떠한 충격을 받는가를 생각하
는가?
11 그 충격에 의하여 그가 죽어 간다 해
도 그들은 당장 파는 자들이니라.
12 그러니 오늘의 그보다도 더 험악한 종
교 시장이 되었다는 것을 너희들은 알
라.
13 사 가는 자도 그 가짜를 사 가 그 가짜
의 간판을 거니, 저희들이 부귀영화를
누리는 데 관계없으며,
14 많은 백성을 종으로 다스리며 저희들
이 권좌에 앉아 그 권력을 휘두르는
자, 그리고 저희들 바로 앞에 와 '아
멘, 할렐루야!' 하며 고개 숙이는 자가
재물을 수없이 바치는 데는 너희들이
그 가짜의 종교를 사도 아무런 지장이
없으며, 그 영향이 없기에, 가짜인 줄
알면서 사는 자요, 가짜인 줄 알면서
매매함이니,
15 그 가짜인 줄 알고 사고파는 그들 속
에서 진품이요, 진정한 나 여호와의
뜻이요, 참종교요, 참진리가 내려오
니, 그들이 그를 사겠느냐?
16 그는 비싸고 비싼 것이니라.
17 인간 세상에 너희들이 살아가는 속에
서도 가짜와 진품을 구분할 줄 알면
서, 가짜를 사서 가지고 다니며 가짜
를 사서 너희들이 챙기는 자,
18 그리고 가짜를 가지고 진품인 것처럼
거기서 쾌락을 느끼는 자, 이와 같은
수만 가지의 그 모든 종류를 가지고
그 백성들이 살아가는 것이 아니더냐?
19 너희들이 가짜의 물건을 알면서 사 가
지고 너희들이 진품인 것처럼 자랑하
며 들고 다니는 자, 그리고 걸치고 다
니는 자, 그와 같은 백성들의 그 모습
이 바로 무엇이더냐?
20 너희들이 오늘의 종교 시장에서 가짜
종교요, 잘못된 종교를 알면서 사 가
는 그 종교 지도자와 똑같으니라.
21 그들이 바로 가서 장사하는 데 지장이
없으며, 그를 가지고 만백성을 우롱하
고 저희들이 갈취하는 데 지장이 없기
에,
22 가짜와 진짜가 관계없는 자들이기에
가짜인 줄 알며 사 가서 지금 세상이
이렇게 종교 시장이 되었으니,
23 가짜가 그를 사 갔으니, 본전을 찾기
위해 그는 그를 선전하며 그를 또 팔
아먹기에 혈안이 되어 있는 이와 같이
험악한 세상이 되었음이니라.
24 이와 같이 험악한 세상을 바로잡을 수
없으며 이를 다스릴 길이 없기에,
25 내가 나의 아들을 통하여 160권의 법
전이요, 나의 성령을 세상에 내려보
내, 이가 곧 160권이 세상에 나오며,
26 불 칼로써 그 모두를 다 자를 것 자르
며, 벨 것 베며, 선별할 것 선별하는
그 무서운 역사가 이루어지는 길을 역

사하고자 하며, 그와 같은 것을 준비
하고자 함을 너희들은 알아야 될 것이
니라.
27 지금이 모든 준비 단계며, 그 준비를
지금 하고 있는 너희들의 단계라는 것
을 잊지 말라, 사랑하는 나의 아들딸
들아!
28 가짜를 알면서 사는 자, 가짜를 알면
서 파는 자, 그 가짜가 나가 그 본전을
받기 위하여 또 그 가짜를 팔아먹는
이와 같은 것을 더 이상 둘 수는 없음
이니라.
29 세상에 진품이요, 진정한 종교요, 하
늘의 뜻이요, 성령이 내려오기 시작하
였음이니,
30 그를 위하여 모두를 다 이제 뽑아 유
황불에 던지니, 그때가 되었다 함을,
너희들은 성서에 기록되어 있는 내용
을 볼 것이니라.

10,715 번째 하나님 말씀

2004년 4월 22일 09시 15분

1 사랑하는 나의 아들아!
2 "네, 아버님! 말씀하옵소서."
3 모든 종교 집단이요, 그들이 양심이
없으며 기본의 양심도 없으며 너희들
의 그 모두가 무너진 자들이라 그리
내가 말하지 아니하였더냐?
4 그러니 바로 그들이 기본의 양심도 없
이 무너진 것이 무엇인 줄 알겠느냐,
사랑하는 나의 아들아!
5 "네, 아버님! 이제야 그것을 깨달았사
옵나이다."
6 양심도 없으며, 기본이요, 질서도 없
는 자들이 오늘의 종교 집단이요, 지
도자의 행동이라 하는 것을 네가 알았
으면, 너는 어찌 깨달았는가?
7 "네, 아버님! 그렇사옵나이다.
8 그들이 그를 사고파는 종교 시장에서
가짜인 줄 알면서 저희들이 가짜를 싼
값으로 헐값으로 샀음이니,
9 제가 가짜를 사 가지고 가짜를 가지
고 장사를 하는 자, 거기에 양심이 어
디 있으며 부끄러움이 어디 있으며 기
본이 어디 있겠사옵나이까?
10 그저 몇 푼 안 주고 산 가짜를 산 그
값을 빼 먹기 위하여 그를 보충하기
에 혈안이 되어 있는 자들이니,
11 그들은 양심이요, 부끄러움이요, 창피
함이요, 그리고 기본적인 양심이요,
그 모두를 다 송두리째 빼 던지고 살
아가는 자들이라 그리 알고 있사옵나
이다."
12 그들이 진품으로 사는 것이 가짜라면,
그들이 양심이 있으며 두려움을 알며,
그리고 진짜를 찾기 위하여 발버둥칠
것이니라.
13 가짜를 가지고 장사를 해 먹으며 가짜
인 줄 알고 샀기에, 그들은 어떠한 핍
박이 와도 어떠한 단죄가 와도, 그것
이 잘못된 것이요, 하늘의 뜻을 역사
하는 것이 아니요, 거짓 선지자라 아
무리 말을 해도,
14 저희들이 거짓된 것을 거짓을 가지고
하기에 그들은 두려워하지 아니하며,
거기에 저희들이 깨우치지 않으려 하
며 받아들이지 않으려 하는 것이 그들
의 속성임을 알라.
15 참진리요, 나의 뜻이 세상에 내려감이

니, 듣지도 아니하며 보지도 아니하며,
16 이 귀하고 소중한 하늘에 오르는 것을
저희들이 그저 사탄이요, 이단이라며
종이쪽지처럼 태워 버리고 찢어 버리
는 것이 무엇인 줄 알겠느냐?
17 이미 저희들은 가짜로써 가짜로 가고
있는 것을 알기 때문에, 그것으로써
저희들이 알고 있는 자이기에 회개요,
반성이 없으며,
18 참진리요, 아름다운 것이 온다 해도
비싼 가격을 주어 그들은 절대 사지
아니하는 것이 그들이기 때문이니,
19 너는 그 이치를 깨닫도록 너의 제자들
에게 전하도록 그리하라, 사랑하는 나
의 아들아!
20 가짜인 줄 알기 때문에 저희들이 가짜
를 가지고 가기 때문에 저희들이 얼굴
가죽이 두꺼운 자요,
21 양심도 없으며 기본의 깨달음도 없는
자요, 회개함도 없는 자들이니라.
22 그러니 아무리 아름다운 진짜가 온다
해도 그들은 비싼 가격으로 사지 아니
하며,
23 저희들이 그 대가를 치르고 사지 아니
하며,
24 그 대가를 치르는 고통을 겪으려 하지
아니하는 자들이니라.
25 가짜를 가지고 살아가도 저희들이 부
귀와 영화를 누리는 데 지장이 없으며,
26 진품보다도 더 완벽한 것이요, 진품보
다도 더 편하게 모두를 역사할 수 있
기 때문이니라.
27 진품을 가지고 저희들은 거짓을 할 수
없으며 거짓된 짓을 할 수 없으나,
28 가짜를 가지고 있기에 거짓을 마음대
로 할 수 있으며, 마음대로 저희들이
우롱할 수 있으며,
29 그를 가지고 값싼 것이기에 마음대로
휘두를 수 있기 때문에, 그들은 영원
히 가짜만을 선호할 것이며,
30 가짜를 버리고 진품을 선택하는 백성
이 종교 집단이요, 지도자요, 오늘의
그 속에서는 있을 수 없다 함이 여기
있음을 알라, 사랑하는 나의 아들아!

10,716 번째 하나님 말씀

2004년 4월 22일 11시 40분

1 사랑하는 나의 아들아!
2 "네, 아버님! 말씀하옵소서."
3 내가 직접 불로 써 내린 그 친필이요,
그 십계명이 이 세상에 필요 없는 그
와 같은 때가 되는 것이 지상의 낙원
이 이루어지는 것이며, 내가 원하는
그 세상이라 그리하지 아니하였더냐?
4 그러니 과연 지금의 가는 나의 백성
너희들의 그 삶이 어떠하던가?
5 과연 지금의 너희들의 삶으로써 내 십
계명의 그 계명이 없어질 수 있으며,
6 내가 불로써 직접 써 내린 그 친필인
계명을 지키라 함이니, 그 지킬 계명
이 없는 그와 같은 세상이 지금 될 수
있다 생각하느냐?
7 너희들이 가슴에 손을 얹고 한번 생각
해 보라.
8 너희들이 말하기를, '빈 수레가 요란
하며, 빈 깡통이 요란하다.' 하는 말이
있듯이,
9 지금의 모든 종교 집단이요, 지도자들
이 진리는 모르며 목소리 큰 자, 목소

리를 높이는 자, 그저 설치는 자, 그와
같은 자가 진리요, 하늘의 뜻을 역사
하는 그와 같은 것이 지금의 믿음이
요, 종교 집단이 흘러온 길이라 하였
음이니,
10 과연 너희들이 그와 같이 흘러온 몇천
년 속에서 지금 나의 그 십계명이 없
어질 수 있으며 십계명이 필요 없는
그와 같은 세상이 될 수 있으며,
11 지금의 믿음이요, 지금의 가는 방법으
로 그와 같은 일이 있을 수 있다 생각
하는가?
12 너희 스스로 알 수 있을 것이니라.
13 저희들이 또한 그리 스스로 말하지 않
더냐?
14 저희들은 절대 그리 지킬 수 없으며
그리 갈 수 없다 말함이니,
15 저희들은 십계명이 필요 없는 그와 같
은 세상을 만들 수 없는 자요, 저희들
이 그것을 만들 수 없는 것이 아니라,
16 저희들은 만들지 못하고 있으며 저희
들로서는 역사할 수 없다는 그것이 아
니더냐?
17 그러니 나 여호와가 말하는 것이, 하
늘에서 이루어진 것같이 지상에서 이
루어지는 그 영광된 것은 바로 내가
불로써 내린 그 십계명이 필요 없는,
18 무용지물이 되는 그와 같은 백성들이
사는 세상이 되어야 되는 것이거늘,
19 모든 종교 집단이요, 지도자요, 그 신
도들이 지금 저희들이 그리 지킬 수
없으며 그와 같이 행하고 살 수 없다
하는 것은 바로 너희들이 그것을 부정
하는 것이 아니더냐?
20 그와 같은 세상은 이루어질 수 없으며
저희들이 이루지 못하고 있다는 것,
그리고 그와 같은 것은 환상이요, 꿈
에 젖은 소리요, 절대 너희들 손으로
써 이룰 수 없다 말함이니,
21 말로써 이루겠다 하여 너희들이 온갖
노력과 모두를 다 바쳐도 이룰까 말까
하며, 십계명이 없어지는 세상이 될까
말까 하거늘,
22 너희들이 한마디로써 그와 같이 할 수
없으며 그와 같이 역사할 수 없다 그
리 말함이니, 그 세상이라는 것이 너
희들 말대로 이루어질 수가 있겠느냐?
23 이루어질 수 없음이니, 내가 바라는
것은 그와 같은 세상이 되어야 하는
것이며,
24 너희들은 그와 같은 세상은 만들 수
없으며 역사할 수 없다 지금 반박하
니, 내 뜻을 거역하는 자요, 나를 능멸
하는 자들이 바로 너희들이라 함을 알
라.
25 그러니 지금의 믿음이 스스로 잘못된
것이며, 나 여호와의 뜻을 알아 해석
하고 가르치며 참진리를 가르치는 백
성이 하나도 없다는 것이요,
26 위로는 나 여호와의 역사하는 것을 따
를 수 없으며 그와 같은 세상을 이 세
상에 만들도록 하지는 아니하겠다는
너희들이 사탄의 목소리와 똑같음을
알라.
27 내가 바라는 것은 계명이 없는 세상을
만드는 것이 내 뜻이요, 그와 같은 세
상을 만들고자 노력하는 너희들이 모
두의 힘이 하나가 되어 노력해도 될까
말까 하는 것을,
28 그와 같은 세상은 있을 수 없으며 그

와 같은 것은 만들 수 없다 그리 말하
는 것이 과연 내 뜻을 따르는 백성이
요, 나의 뜻에 따라가는 목자들이 한
다는 말이더냐?
29 그러니 저희들이 말로써 그리 이룰 수
없으며 결코 그리할 수 없다는 것은
바로 무엇이더냐?
30 저희들은 내 백성이 아니요, 사탄의
백성이요, 사탄의 자식이 되어 있음을
저희들이 스스로 말하는 그와 같은 무
서운 짓을 하고 있는 것을 그들이 모
르느니,
31 이제 나의 아들을 따르는 제자 너희들
은 내 가르치는 성령이요, 이 새로운
성경이 무엇을 의미하며, 나의 법전이
어찌하여 만백성의 기본이요, 근본인
지,
32 이를 읽고 깨우치지 아니하면 너희들
이 하늘에 오르는 길을 볼 수 없다는
그 무서운 사실을 너희들은 여기서 느
끼고 깨달아, 스스로 답을 찾도록 그
리하여,
33 답을 찾은 자, 만백성에게 그리 가르
치도록 그리하라, 사랑하는 나의 아들
딸들아!

10,717 번째 하나님 말씀

2004년 4월 22일 11시 46분

1 사랑하는 나의 아들아!
2 "네, 아버님! 말씀하옵소서."
3 이 세상의 모든 것이 역사하고 변화
되고 진화되고, 그리고 진리의 길이
내려오며, 너희들을 깨우치고자 하는
그와 같은 지도자가 내려오며,
4 이 세상에 수만 수억 가지의 생기는
것, 또한 변화되는 것, 그 모두는 다
창조주 나 여호와의 근원에 의하여 이
루어지며, 그리고 나 여호와의 근원에
서 벗어나지 못하고 너희들이 역사한
다는 것,
5 그리고 이 모두는 유일신이요, 창조주
한 분이 이 세상을 다 주관하고 이루
어짐을 알고 있는 자는 다 아느니라.
6 지혜 없는 자만이 그를 모르는 것이
요, 지혜 있는 백성들은 저희들이 다
른 잡신을 믿든, 다른 종파를 따라가
든, 우상을 섬기든, 너희들이 궁극적
으로 결국은 유일신은 나 여호와라는
것을 알고 있느니라.
7 그러나 그것을 알고 있는 자가 거역하
며, 그를 알고 있는 자가 내 뜻을 따르
지 아니하는 것이, 저희들의 짧은 육
의 세상이요,
8 짧은 생각의 그 얇은 너희들의 생각
으로 하여, 너희들이 길고 먼 것을, 그
리고 위대하고 높은 것, 그것을 보지
못하기 때문이니라.
9 모든 것을 믿고 지금 섬기는 그와 같
은 너희들이, 지혜가 있는 백성이 다
른 신을 섬기는 것과 지혜 없는 자가
섬기는 것이 그 차이가 있음이니,
10 지혜가 있는 자들은 다른 신을 섬긴다
해도, 너희가 무어라 말해도, 유일한
신은 창조주 나 여호와라는 것을 그들
은 알고 있느니라.
11 지혜가 없는 백성들이 작은 것에 연연
하고 있는 자들이 그와 같은 것을 모
르고 그저 그리 부르짖고 있으나,
12 나 여호와가 모두를 역사하며 나 여호

와의 뜻에 의해 역사하지 아니하고는
이루어질 수 없다는 그 원리요, 그 이
치를 지혜 있는 백성들은 모두가 다
깨닫고 있음이니라.
13 그리고 모두는 다 나 여호와의 뜻에
의하여 간다는 것을 알고 있느니라.
14 너희들이 불경이라는 것, 너희들이 석
가라는것, 그리고 너희들이 수많은 종
파요, 우상을 섬기는 그와 같은 행위
를 하는 자들도,
15 너희들이 지혜 있는 자요, 열린 자요,
깨달은 자는 그 모두는 나 여호와에게
귀결되며 내가 주관하며 나의 뜻을 벗
어나지 못한다는 것을 다 알고 있음
이니라.
16 알고 있으면서 저희들이 행하지 아니
함이니, 그리하여 이 세상이 이렇게
혼돈되며, 이 아름다운 강산이 종교를
사고파는 종교의 시장으로서 변화되
었다는 그 뜻이 여기 있음을 알라.
17 모든 것이 지금의 종교를 사고파는 종
교 시장으로 된 것은, 알고 있는 자들
이 그 회개함을 하지 아니하며 반성하
지 아니하며 바로잡지 아니하고 가기
때문이니라.
18 너희들이 모르면서 가는 자와는 다른
자들이니라.
19 알면서 그 길을 가지 않는 자는 교활
하며 그 방법과 수단이 간교함이니,
20 어떠한 상황에서도 대처하며 어떠한
상황에서도 변명을 하며, 저희들이 가
고 있는 진리를 포장하며 미화시키기
때문에, 나의 피조물 만백성이 현혹되
어 가는 것이니라.
21 그러니 너희들은 여기서 알라.
22 모든 지도자들이 지혜가 있는 자, 깨
달은 자는 유일신은 창조주 나 여호와
며 저희들이 가고 있는 길은 아니라는
것을 아는 자들이니라.
23 아는 자들이 그와 같이 포장된 것으로
써 모두를 위장된 속에서 하나하나 숨
기고 가는 것이 그들이니라.
24 그러니 그것을 분별할 수 있는 백성
너희들이 되어야 할 것이니라.
25 저희들이 이끌어 가는 종교 집단이요,
지도자 저희들이 위장된 것이요, 잘못
된 것을 알며, 유일신은 창조주 아버
지 나 한 분이라 아는 자들이 그와 같
은 행위를 함이니,
26 너희들이 스스로 그를 깨닫고 너희들
이 얻도록 그리하라, 사랑하는 나의
아들딸들아!

10,718 번째 하나님 말씀

2004년 4월 22일 11시 49분

1 사랑하는 나의 아들아!
2 "네, 아버님! 말씀하옵소서."
3 너희들이 성경은 숨겨진 그 비밀이요,
그 비밀로 되어 있다 하였지 않더냐?
4 그러니 너희들이 그 내용과 너희들이
숨겨진 그 내용을 알아야 될 것이며,
5 성서는 일부분만을 너희들이 읽고 깨
우쳐 그것을 깨달은 것으로써 성서를
보는 것이 아니요,
6 전체의 성서의 흐름의 그 맥을 모르
고는 아무것도 알 수 없는 것이 성경
이니라.
7 너희들이 숨겨진 내용을 모르며 그
맥락을 다 모르고 그저 너희들 뜻으

로 해석하며 인간의 교리로써 맞춰 가
다 보니,
8 모든 믿음이라는 것이 자기 비위에
맞는 일부분만을 가지고 지금 종교
집단이요, 지도자들이 성경을 다 아는
것처럼, 그리고 하늘의 뜻을 아는 것
처럼, 세상의 이치를 아는 것처럼 그
와 같이 가르치고 있는 자들이니,
9 이게 성서를 가르치고 있는 것이 아니
요, 자기가 일부분 깨달은 그 인간의
지혜를 가지고 자기 뜻을 주장하게 되
어 있는 것이 오늘의 믿음의 길을 가
는 백성 그들의 현주소이며 형태이니
라.
10 그러니 성경을 기본으로 하여 하늘의
뜻을 알며, 그를 행하여 너희들이 모
두를 역사할 수 있으며,
11 너희들이 내가 원하는 것, 하늘의 뜻
을 알며, 그리고 행하고자 하는 것을
들여다보고 아는 그와 같은 백성이 되
어야 성서를 깨달을 수 있으며 내가
원하는 그 뜻을 알아들을 수 있는 것
이거늘,
12 너희들이 일부분만을 가지고 자기주
장을 내세움이니, 자기 중심으로 믿음
이 전개되어 온 것이 오늘의 너희들의
현실이니라.
13 그러니 개인주의로 개인의 믿음으로
써 전락되었음이니라.
14 그러니 너희들이 참진리요, 사랑을 역
사하는 곳에 너희들이 성서의 그 흐르
는 맥락이요, 전체의 숨겨진 내용이
요, 그 비밀의 내용을 알기 위하여 피
나는 노력을 하지 아니하고,
15 너희들이 그저 자기 중심을 위하여 자
기 기분에 맞추는 그와 같은 믿음으로
써 스스로 전락되어 오다 보니까,
16 욕심의 기초를 버리지 못하여 너희들
이 개인주의의 신앙이요, 개인의 교리
로써 모두가 전락되어 버린 것이요,
17 개인 위주의 신앙으로써 믿음으로써
전락되었음을 너희들은 알아야 될 것
이니라.
18 이를 바로잡지 아니하면 너희들이 아
무것도 볼 수 없으며 구할 수 없음이
니라.

10,719 번째 하나님 말씀

2004년 4월 22일 12시

1 사랑하는 나의 아들아!
2 "네, 아버님! 말씀하옵소서."
3 너희들이 하늘에 오르는 길은 그 단계
를 거쳐야 됨이니라.
4 너희들이 운동 시합을 함이니, 그 단
체 경기에 있어서 너희들이 훈련되지
아니한 사람을 대표요, 선수로서 그
시합을 내보내지 아니하지 않더냐?
5 그와 마찬가지니라, 고된 훈련을 하며
그 훈련된 숙달된 자가, 남에게 뒤지
지 않는 자가 시합을 할 수 있으며 선
수로서 뛸 수 있는 것이 아니더냐?
6 그러니 너희들이 구원의 믿음도 그와
같이 생각하면 될 것이니라.
7 훈련의 그 과정은 너희들이 육의 세상
에서 죄짓는 것, 죄에 대한 그 모두를
벗어나는 기초의 훈련이요,
8 그것이 완성되지 아니하면 너희들이
의인의 구원의 길을 볼 수 없음을 알
아야 될 것이니라.

9 너희들이 운동선수가 고된 훈련이요,
그 기초를 벗어나서 선수로서 실력을
발휘할 수 있는 그 영광의 자리를 차
지하는 것은 바로 무엇이더냐?
10 고된 기초의 훈련이 다져진 자만이 그
를 맛볼 수 있는 것이니라.
11 그러니 지금 너희들이 지금 믿음의 길
을 가는 것을 내가 육의 행함이요, 거
기서 천사와 같이 살라 하는 것은 무
엇이더냐?
12 너희들이 기초 훈련을 받는 그 과정과
같으니라.
13 육이 존재하는 것, 육을 가지고 있는
너희들이 그 죄를 짓지 아니하며 아름
답게 사는 것이,
14 운동선수가 그 시합에 나가 그 행복함
을 볼 수 있도록 너희들이 연습하는
과정이요, 1차 과정이 너희들에게 편
안한 것이요, 구원이라는 것을 알라.
15 그다음에 너희들이 그와 같은 것이 될
때, 반석 위에 서서 하늘에 오르는 찬
란한 빛을 본다 내가 너희들에게 그리
말하지 아니하였더냐?
16 그러니 너희들이 반석 위에 섰을 때,
이미 의인이요, 의인의 길에 들어서기
위한 너희들이 의인으로서 이제 열매
를 맺는 그 과정을 거쳐야 될 것이니
라.
17 아무리 의인이라 해도 그가 수시로 넘
어질 수 있으며 그가 무너짐이니라.
18 바로 아무리 훈련된 운동선수라도 무
너지고 실수하는 그와 같은 과정처럼,
19 너희들이 의인으로서 열매를 맺는 그
과정을 넘어야 되는 것이 너희들이 나
에게 오를 수 있는 그와 같은 과정이
라는 것을 나의 아들을 따르는 제자들
이요, 나의 법전을 읽고 깨우친 백성,
너희들은 알아야 될 것이니라.
20 그러니 오늘의 믿음의 길을 가는 모든
종교 집단이요, 지도자들이요, 신도
너희들은 기초 훈련의 과정인 인간이
죄를 짓지 말며 죄짓지 않는 천사와
같은 삶을 사는 것이며,
21 그와 같이 너희들이 살았을 때 반석
위에 서게 됨이니, 그게 너희들이 시
합장에 들어서는 자들이니라.
22 그러니 그와 같이 반석 위에 선 자가
의인의 길에 들어서기 시작함이니, 그
의인으로서 너희들이 굳건히 가며 또
그 의인으로서의 정도의 길이 있음이
니라.
23 그러니 그를 지키고 가는 것이 너희들
이 바로 나에게 열매를 맺으며 구원을
얻는 마지막 단계라는 것을 너희들은
알라.
24 지금의 나의 아들이 너희들을 가르치
고 전하나, 나의 아들 또한 수시로 무
너지면 그가 나에게 올 수 없다는 그
엄연한 사실을 너희들이 돌이켜 보면
될 것이니라.
25 그러니 이와 같은 두 단계의 과정을
다 겪어야 되는 것이 너희들이거늘,
첫째 기본의 단계까지도 지킬 수 없으
며 인간은 그리 행할 수 없다 하니,
26 너희들이 어디서 지금 헤매는 자들이
요, 어디에서 너희들이 믿음의 길을
가고 있는 백성인지 그것을 알겠느냐?
27 그러니 이제 나의 아들을 따르는 제자
요, 법전을 깨우친 너희들은 알라.
28 너희들이 지금 육의 세상에서 천사와

같이 아름답게 살려는 것은 기초 훈련
을 받으며 기초의 구원이니라.
29 그리하여 반석에까지 너희들이 일어
설 수 있는 그 훈련이 오늘의 너희들
의 천사와 같은 삶이요,
30 그리하여 너희들이 반석 위에 서서 하
늘에 오르는 길은, 그에 따라 너희들
이 어떠한 시련과 고통을 역사하고 또
와야 되는가?
31 이는 바로 너희들이 많은 백성들을 하
늘에 오르는 길로 인도해도, 그 길을
닦고 너희들이 세상에 내려가 다른 백
성을 인도할 때, 너희들이 오르지 못
하는 그와 같은 불행한 일이 있다는
그 무서운 사실을 알겠느냐?
32 그것이 바로 너희들이 인도자가 되어
하늘에 오르는 온갖 고통을 다하여 길
을 닦아 이제 쉼터에 왔다가 너희가
다시 내려가 너를 따르는 백성들을 인
도할 때,
33 네가 오르지 못하는 것은 스승이요,
의인의 길에 들어섰던 네가 의인으로
서의 자세를 바르게 하지 못하며 의인
으로서 열매를 맺는 그 길을 가지 못
하였기에,
34 너희들은 낙오자가 되며, 다시 인간
세상에 그리 떨어지며 올라오지 못한
다, 그리고 안내자로서 역사를 다하지
못한다는 그 가르침의 뜻을 알겠느냐?
35 이게 곧바로 너희들이 두 단계를 넘어
야 되며 그 모두를 역사하는 것이 너
희들이 정녕 나에게 와 열매를 맺는
백성이라는 것을 잊지 말라.
36 너희들은 의인이 되어 의인으로서 그
열매를 맺는 과정이 또 남아 있음이니
라.
37 그 과정까지 거쳐야 되는 것이 나의
백성이니, 그 과정이 너희들이 바로
반석 위에 서서 하늘에 오르는 빛을
보는 그 순간이니,
38 그때까지 너희들이 천사와 같은 삶을
살며, 육의 세상의 죄를 모두 다 벗어
나 육의 세상에 구원의 열매를 맺는
자, 너희들이 의인의 열매를 맺는 다
음 단계에 돌입한다는 이 무서운 사실
을 알라.
39 그러니 인간 세상에 구원의 열매를 맺
지도 못하며 그를 할 수도 없다는 자
들이 어찌하여 의인의 길을 역사하여
그 열매를 맺어 너희들이 나에게 와
구원을 받을 수 있다 말하는가?
40 이 어리석은 백성들을 너희들이 깨우
쳐 주도록 그리해야 할 것이니라, 사
랑하는 나의 아들딸들아!

10,720 번째 하나님 말씀

2004년 4월 22일 12시 04분

1 사랑하는 나의 아들아!
2 "네, 아버님! 말씀하옵소서."
3 믿음의 생활이요, 신앙의 생활이요,
그 가장 중요한 역사는 무엇이더냐?
4 내가 지금 나의 아들을 통하여 너희들
에게 내린 것처럼, 인간관계에 너희들
이 1차의 그 고된 훈련의 관문을 통과
하여 훈련된 사람이 되어 너희들이 의
인의 단계에 들어선다 하였음이니, 이
의미를 깊이 새겨 두도록 그리하라.
5 그러니 가장 중요한 것은 바로 너희들
이 나 여호와와 어떠한 관계를 유지하

며, 어떠한 것으로써 맺어지며 그것이
유지되느냐 하는 것임을 알아야 될 것
이니라.
6 너희들이 나의 뜻에 의하여 하늘에 오
르는 백성이요, 깨닫는 백성이요,
7 인간 세상에 죄를 범하지 아니하며 천
사와 같이 변하는 1단계에 너희들이
그 구원을 받는 길을 가는 백성이요,
그와 같은 것으로써 너희들이 나와 연
계되는 것인가,
8 사탄이요, 사악한 자요, 나를 능멸하
는 관계로써 너희들이 나 여호와와 관
계가 맺어지는가,
9 이것이 얼마나 중요하고 귀한 것인가
를 알라.
10 이제 나의 아들을 따르는 제자 너희들
은 1차의 관문이요, 1차의 구원을 받
기 위하여 나 여호와와 인연을 맺었으
며, 나와 관계성이 유지되고 있으니,
11 하늘을 향하여 한 점의 부끄러움이 없
는 그와 같은 너희들이 오늘의 삶을
살아야 될 것이니라.
12 그리했을 때 너희들이 반석 위에 섬이
니, 그 반석 위에 서서 너희들이 의인
이 되어 의인으로서 하늘에 오르는 그
어렵고 힘든 길을 또 와야 됨이니라.
13 그리하여 의인으로서 너희들이 어렵
고 힘든 길을 왔을 때, 너희들은 열매
를 맺을 것이며 내가 거둬들인다 그리
하였음이니라.
14 그러니 1단계의 훈련을 가고 있는 종
교 집단이요, 지도자들이 수천 년 동
안 나의 피조물 만백성을 어찌 가르쳤
는지 알겠느냐?
15 나 여호와의 기쁨이요, 나 여호와에게
칭찬받는 사람이 아니요, 참진리를 가
르치는 것이 아니라,
16 저희들이 사람이요, 지도자에게 인정
받고 칭찬받는 것에 모두를 바치도록
그 백성들을 그리 가르치고 그리 이끌
어 왔음이니라.
17 그러니 나 여호와에 대한 신앙이 아니
요, 인간 앞에서 칭찬받고 저희들이
제 이름을 내고자 하며 제 우쭐한 기
분을 충족시키기 위한 신앙생활을 하
는 것이 오늘의 그들이며, 그렇게 만
든 자들이 그 지도자들이니라.
18 그러나 나 여호와의 관계성이 멀어져
있는 것이며 나와는 관계없는 그 길을
간다 하지 않더냐?
19 그러니 저희들이 나 여호와의 뜻에 따
라서 참진리의 뜻에 따라서 가는 것이
아니요,
20 저희들이 좋아하는 목사요, 종교 지도
자를 따라가는 것이 그들의 오늘의 신
앙생활이며,
21 그 모두가 뿌리가 그리 박혀 있으며,
그 말에 좌지우지되는 그와 같은 백성
으로 전락되어 있음이니,
22 성서요, 하늘의 뜻을 가르치는 것은
다 어디로 갔는지 찾아볼 수 없으며,
저희들이 만든 교리나 교파가 만든 그
중심에 따라서, 개인주의요, 개인 욕
심에 따른 신앙생활로써 모두가 다 타
락되었다 내가 함이니라.
23 그러니 지금의 종교 집단의 지도자요,
목사라는 자들이 얼마나 타락되었으
며 얼마나 타락된 길을 가고 있는가?
24 그 모두가 실체를 찾아볼 수 없는 자
들이니라.

25 내가 오늘의 목사요, 종교 지도자를
보는 것은, 외형은 그들이 번듯하나,
그들의 속의 실체는 하나도 없는, 뼈
만 앙상한 동물과 같은 것이 그들의
실체라는 것을 내가 너희들에게 보여
주니 그리 알라.
26 너희들이 사람에게 인정받는 그 가르
침이요, 그와 같은 교리요, 거기에 무
조건 믿고 따르는 것, '아멘, 할렐루
야!' 하는 것,
27 그것이 나의 뜻에 따라서 너희들이 역
사하고 있는 것이 아니라는 것을 그들
에게 깨우쳐 주며, 그들을 잠에서 깨
우라.
28 그러니 너희들이 사람에게 존경받고
칭찬받는 것, 그리고 저 자신이 우쭐
한 기분으로써 믿음의 길을 가는 자,
나와의 관계성이 아무것도 없다 함을
알라 그리 전하라.

10,721 번째 하나님 말씀

2004년 4월 22일 12시 10분

1 사랑하는 나의 아들아!
2 "네, 아버님! 말씀하옵소서."
3 작게는 너희들이 인생의 삶에 있어서
남녀가 한 가정을 이룸이니라.
4 사랑하는 연인이 만나 한 가정을 이룸
이니,
5 너희들이 그 가정을 이루기 전에 서로
를 완벽하게 파악하며 그 사람의 성격
이요, 그 사람의 형태요, 그 모두를 상
세히 파악한 사람은 서로 연인끼리 만
나 산다 해도 불행한 일이 없으며,
6 너희들은 그래도 안락한 삶을 살아갈
수 있는 것이 인간 세상의 만남이 아
니더냐?
7 그러니 너희들은 그와 같이 지금에 사
는 모두가 신랑이요, 신부요, 그와 같
이 너희들이 젊은 시절에 선택함에 있
어서 경솔하게 그리고 외형만을 보고
겉치레만 보고 기분에 들떠 그와 같이
서로가 만나 한 가정을 이룬다면,
8 서로를 모르며 상세히 파악하지 아니
하며 서로의 뜻과 취향을 모르고 만난
그 부부는 결코 오래가지 못하며, 영
원히 지속되지 못하며,
9 행복한 삶을 살 수 없는 것이 인간 너
희들의 삶의 길이 아니더냐?
10 나는 여기서 너희들에게 이 작은 뜻을
가지고 깨우쳐 주고자 함이니라.
11 그러니 너희들이 서로 연인이 만나며
한 가정을 이루는 것을, 너희들이 완
전히 파악해서 잘못되고 뜻이 맞지 않
을 때, 이를 고치고 바로잡아야 할 것
이며,
12 너희들이 신랑이요, 신부라는 그 이름
을 갖기 전에, 맺어지기 전에 그와 같
은 역사를 해야 되는 것이니,
13 확실하게 파악하지 아니하며 상세하
게 파악하지 않는 자, 결국 불행을 초
래할 것이니라.
14 그러니 너희들이 그 믿음이 어떠한 것
인 줄 알겠느냐?
15 지금의 믿음의 길을 가는 모든 종교
집단이요, 그들이 바로 너희들이 서로
를 파악하지 아니하며 확실히 파악하
지 아니하며,
16 그저 겉모습이요, 사치스러운 것이요,
호화로운 외형을 보고 남녀가 결합하

여 살아가는 자, 결국 머지않아 불행
을 초래하는 것처럼,
17 오늘의 너희들이 하늘에 오르는 길이
요, 나의 아들 예수를 찾으며 나의 뜻
에 의하여 역사한다면서,
18 예수가 원하는 것, 예수가 전하고자
하는 것, 나 여호와가 이루고자 하는
것은 하나도 너희들이 알려 하지 아니
하며,
19 그저 구원이요, 단체 속에 들어가 울
고불고 목소리 높이는 자, 거기에 도
취되어 지금 모두를 던지니,
20 자기 자신을 분석하지 아니하며 상대
방을 분석하지 아니하고 평생의 배필
을 선택하는 것보다도 너희들이 더 천
배 만배 어리석고 어리석은 삶이요,
21 그와 같은 행위를 지금 하고 있다는
것을 알아야 될 것이니라.
22 모든 종교 집단이요, 지도자들이 알지
못하며 지금 결혼생활을 하며, 알지
못하며 가정을 꾸리는 어리석은 자들
과 같은 것이 오늘의 신앙이니라.
23 이제 내가 나의 아들을 통하여 나의
법전을 세상에 내려보냄은, 너희들이
완벽한 신랑 신부를 구분해서 찾을 수
있는 그와 같은 지혜를 상세히 내려보
냄이니,
24 너희들이 이를 보고 깨우쳐 내가 행하
라는 대로 행했을 때, 너희들은 바른
가정을 이룰 수 있는, 신랑은 신부를
찾고 신부는 신랑을 찾는 그 완벽한
가정을 이룰 수 있는 그 모두가 다 여
기 있다는 것을 알라.
25 그러니 함부로 너희들이 믿음의 길에
뛰어드는 자, 외형을 보며 그 목소리
를 보며 그 방대한 조직이요, 그것을
보고 뛰어드는 자,
26 결국 너희들은 너희 스스로 불행을 자
초한 자이기 때문에, 그 불행의 대가
는 너희들이 치러야 할 것이니라.
27 너희들이 한 가정을 이루는 것도 서로
를 분석할 수 있는 시간이 있을 때, 그
와 같은 것을 게을리하며 그 소중함을
모르고 그저 외형에만 환상에 젖어 대
드니,
28 그 불행은 너희가 만들었으니, 그 책
임은 너희들이 지지 않더냐?
29 그리고 그 고통이요, 어려움은 너희들
이 죽을 때까지 평생 안고 가는 것이
너희들의 삶이니,
30 너희들이 영원히 사는 세상에서 선별
하는 것을 그와 같이 소홀히 상대방을
선택하고 찾는 것이 오늘의 종교 집단
이요, 믿음의 길을 가는 백성들의 어
리석음이라는 것을 전함이니 그리 알
라.

10,722 번째 하나님 말씀

2004년 4월 22일 12시 14분

1 사랑하는 나의 아들아!
2 "네, 아버님! 말씀하옵소서."
3 소중하고 소중한 인간 세상의 그 가
정을 이루는 너희들이 모두를 파악하
며 모두를 보고 가지 아니하면 실수
한다 했음이니라.
4 이것은 너희들이 뼈저리게 알고 있으
며 너희들이 느끼는 과정일 것이니라.
5 지금의 믿음의 길을 가는 백성 너희들
이 뭐라 말하느냐?

6 '우리는 목사를 보고 교회를 가는 것
이 아니요, 목사를 보고 믿음의 길을
가지 아니한다.' 하며 너희들이 덤뻑
가는 그 백성이 무엇인 줄 알겠느냐?
7 그저 감언이설에 그 화려한 자에게 속
아서 시집가는 신부와 똑같은 꼴임을
너희들은 알아야 될 것이니라.
8 너희들이 감히 그와 같은 말을 하며
그와 같은 행동을 하는 자, 참진리요,
신부가 진정한 신랑을 만날 수 있다
생각하느냐?
9 네 불행은 그때서부터 시작하며 너희
들은 돌이킬 수 없는 그와 같은 환경
에 빠지는 것을 알라.
10 이것이 너희들이 얼마나 무서운 소리
를 하고 있는 줄 알겠느냐?
11 평생 인간의 육신이 살아가는 데 불
행을 너희들이 스스로 '나는 불행을
자초하겠다.' 하는 자들이 아니더냐?
12 그러니 지금 믿음의 길을 가는 백성
들이 목사를 보고 가는 것이 아니요,
성경의 말씀을 듣고 간다 하니, 너희
들이 무엇을 보고 간단 말이더냐?
13 그러니 신부가 신랑을 보지 아니하고
무엇을 선택하고 간단 말이더냐?
14 이것이 바로 너희들이 하고 있는 무서
운 말이니, 너희들이 그 죄의 대가요,
그것에 대한 모두를 책임져야 되며,
그 고통을 너희들이 책임져야 됨이니,
15 그 고통과 너희들이 겪는 것이 무엇인
줄 알겠느냐?
16 너희들이 거듭나는 축복됨을 다 버리
는 것이요, 그리고 거듭나는 영광을
다 버리는 자들이요,
17 그리고 너희들은 그 상상할 수 없는
지옥 불에 가 영원토록 죽지 않고 사
는 그 세상에서 죄악 속에서, 유황불
에서, 끓는 기름 가마 속에서 모든 고
통을 저는 감내하고 가고 있다 하여
대드는 자니,
18 이게 용감한 자들이냐, 이게 만용을
부리는 자들이냐?
19 그보다 더 어리석은 선택이요, 그보다
더 불행한 백성이 없다는 것을 너희들
은 알라.
20 이제 나의 아들을 따르는 제자 너희들
은 들으라.
21 그리하여 함부로 신앙생활에 뛰어드
는 자, 그리고 지금의 그 길을 가고 있
는 어리석은 백성들에게 그리 말하라.
22 너희들은 신랑을 완전히 파악하지 아
니하며 그저 외형의 화려함을 보고 신
랑이 알코올 중독자면 어떠며,
23 사람을 치고 패는 자면 어떠며, 살인
하는 자면 어떠며,
24 너희들이 관심 없다 그저 네 젊은 기
분에 모두를 다 던져 버리는 그 어리
석고 불행한 신부의 신세가 됨이니,
너희들은 이를 알라 그리 전하라.
25 신랑 또한 마찬가지가 아니더냐?
26 신부의 과거사요, 신부가 어떠한 상태
요, 어떠한 사람인지 알지 못하고 너
희들이 그건 관계없다, 그저 결혼만
하면 된다고 대드는 그와 같은 어리
석은 자,
27 그것이 바로 너희들이 종교 지도자를
보고 가는 것이 아니요,
28 그저 너희들이 진리요, 믿음을 보고
간다 말하는 어리석은 자들이니,
29 어리석은 자가 어리석은 신랑이요, 신

부를 선택하는 과오를 범하는 그 결정
적인 것이라는 것을 그들에게 전해 주
라.
30 너희들이 신랑 신부를 선택하는 과오
는 백 년도 안 되는 삶이지만,
31 너희들이 목자를 놓고 목자를 보고 가
는 것이 아니요,
32 그 성서요, 그 가르침을 보고 간다 말
하는 그와 같은 어리석은 자는,
33 영원히 살고 영원히 거듭나는 끝나지
않는 너희들의 인생을 갖다가 천국에
서 사느냐,
34 지옥에서 사느냐 하는 그 결정판인
것이 바로 너희들의 행동이라는 걸 잊
지 말라 그리 전하라.

10,723 번째 하나님 말씀

2004년 4월 22일 12시 18분

1 사랑하는 나의 아들아!
2 "네, 아버님! 말씀하옵소서."
3 이제 모든 백성들에게 전하라.
4 너희들이 교회가 얼마나 크며, 그 교
회 숫자가 얼마나 되며, 그리고 그들
의 수입이 얼마나 되며, 그 조직이 얼
마나 방대한가,
5 그리고 가르치는 목사가 어떠한 사람
이요, 거기에 장로가 어떤 사람이요,
권사가 어떤 사람이라 하는 그와 같
은 것을 두고 너희들이 신앙생활을
선택한다면,
6 그것이 곧 너희들이 죽음의 길을 가는
것이라는 것을 절대 잊지 말라 그리
전하라.
7 너희들은 신앙의 길을 선택하되, 너
자신과, 나의 아들 예수와,
8 그리고 창조주 나 여호와와, 이와 같
은 것이 어떠한 관계로써 정립되며 어
떤 관계로써 흘러가는 것인가,
9 그를 깨닫는 차원 높은 신앙의 길을
가지 아니하며 그를 바라보지 아니하
면 절대 아니 됨이니라, 사랑하는 나
의 아들딸들아!
10 그 모두를 알 수 없으며 너희들이 그
를 깨달을 수 없기에,
11 내가 성서에 기록된 모든 비밀을 풀어,
12 그리고 내가 너희들이 알기 쉽게 나의
160권의 법전을 세상에 내려보내니,
13 내가 너희들에게 법전에 무어라 했느
냐?
14 소낙비가 쏟아지는 그 속에서 하늘에
서 황금 방울이 한 방울이 떨어짐이니,
15 그것을 네 손에 받는 그 영광보다도
더 소중한 것이 나의 법전을 받는 것
이라 했거늘,
16 너희들이 어찌하여 나의 법전을 이리
소홀히 하며,
17 이를 사탄이요, 이단이라 하며 태워
버리고 찢어 버리며, 구원할 수 있는
나의 백성들마저 너희들이 그리 버려
지게 하는가?
18 이 어리석은 짓을 한 너희들의 그 죄
를 다 어찌 받으려 하느냐?
19 그러니 너희들이 그와 같은 죄를 지금
이라도 당장 중단할 것이며, 그와 같
은 역사를 더 이상 해서는 아니 될 것
이니라.
20 너희들이 참진리요, 구세주를 보내 달
라 하여 나의 아들 예수를 보냈을 때,
21 너희들이 지난날 것을 강조하며 지난

그 구습을 이루기 위하여 너희들의 고
집과 아집으로 나의 아들을 죽게 했으
며 못을 박았던 자들처럼,
22 그 후예요, 후손들이 또 참진리요, 새
로운 역사의 보혜사를 내려보낼 것이
며,
23 약속한 것을 내려달라 하여,
24 내가 나의 아들을 통하여 지금 이 귀
하고 소중함을 내려보내나,
25 이를 받아들여 깨우치려 하지 아니하
고 이를 죽이며 태워 버리며 그 사악
한 짓을 또 하고 있음이니, 이를 어찌
한단 말이더냐, 사랑하는 나의 아들딸
들아!
26 현실을 들여다보고 나의 법전을 읽으
라.
27 그리고 변화되는 속에서 변화의 물결
을 타지 못하는 자,
28 결국 너희들은 죽음의 길에서 벗어나
지 못하는 가련한 백성이라는 걸 알라.
29 변화되는 물결이요, 역사하는 것을 모
르는 자,
30 새로운 법전이요, 새로운 성경이 내려
온 것,
31 새로운 진리가 하늘에서 내려오는 것
을 보지 못하고 받아들이지 못하고
제 것만을 가슴에 안고 있는 자, 결국
너희들은 무엇인 줄 알겠느냐?
32 너희들은 영원히 헤어나지 못하는 지
옥 불에 가겠다는 그 아집을 부리고
있는 자들이요,
33 하늘에 오르는 썩은 밧줄을 붙잡고
매달리는 자들이 너희들이라는 걸 잊
지 말라 전하라.

10,724 번째 하나님 말씀

2004년 4월 23일 06시 45분

1 사랑하는 나의 아들아!
2 "네, 아버님! 말씀하옵소서."
3 나 여호와의 뜻이요, 그리고 하늘의
뜻이란 무엇이라 말하였느냐?
4 모두가 그와 같이 역사가 이루어지는
것이며, 내가 말한 것은 예언이요, 미
래의 약속이라 하였음이니라.
5 그러니 나의 성령이요, 새로운 성경
속에 내가 너희들에게 약속한 것,
6 그리고 내가 너희들에게 말한 그 모든
예언은 하나도 빠짐없이 그리 이루어
지는 것이며 그게 증거함이니라.
7 그러나 다만 내가 너희들에게 말함이
니, 내가 너희들에게 이루고자 하는
그 약속을 한 것은,
8 너희들 또한 어찌 지킬 수 있으며 그
와 같이 받아들일 수 있는 백성이 단
한 사람이라도 세상에 있어야 한다는
것,
9 그것이 바로 내가 너희들에게 모두를
지키고 역사할 수 있는 것이니라.
10 그러니 너희들 스스로 내 뜻에 의하여
살아가는 자,
11 그리고 내가 원하는 삶을 살아갈 수
있는 나의 아들을 따르는 제자들이요,
12 나의 법전을 읽고 깨우친 백성, 너희
들이 누군가는 그와 같은 것을 역사할
수 있는 사람이 단 한 명이라도 세상
에 있어야 한다는 것,
13 이를 너희들은 잊어서는 아니 될 것이
니라.
14 내가 구약이요, 신약의 시대 속에서

너희들에게 이루고자 했으며 역사하
고자 한 것,
15 그 모두를 다 제대로 지키며 역사하는
것이 나 여호와의 뜻이나,
16 오늘의 너희들이 그를 받아들이지 못
하며 그를 역사하지 못한 그와 같은
세월 속에 흘러온 것이 있음이니,
17 그 모두는 그를 받을 사람이요, 들을
사람이요, 행할 사람이 없기 때문임을
너희들은 알아야 될 것이니라.
18 내가 나의 법전이 세상에 하얀 눈이
덮듯이 덮는다 하였음이니,
19 그것은 너희들이 단 한 명이라도 그와
같이 덮을 자격을 갖춘 자가 있어야
될 것이며,
20 그와 같은 자격이 한 사람도 없다면
이는 결코 이루어질 수 없는 것이니라.
21 이것을 너희들이 알지 못하며 이것을
너희들이 생각하지 아니하면 아니 됨
이니,
22 나의 아들을 따르는 제자 너희들은 각
자가 그와 같은 자격을 갖추며 받을
수 있는 사람이 될 수 있도록 피나는
노력을 하지 아니하면 절대 아니 됨을
너희들은 알아야 될 것이니라.
23 이 세상에 나 여호와가 모두를 다 주
었으며 모두를 내려 주었으며,
24 그리고 너희들을 위하여 내가 이루어
질 수 없는 약속을 하며,
25 내가 너희들에게 상상할 수 없는 것을
이리 언약을 하여 세상에 전함이니,
26 그것을 행하고 집행하는 것은 나의 백
성 너희들 중에서 누군가가 그 자격을
갖춘 자가 있지 아니하면 아니 됨이니,
27 이를 너희들이 명심하고 또 명심해야
됨을 알아야 될 것이니라.
28 내가 수많은 나의 아들을 따르는 제자
들이요,
29 그리고 나의 법전을 읽고 깨우친 백성
들 중에 그대로 행하는 자가 단 한 명
이라도 있다 하면,
30 나는 모두를 이루어 줄 것이며,
31 내가 미리 약속하고 언약한 것은 기쁨
으로써 모두가 이루어질 것이니라.
32 그러나 그것을 받아들일 수 있으며 그
를 알아들을 수 있으며 그걸 행할 수
있는 백성이 한 명도 세상에 없다면,
33 너희들이 그 백성이 나올 때까지 그
세월은 이루 말할 수 없이 기다려야
되며 역사해야 된다는 걸 잊어서는 아
니 됨이니 그리 알라.

부 록

【하나님께서 가르쳐 주신 운동】

천재지변이 일어날 때, 동물이나 미물들은 미리 알고 대피하지만, 인간은 알지 못하고 큰 화를 당합니다. 하나님께서 인간에게 가장 높은 지혜를 주시고 완벽하게 창조해 주셨기에 동물들보다 더 잘 알 수 있지만, 욕심으로 마음이 혼탁해져서 한 치 앞을 보지 못하는 것입니다.

마찬가지로, 인간은 누구나 스스로 필요한 운동을 해서 건강을 지킬 수 있도록 하나님께서 만들어 주셨습니다. 우리의 머리에서 우리 몸에 필요한 동작을 해 달라고 끊임없이 신호를 보내지만, 인간이 혼탁하게 살아서 그 신호를 알아채지 못합니다. 그러니 자연스럽게 자기 몸이 원하는 그 신호를 따라서 운동하는 것이 하나님께서 가르쳐 주신 운동 방법입니다. 바로, 우리의 영이 육을 이끄는 운동입니다.

▶ 하나님 운동법

1. 눈을 감고, 발을 어깨너비로 벌리고 바르게 선다.
2. 몸에 힘을 풀고, 허리를 숙이면서 손과 머리를 아래로 내린다.
3. 허리를 펴고 싶을 때, 천천히 펴면서 하고 싶은 동작을 하면 운동이 시작된다. (사람마다 다르다.)
4. 멈추지 말고, 어떤 동작이든지 자기 몸의 느낌대로 계속 이어서 한다.

▶ 참고 사항

① 눈을 감은 상태로 아무 생각 하지 않고, 자기 몸의 느낌대로 움직입니다.

② 마음을 비우고, 욕심을 버리고, 지난날의 잘못을 반성하면서 몇 차례 시도하다 보면, 자기도 모르게 하고 싶은 동작이 끊임없이 생깁니다.

③ 운동 장소는 방 안이든 운동장이든 관계없으며, 걷거나 달리고 싶을 때는 눈을 떠도 됩니다.

④ 매일 40분 이상, 주 4회 이상, 3개월 이상 하면 음식 조절에 들어갑니다.
- 음식으로 생긴 병은 음식으로 치료하게 되며, 어떤 음식을 먹어야 하는지 스스로 알게 됩니다.
(자기 몸에 필요한 음식만 먹고 싶어집니다.)

⑤ 사랑하는 사람과 함께 운동하면 서로 치료해 주기도 합니다.

⑥ 운동을 하다가 몸의 어느 한 부분을 계속 손으로 자극한다면 그쪽에 이상이 있는 것이니, 의사에게 상담을 받고 적절한 치료를 받으면 됩니다.

⑦ 다이어트 및 기타 건강관리에 효과적입니다.

⑧ 꾸준히 운동하여 영이 맑아지면, 자신의 과거와 미래를 스스로 보게 됩니다.

누구나 스스로 하실 수 있습니다.

간 행 사

《새로운 성경》은:

· 새로운 성경은, 하나님께서 선량하고 선한 자를 선택하여 십계명을 암송하도록 하시고, 십계명을 암송한 다음에 음성으로써 들려주시는 말씀을 듣고 그대로 카세트테이프에 녹음해서 받아쓴 책입니다.

· 90분짜리 녹음테이프 700여 개에 달하는 말씀으로, 1999년 8월부터 2004년 7월까지 총 160권(권당 288쪽)을 완성하였으며, 그 이후에도 현재까지 계속 말씀을 내려 주고 계십니다.

· 새로운 성경은 "하늘을 두루마리 삼고 바닷물을 먹물 삼아 쓰고 써도 다 못 쓴다"는, 끝없이 방대한 하나님의 말씀이 두루마리로 직접 내려오는 것입니다. 이러한 새로운 성경은 구약과 신약을 폐하려는 것이 아니라 "인봉된 성서의 비유의 뜻"을 상세히 설명하여 완성하고자 하나님께서 직접 내려 주신 말씀입니다.

《새로운 성경》의 구성:

· 제 목: 2013년, 160권 모음집을 발간하면서, 본 도서의 제목을 "하나님! 말씀하옵소서"에서 《새로운 성경》 으로 명해 주셨습니다.

· 단행본: 각 권당 288쪽(신국판) 책이 160권까지 시리즈로 출판됩니다.
(모음집은 단행본을 16권씩 묶어서, 총 10부로 구성됩니다.)

《새로운 성경》의 성경적 근거:

· 신약 성경 [요한복음] 16장 13절에 "진리의 성령이 오시면 그가 너희를 모든 진리 가운데로 인도하시리니 그가 자의로 말하지 않고, 오직 듣는 것만을 말하며" 하신 말씀처럼 하나님의 음성을 들은 것만 기록하였으며,

· "장래 일을 너희에게 알리시리라" 하신 말씀과 같이 개인, 나라, 인류의 "장래"일을 하나님께서 알려 주시는 것만 기록하여 책으로 만들었습니다.

《새로운 성경》의 기록 방법:

- 1999년 8월부터 하나님께서 저에게 들려주시는 음성을 기록하였습니다. 처음에는 제가 들은 말씀을 불러 주면 저의 아내가 기록하여, 2000년 1월 29일에 1권 초판이 세상에 나왔습니다. 2000년 4월부터는 주시는 말씀을 받아 녹음기에 기록하기 시작하였습니다.

- 녹음을 시작하면서 하나님의 말씀을 받는 데 가속도가 붙었고, 2001년 5월 3일에 1부(1~16권까지)를 인쇄하여 출판하였으며, 2004년 7월까지 총 160권 분량의 말씀을 받아 기록하였습니다.

하나님께서 저에게 주신 것은:

- 첫째, 만백성을 상대로 내려 주시는 "기도", 둘째, 수시로 내려 주시는 "묵상", 셋째, 개인의 과거, 현재, 미래를 알려 주시는 "개인 기도", 넷째, 개인의 건강을 위해서 내려 주시는 "음식 처방", 다섯째, 하나님께서 가르쳐 주신 "운동"등이 있습니다. 이 중에 첫 번째, "기도"를 책으로 편찬하였습니다. 사람의 생사, 개인의 미래에 관한 천기는 수록하지 말라 하셨습니다.

강론 안내:

- 하나님께서는 지금도 매일 저에게 새로운 하늘의 비밀의 말씀을 내려 주고 계십니다. 수시로 내려 주시는 말씀을 정리해서 제자를 육성하라는 말씀에 따라 매주 강론을 하고 있습니다. 누구나 무료로 들으실 수 있습니다. (book160.com)

《새로운 성경》을 읽는 분들에게 드리는 선물:

- 개인 기도: 개인의 과거, 현재, 미래에 관하여 말씀을 내려 주십니다.

- 음식 처방: 사람은 음식을 먹고살다가 건강을 잃으니, 음식과 운동으로 건강을 되찾는 방법을 알려 드립니다. 단, 하나님이 계심을 믿고, 십계명을 지키겠다고 진실로 서약하는 분들께 알려드립니다.

《새로운 성경》의 은혜와 기적:

- 새로운 성경 전160권은 16권씩 묶어서 총 10부의 모음집으로 구성됩니다. 모음집 한 부를 읽고 깨우치는 자에게 하나님께서 다음과 같은 기적이 있다고 하셨습니다.

· "첫째, 그가 죽어 하늘에 갔을 때 그의 죄를 묻지 아니하며, 구원을 받는 위대한 은혜가 있으며, 둘째, 그의 소원과 소망이 이루어지고, 셋째, 죽은 자(부모, 형제, 자식, 사랑하고 은혜 입은 분)의 이름으로 구입한 책을 읽고 누군가 한 사람이 깨우칠 때, 그 죽은 자가 지옥에서 천국으로 구원을 받게 되며, 넷째, 유산, 중절 수술 등으로 태어나지 못한 아이를 위하여 구입한 책을 보고 한 명이 깨우쳤을 때, 그 아이가 사람으로 다시 한 번 태어나는 은혜를 받는다."

· "새로운 성경"을 3회 이상 정성을 다해 정독하는 자, 성서의 비밀을 알게 되고, 세상의 이치를 알게 되며, 세상을 지배하고 통제할 수 있는 지혜를 다 얻게 된다고 하셨습니다. 이 책은 만백성이 정독하고 이웃에게 전하여, 평생 가슴에 묻은 슬픔과 고통의 짐을 벗고 미래를 위한 힘찬 삶을 살아가도록 하는 책입니다.

끝으로

· 하나님께서는 흰 눈이 세상을 덮듯이 새로운 성경을 온 세상에 전하라고 하셨습니다. 《새로운 성경》을 각국어로 번역해서 온 인류에게 구원의 길을 깨우쳐 주고, 그 수익으로 가난하고 어려운 백성을 구제하여, 만백성의 영과 육을 함께 구원하는 선지자의 임무를 수행하라고 저에게 명하셨습니다.

· 하늘에서 내려 주신 말씀의 보화를 만백성에게 나누어 주는 것이 선지자의 임무라고 하셨습니다. 새로운 성경을 통해서 얻는 재물을 사용할 곳도 하나님께서 일일이 명해 주십니다. 모든 재물은 저의 자의로 쓸 수 없고, 하나님께서 명하시는 대로만 쓰여집니다.

· 어떤 명분으로든 십일조나 각종 헌금을 거두어들이지 말라 하셨으며, 국내뿐 아니라 각국에 성전과 단독 서점을 운영하며, 한국의 많은 젊은이들을 전 세계에 지도자로 내보내라고 하셨습니다.

· 우리는 세계적으로 새로운 성경을 보급하며 어려운 이들을 돕는 역사를 해 나갈 것입니다. 지금까지 비록 몇 명 안 되는 제자들과 함께 이러한 일을 역사했지만, 앞으로도 계속 하나님께서 기뻐하시는 일들을 해 나갈 것입니다. 부족한 저희에게 여러분들의 지혜와 성원을 보내 주시기를 바랍니다. 많은 분들의 참여와 도움을 간절히 기다립니다. 감사합니다.

한국어로 내려온 《새로운 성경》 단행본을 출간하며
2016년 4월 10일

발행인 **김 용 철**

한국어로 내려온

새로운 **성 경** · 9부 · 제142권

지은이 하나님 말씀
대역자 김용철

초판인쇄 1쇄 2017년 4월 3일

펴낸 곳 도서출판 하얀마음
등록번호 제 10-2107호 (2001년 2월 14일)
주소 서울시 노원구 덕릉로86길 5, 2층
전화번호 02) 313-1114
팩스 02) 393-5554
전자우편 book160@hanmail.net
편집위원 조나영 김미향 이석교
제작지원 이기종

도서상담 1600-7527
ISBN 978-89-5875-242-4 (04230)
978-89-5875-100-7 (세 트)

값 10,000원
잘못된 책은 구입하신 곳에서 바꾸어 드립니다.

※이 책은 10부로 제작되며, 각 부 16권씩 총160권으로 구성됩니다.※

1부	2부	3부	4부	5부	6부	7부	8부	**9부**	10부
1권	17권	33권	49권	65권	81권	97권	113권	129권	145권
2권	18권	34권	50권	66권	82권	98권	114권	130권	146권
3권	19권	35권	51권	67권	83권	99권	115권	131권	147권
4권	20권	36권	52권	68권	84권	100권	116권	132권	148권
5권	21권	37권	53권	69권	85권	101권	117권	133권	149권
6권	22권	38권	54권	70권	86권	102권	118권	134권	150권
7권	23권	39권	55권	71권	87권	103권	119권	135권	151권
8권	24권	40권	56권	72권	88권	104권	120권	136권	152권
9권	25권	41권	57권	73권	89권	105권	121권	137권	153권
10권	26권	42권	58권	74권	90권	106권	122권	138권	154권
11권	27권	43권	59권	75권	91권	107권	123권	139권	155권
12권	28권	44권	60권	76권	92권	108권	124권	140권	156권
13권	29권	45권	61권	77권	93권	109권	125권	141권	157권
14권	30권	46권	62권	78권	94권	110권	126권	142권	158권
15권	31권	47권	63권	79권	95권	111권	127권	143권	159권
16권	32권	48권	64권	80권	96권	112권	128권	144권	160권